乐学喵教育 总第7版

2026 管理类、经济类联考

MPAcc MEM MF MBA MPA 全新升级

写作考前33篇

编著 ◎ 吕建刚

编委 ◎ 花丽娜

中国政法大学出版社

2025 · 北京

图书在版编目（CIP）数据

管理类、经济类联考写作考前 33 篇 / 吕建刚编著. --北京 : 中国政法大学出版社，2025. 7.

ISBN 978-7-5764-2211-5

Ⅰ. H15

中国国家版本馆 CIP 数据核字第 2025CC0133 号

出版者　中国政法大学出版社

地　址　北京市海淀区西土城路 25 号

邮寄地址　北京 100088 信箱 8034 分箱　邮编 100088

网　址　http://www.cuplpress.com (网络实名：中国政法大学出版社)

电　话　010-58908285(总编室) 58908433（编辑部） 58908334(邮购部)

承　印　保定市中画美凯印刷有限公司

开　本　787mm×1092mm　1/16

印　张　24.75

字　数　581 千字

版　次　2025 年 7 月第 1 版

印　次　2025 年 7 月第 1 次印刷

定　价　69.80 元

如何参与《33 篇》打卡带学？

① 扫码进群：扫右侧二维码添加助教，回复“33 篇打卡”进入学习群

② 报名打卡：入群后按要求报名活动即可参加

【特别提醒】：本书的所有习题，你均可在群里领取到相关答案或范文。

step 3 评 参与写作点评：超 10000次免费点评机会，等你来参加

点评获取方式

方式一：参与 33 篇打卡，获取抽评机会

方式二：参与群内官方活动，获取“点评卡”

方式三：研友互评，找个“搭子”一起进步！

step 4 批 参与写作精批：1V1 精准定位失分点，冲刺高分

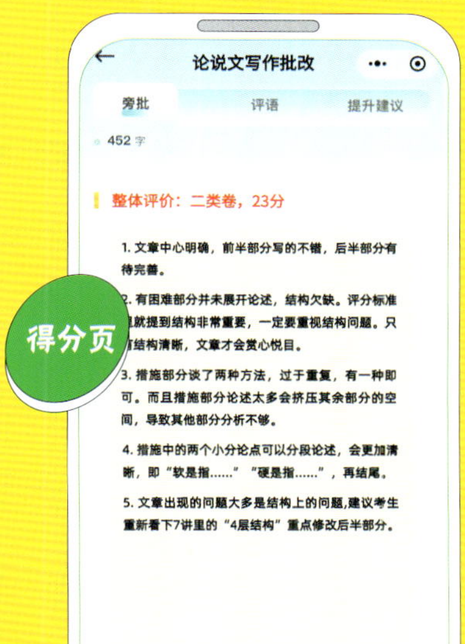

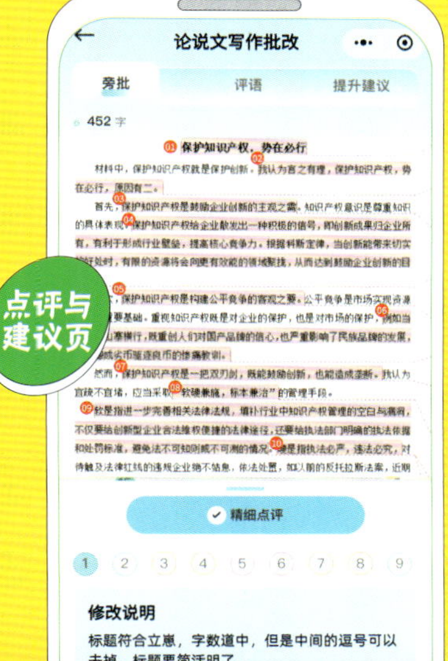

【购买方式】：精批为付费服务，如有需要可扫描本页上方助教二维码，回复“写作精批”，按需购买哦~

来吧，聊聊写作如何拿高分

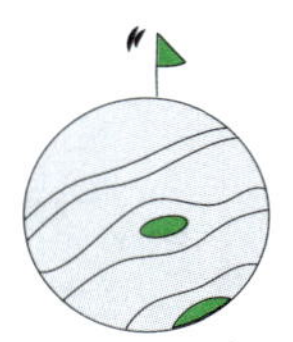

这篇前言，我想了很久很久。因为我真的特别想带你考上研究生，我需要反复斟酌，才能把那些对你最好的那些话，写在前言里。

写作这个科目，绝大多数同学开始的很晚。而且，即使开始了写作的备考，也往往因为背过几篇范文，尝试写过几篇文章后，感觉没有明显的提高而放弃备考，等着考场上临场发挥。这其实是极大的误区，写作能力并不是少数人的天赋，而是一种可以拆解、可以训练的能力。

我甚至可以说，写作是 199 管理类联考、396 经济类联考中最容易提分的一个学科。只要你坚持动笔去写，分数很容易提上来。

接下来，我和你细细地说一说论证有效性分析和论说文这两篇文章应该如何得高分。

1. 论证有效性分析如何拿高分

首先，你要明白论证有效性分析的得分的第一重要，不是你把文章写多好，而是你要找准得分点（即论证中的逻辑谬误）。因为这篇文章是按得分点给分的。如果你特别有把握，你可以写 4 个得分点；如果你不是特别有把握，建议你写 5 个得分点。这样你的得分率会更高。

在这篇文章的正文部分，我们要对得分点进行分析。你可以完全按照本书的写作原理去写，甚至可以完全按照模板去写。再强调一遍，这篇文章是按得分点给分的，只要你得分点分析得好，无论你写的是不是模板，都可以得高分的。

论证有效性分析相对简单，建议你的学习时长为 2~4 周。实在来不及的同学，1~2 周也可以学完。

2. 论说文如何拿高分

在教育部公布的考试大纲中，论说文的一类卷、二类卷标准如下：

一类卷：立意深刻，中心突出，结构完整，行文流畅。

二类卷：中心明确，结构较完整，层次较清楚，语句通顺。

我们可以把这些标准，分为三类："立意深刻，中心突出，中心明确"是对审题立意的要求；"结构完整，结构较完整，层次较清楚"是对文章结构的要求；"行文流畅，语句通顺"是对行文的要求，但是由于论说文的主要目的是论证自己的观点从而说服别人，因此，行文的要求其实是要求我们论证充分。我把这三个要点，称为论说文黄金三角，即审题立意、结构、论证，如下图所示：

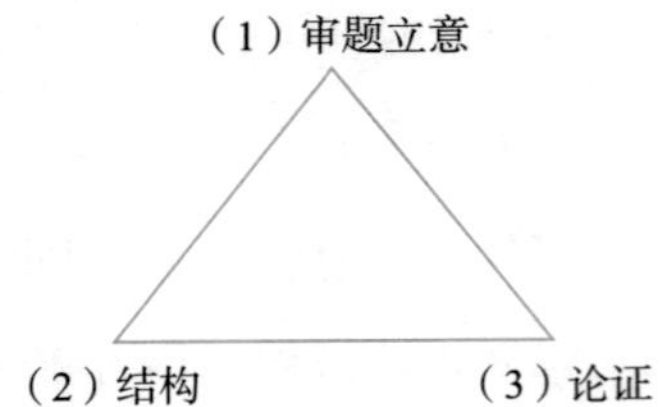

论说文黄金三角中，审题立意最为重要也最难。审题立意不准确，就会写跑题的文章，就可能拿到四类卷甚至五类卷，分会很低。因此，你必须要重视审题立意，审题立意准确是拿到高分的前提。

结构是全文的骨架，它可以展示你文章的逻辑。我不太建议你用过于复杂的论说文结构，因为你的文章结构越复杂，阅卷人越难以理解你的文章脉络。所以，我建议你把本书的结构用好，这足以让你拿到高分。

论证是黄金三角中需要备考时间最长的部分。因为话题不同，我们需要论证的内容就不同。其实，过去几年 33 篇也取得了很大的成功，也带无数学生考上了研究生。但很多同学会有一个痛点，就是素材太多背不过。我就在想，怎么能让你尽量少背些素材，还能让你得高分。所以今天我发明了 XFY 法的公式，把这些公式理解了，你自己就会写文章。我还得再提醒一下，素材不要死记硬背而是要理解，我们是很难应用我们不理解的内容的。本书配套的免费课，也建议你尽量听一听，这些课能帮你加深本书素材的理解。

当然，我说了这么多，你可能还是不知道如何写文章。没关系，33 篇这本书就是为了帮你解决这个问题。它不试图教你成为作家，也不追求花团锦簇的语言。它的目标很简单也很明确：帮助你在备考时间有限的情况下，用最清晰的结构、最扎实的逻辑、最稳定的方法，把话说清楚、把分拿到手。

所以，打开书，我们一起开始这段备考历程吧，相信学完本书后，你的写作水平会突飞猛进。

我的微信是 laolv985，你可以加我的微信。记得明年四月，把你录取的消息发给我！这是我们的约定，等你。

吕建刚

2025 年 7 月 18 日

目录

第1部分 论说文

第1章 论说文高分方法论

第2章 论说文33篇：管理者类与个人类

第3章 论说文33篇：企业类

第4章 论说文33篇：社会 / 经济类

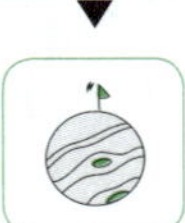

第2部分 论证有效性分析

第 1 部分

论说文

我非常清楚地理解，你看这本书就是为了在考场上拿到想要的分数。但由于写作是主观题，除了受你的写作水平的影响，还受评分标准及阅卷人阅卷方式的影响。因此，写作的备考是一项综合博弈，咱们既要提高写作水平，也要迎合阅卷人喜好，这样才能得到阅卷人的认可，拿到高分。

好，接下来，咱们就一起来学习论说文的高分方法论。

第1章

论说文高分方法论

第1节　什么样的论说文能拿到高分

第2节　论说文如何做到不跑题——审题立意与拟题

第3节　如何让论说文中心突出——多次点题法

第4节　如何让阅卷人快速读懂你的文章——5大高分结构

第5节　如何让阅卷人认为你的文章有深度——论证方法

第1节 什么样的论说文能拿到高分

1. 什么决定你的论说文分数？

1.1 评分标准

我们先看评分标准。考试大纲对管理类联考的论说文评分标准规定如下：

①按照内容、结构、语言三项综合评分。

一类卷（30~35分）：立意深刻，中心突出，结构完整，行文流畅。

二类卷（24~29分）：中心明确，结构较完整，层次较清楚，语句通顺。

三类卷（18~23分）：中心基本明确，结构尚完整，语句较通顺，有少量语病。

四类卷（11~17分）：中心不太明确，结构不够完整，语句不通顺，语病较多。

五类卷（0~10分）：偏离题意，结构残缺，层次混乱，语句不通。

②漏拟题目扣2分。

③每3个错别字扣1分，重复的不记，至多扣2分。

④书面不整洁，标点不正确，酌情扣1~2分。

【注意】经济类联考除了总分值为20分外，考试要求及评分标准与管理类联考是一致的。但由于官方没有公布经济类联考各类试卷的详细分数段，老吕自行将其分段如下，供各位同学参考。分段依据为20分除以5，得到每段的分值范围是4分。

一类卷（17~20分）：立意深刻，中心突出，结构完整，行文流畅。

二类卷（13~16分）：中心明确，结构较完整，层次较清楚，语句通顺。

三类卷（9~12分）：中心基本明确，结构尚完整，语句较通顺，有少量语病。

四类卷（5~8分）：中心不太明确，结构不够完整，语句不通顺，语病较多。

五类卷（0~4分）：偏离题意，结构残缺，层次混乱，语句不通。

但实际上，以上评分标准仍然具备主观性。例如：结构完整与结构较完整有什么区别？行文流畅与语句通顺有什么区别？而且，“立意深刻”“中心突出”“结构完整”“行文流畅”等几个标准的权重也并不等同。

在我16年的教学生涯中，我发现在所有评分标准里面，审题立意是否准确是影响得分的第一因素，结构是否简洁清晰是影响得分的第二因素，卷面是否整洁美观是影响得分的第三因素，行文是否流畅、论证是否充分只能排第四。

你的立意是否准确，会直接决定你的分数档次。以管理类联考为例，一类立意最多能得32分，二类立意最多只能得27分。当然，受限于论证水平，很多同学虽然是一类立意，但只能拿二类卷的分；但同理，很多同学虽然是二类立意，但也只能拿三类卷的分。总之，一类立意的得分一定比二类立意的得分高，所以，请你一定要重视审题立意。我每年考前都会有两个写作课：一个是“考前 9 大篇”，主要讲押题；还有一个是“审题立意 18 题”，主讲审题立意。但每年“18 题”的听课人数都只有“9 大篇”十分之一！可见，有太多人不太重视审题立意，这是不对的。审题立意与押题同等重要甚至更加重要。

你的结构是否清晰会直接影响你文章的可读性和逻辑性。尽量不要写结构复杂的文章，结构上的起承转合太多，会影响阅卷。你把本书中介绍的结构写明白就可以了。

1.2 阅卷人喜好

阅卷人也是牛马。

在阅卷期，阅卷人的工作强度是很大的，一天要阅上千份试卷，阅卷人身体很累。再加上有些同学的字迹着实难以辨认，但阅卷人也必须硬着头皮看下去，阅卷人心里很苦。因此，我们要写让他能轻松阅卷的文章。这就也意味着：

①你的核心论点必须简洁、明了，让阅卷人一眼就看懂你的核心论点。核心论点必须出现在标题、开头与结尾处，这样就符合阅卷标准中的“中心突出”。

②你的分论点必须在正文每段第一句话，且分论点必须要简洁，让阅卷人快速把握你全文的结构。这样就符合阅卷标准中的“结构完整”。

③你的标点符号的使用必须要准确！标点符号是否准确会直接影响阅卷人阅卷。根据美国经济学家迈克尔·斯宾塞的信号理论，在信息不对称情况下，交易双方会根据某些“信号”来判断对方的情况。例如，有个人是北京大学的硕士，我们就会下意识的认为这个人很优秀，在这里，“北京大学硕士”就是“信号”。而如果你的标点符号使用不正确，会给阅卷人传达一个不好的信号：初高中时基础教育不扎实。这会让你在阅卷人心里降低档次。

④尽量把字写整洁。不要求你练书法，只要求你别连笔。别连笔就赢了 80% 以上的人。

根据以上评分标准和阅卷人的喜好，我们一起来看一篇我写的范文。你可以先看一下这样的文章是否符合“立意深刻，中心突出，结构完整，行文流畅”，也可以先看一下它是不是符合阅卷人的阅卷习惯。在本书配套的免费课上，我会带着你一起分析一下这篇文章。

既需社会承认，也要自我认同

吕建刚

通常情况下，人们希望得到他人和社会的承认，否则便容易被认为是不合群。的确，社会承认对于个人发展非常重要，但我认为，自我认同也不可或缺，我们要平衡好二者的关系。

追求社会承认有助于个人发展。社会承认是个体融入社会、获得支持和发展的重要动力。通过遵循社会评价标准，个体能够更容易被社会接纳，从而获得资源、机会和信任。例如，在职场中，遵守职业道德、提升专业能力能够赢得同事和领导的认可，从而有利于个人职业发展。

追求社会承认有助于社会和谐。社会承认的背后是共同的行为规范和价值共识，它有助于维护社会秩序和稳定。当人们愿意遵守社会评价标准时，个体行为会趋于规范化，减少矛盾和冲突。更重要的是，追求社会承认使个体更有意愿参与社会合作和建设，从而促进群体之间的理解与支持，推动社会的和谐与进步。

然而，只追求社会承认容易让人迷失自我。有些人为了迎合外界的期待，放弃了自己的兴趣与理想，长期压抑个性，导致内心空虚甚至心理健康问题。更糟糕的是，过度依赖社会评价标准可能引发从众心理，可能会限制创新与发展的可能性。

可见，我们要平衡好社会承认与自我认同的关系。如何做到这一点？可以从以下两方面入手：

第一，理性看待社会评价，选择性接受。在面对外界的评价时，我们可以分析其是否符合自己的实际情况，而不是盲目追随。

第二，注重自我探索，建立内在价值体系。自我认同的关键在于了解自己、肯定自己。因此，我们应多花时间进行自我探索，挖掘自己的兴趣、能力和价值观，明确内心真正的追求。

总之，社会承认和自我认同是相辅相成的，我们要平衡好二者的关系，才能在人生道路上走得更加从容和自信。

2. 水旱区对作文得分的影响大吗？

我们先分析一下所谓的“水旱区”是怎么来的。

2017 年以前，管理类联考的阅卷由教育部组织，全国统一进行。之后，随着考生越来越多，统一组织难度越来越大，于是阅卷方式由统一阅卷改为分省份阅卷。注意，你的试卷在哪个省份阅卷，取决于你的报考院校。例如，你在河南考试、张三在广东考试、李四在江苏考试，但你们都报考了山东大学。那么，你们的试卷在山东阅卷。这样，就保证了阅卷的相对公平性。

不过分省阅卷也会出现一个问题，即不同省份对写作评分标准的把握尺度并不能做到完全相同，有些省份可能会略严格些（旱区），有些省份可能会略松一些（水区）。

有人认为，大水区的平均分可以达到 55 分，小水区的平均分可以达到 50 分，小旱区的平均分能达到 45 分，大旱区的平均分则只有 40 分。实际上，这一观点存在多处谬误：

第一，样本过小。以上所谓水旱区的统计并不是来自官方，而是来自各个考研机构，其实我们自己每年也会做水旱区统计。但是，需要注意的是，包括我们的统计在内，这些统计样本量都不够大。甚至有一些统计凭借数量低于 50 个的样本就统计出某个省的平均分，这样的样本显然没有代表性。

第二，幸存者偏差。参与机构统计的同学，都是考的较好的同学。真的考到失望甚至绝望的同学，考完试后就不愿意再联系机构了，甚至再也不想看到考研的任何信息了，他们不会参与这样的统计。幸存者偏差的存在使得这种统计的得分普遍偏高。

那么，写作的平均分到底有多少呢？某省官方数据是：2025 年管理类联考中，该省所有考生（大于 1 万人）的论证有效性分析平均分为 15.5 分左右，论说文的平均分为 16.5 分左右，合计 32 分左右。该省仅有不到 0.5% 的人拿到了一类卷，即两篇文章合计得分 58 分左右。为什么官方数据和各家机构的统计差距会这么大？因为官方数据中包括那些交白卷的同学，而机构的统计中不可能有交白卷的同学。

对于管理类联考的水旱区的估分，我大体给你一个范围：

	不错的分	很好的分	超级好的分	省份
水区	50	52	55+	广东、辽宁、湖北等
正常区	48	50	52+	除去水旱区的其他省份
旱区	45	48	50+	山西、江苏、浙江、上海、新疆等

注意，水旱区每年都略有变化。例如：新疆 2023 年正常，2024 年非常旱，2025 年正常；北京 2023 年之前都很旱，2024 年和 2025 年相对正常。山东 2024 年之前都很水，2025 年正常。

总之，水旱区对管理类联考的写作得分确实有一定的影响，但不像你想象中影响那么大。而且，报考同一院校的水旱是一样的，所以存在相对公平。你认真备考，**好文章在哪里都能得更好的分**！

经济类联考由于总分值更少，所以水旱区的影响大约就是 2 分，所以经济类联考的同学不用过多关注水旱区。

3. 为了拿高分，写作应该如何准备？

写作这个科目，各位同学开始备考的时间不太相同，早的同学可能四五月份就开始了，晚的同学可能考前 1 个月才开始。那么，根据你**开始备考的时间**，我有如下建议：

开始备考时间	建议学习的内容	其他说明
8 月 31 日前	《写作 7 讲》全书 +《33 篇》全书 +“押题 9 大篇”课程 +“审题立意 18 题”课程	系统学四轮，非常扎实。
9 月或 10 月	《33 篇》全书 +“押题 9 大篇”课程 +“审题立意 18 题”课程	近 5 年的真题还是要写一写。别的年份的真题不用写了。

续表

开始备考时间	建议学习的内容	其他说明
11月或12月	《33篇》中的方法论部分和每类话题的代表性公式+“押题9大篇”课程+“审题立意18题”课程	近5年的论证有效性分析真题还是要写一写。论说文真题练练审题立意吧，不用写了，反正考一样话题的概率不大。
考前1周	“押题9大篇”课程+“审题立意18题”课程	就一周时间了，能把这些内容搞定就不错了。

注意：如果你是弟子班学员或者线下集训营学员，按老师课上的安排进行学习就可以了。

4. 你是不是还有这些疑问？

4.1 老吕，我没有写作基础怎么办？

没有写作基础怕啥，给大家分享几个学生反馈：

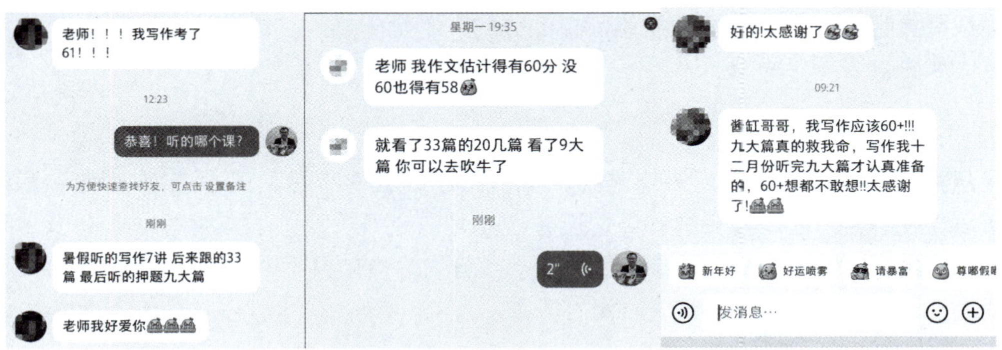

这三位同学，第1、2位学的较为系统，第3位纯靠9大篇救命，但其实他们三个的写作基础都不太好。所以，写作基础不好也是可以拿高分的。当然，我们必须得承认，拿到58分、60分的人凤毛麟角，但你只要好好学、好好练，拿到50分以上真的没那么难。

记住，管理类、经济类联考的写作，不考文采。文采不好也不要紧的，学会论证方法就可以了。

4.2 老吕，我背不过素材怎么办？

其实，我自己也很难背过素材呀。

你能背过当然最好，你要是背不过的话，也不必慌张。你可以在理解的基础上进行仿写。仿写上几篇后，你就发现很多思路、很多素材都是通用的，不用刻意记也就记住了。

4.3 老吕，我背完素材不会写怎么办？

谁让你自己会写了呀，宝？你就干两件事：审题立意弄准确，看能套上哪一个；然后，仿写！仿写！仿写！

你不创作一类卷，你只是一类卷的搬运工。把素材排列组合，成为国家一级排列组合艺术家。你可以！

不过，我提醒你一句：一定要动笔。

4.4 老吕，我用了素材会不会写成雷同卷？

四个字：杞人忧天。

我先不解释。你学到本书第2章的时候，我用数据告诉你为什么不会雷同。

4.5 老吕，我模考的文章被打了低分怎么办？

被打低分的话，你要从两个方面分析：

第一，你写的文章是否符合阅卷标准与阅卷人的喜好。如果不符合阅卷标准或不符合阅卷喜好，则请你按照本书的讲解优化自己的文章；如果符合阅卷标准且符合阅卷喜好，则可能是打分误差。

第二，分析一下给你打分的人是谁。即使是我给你打分，也可能存在误差，因为写作打分本来就有一定的主观性。需要注意的是，最近两三年出现一个怪象：用我的写法和素材的学生，把自己写的文章拿给其他人去评分，即使文章写得很好，也会被打其他人故意打低分。你只需要记住一点，这些故意给你打低分的人不是阅卷人，你把本书的写法用好，阅卷人会给你高分。

4.6 老吕，我需要练字吗？

我从初中，到高中，到后来当老师，至少买过四五次字帖，现在还把字写得像狗屎一样。所以，在练字方面，我只有教训，没有经验。

你如果备考时间很充分，可以练练试试。也许对你有效果呢？

我的建议是：不要求练书法，尽量写工整。

第2节 论说文如何做到不跑题——审题立意与拟题

我在第1节中已经强调了，审题立意是否准确会直接影响你作文的档次，对作文得分有决定性作用。请你一定要重视审题立意。

从论说文的材料类型来看，可以分为寓言故事类、争议案例类和观点类，其中，有些题会用AB二元的形式来命题。接下来，我们一起来学一下不同的材料类型应该如何审题立意与拟题。注意，此处审题立意方法在《写作7讲》中讲过，如果你听过7讲，也建议你再听一遍此处的讲解。老吕对审题立意的步骤和方法做了一些优化升级，能帮你更快更好的审题。

1. 寓言故事类材料如何审题——行为决定主题，结果决定态度

寓言类材料的特点是“不是人”。即材料中会出现植物、动物等非人类的事物发生的事。我们需要分析这些事件对我们有什么启发。

故事类材料的特点是“是人，过去了”。即材料中的故事是人类社会中发生的事，但这件事发生在很多年前，我们已经无法改变它的结果，只能看这些故事对咱有什么启发。

可见，寓言类与故事类本质是一样的，都是找“启发”。我们可以统称为寓言故事类。

例 1.（2022 年管理类联考真题）

论说文：根据下述材料，写一篇 700 字左右的论说文，题目自拟。

鸟类会飞是因为它们在进化中不断优化了其身体结构。飞行是一项较特殊的运动，鸟类的躯干进化成了适合飞行的流线型；飞行也是一项需要付出高能量代价的运动，鸟类增加了翅膀、胸肌部位的功能，又改进了呼吸系统，以便给肌肉持续提供氧气。同时，鸟类在进化过程中舍弃了那些沉重的、效率低的身体部件。

3 步审题立意法

第1步 定主题	材料中出现“鸟类”，是非人类的事物，故此材料为寓言故事类材料。对于此类材料，我们要找到寓言故事中的“行为”，我们的文章要围绕这一行为来写，即：行为决定主题。 本题中，鸟类“在进化中不断优化了其身体结构”。其中，在“在进化中”是状语，“不断优化”是行为，“其身体结构”是行为的对象。我们的主题要围绕行为展开，即主题为：“不断优化”。
第2步 定态度	如果材料中行为的结果是利大于弊的，则我们要支持材料中的行为；反之，如果材料中行为的结果是弊大于利的，则我们要反对材料中的行为。即：结果决定态度。本题中，材料的结果是“会飞”，这显然是有利的，故应该支持材料中的行为，即：“要不断优化”。
第3步 定对象	材料中的对象是“鸟类”，我们显然不可能写鸟类应该怎么样，而应该看它对个人、管理者、企业或社会的启发。在写论说文时，我们要看这四类对象哪一个适合材料的主题。本材料中这四类对象都可以写。 综上可得： 个人／管理者／企业／社会要不断优化
写出标题	个人发展（对象）+需要（态度）+不断优化（主题） 管理者（对象）+需要（态度）+不断优化（主题） 企业经营（对象）+应该（态度）+不断优化（主题） 社会治理（对象）+需要（态度）+不断优化（主题） 不断优化（主题）+势在必行（态度）

例 2.（2020 年管理类联考真题）

论说文：根据下述材料，写一篇 700 字左右的论说文，题目自拟。

据报道，美国航天飞机“挑战者号”采用了斯沃克公司的零配件，该公司的密封圈技术专家博易斯乔利多次向公司高层提醒：低温会导致橡胶密封圈脆裂而引发重大事故。但是，这一意见一直没有受到重视。1986 年 1 月 27 日，佛罗里达州卡纳维拉尔角发射场的气温降到零度以下，美国宇航局再次打电话给斯沃克公司，询问其对航天飞机的发射还有没有疑虑之处。为此，斯沃克公司召开会议，博易斯乔利坚持认为不能发射，但公司高层认为他所持理由还不够充分，于是同意宇航局发射。1 月 28 日上午，航天飞机离开发射平台，仅过了 73 秒，悲剧就发生了。

3 步审题立意法

第1步 定主题	材料是人类社会中的事，但是，这一事件发生在 1986 年，早就过去了。故此材料为寓言故事类材料。**行为决定主题**：材料中，面对专家的两次**意见**，决策者均**没有听取**。即主题应该是“听取意见”。
第2步 定态度	**结果决定态度**：材料中的决策者没有听取意见，出现了坏的结果。故我们“应该听取意见”。
第3步 定对象	**对象一致性**：材料中没有听取专家意见的人是“公司高层”，即“管理者”。综上即：“管理者应该听取意见”。
写出标题	管理者（对象）+ 应（态度）+ 听取专家意见（主题） 管理者（对象）+ 应该（态度）+ 听取意见（主题） 其他立意： 管理者（对象）+ 应（态度）+ 注重细节（主题） 管理者（对象）+ 应该有（态度）+ 危机意识（主题）

2. 争议案例类材料如何审题——争议决定主题，结果决定态度

争议案例类材料的特点是“是人，且正在发生”，即材料中会出现正在发生或者正在讨论之中的人类社会的事件。这一问题尚未解决、这一事件存在争议，需要我们去处理问题、解决争议。

对于此类题目，我们无须再从材料中提炼出新的主题，直接去分析、解决材料中的争议即可。

例 3.（2018 年管理类联考真题）

论说文：根据下述材料，写一篇 700 字左右的论说文，题目自拟。

有人说，机器人的使命，应该是帮助人类做那些人类做不了的事，而不是代替人类。技术变革会夺取一些人低端繁琐的工作岗位，最终也会创造更高端、更人性化的就业机会。例如，历史上铁路的出现抢去了很多挑夫的工作，但又增加了千百万的铁路工人。人工智能也是一种技术变革，人工智能也将促进未来人类社会的发展。有人则不以为然。

3步审题立意法

第1步 定主题	对于人工智能，有人认为可以促进未来人类社会的发展，也有人不以为然，说明它存在争议。故此材料是争议案例类材料。**争议决定主题/谜底就在谜面上：**材料中争议的对象是人工智能，故我们要写的主题就是“人工智能”。
第2步 定态度	**结果决定态度：**人工智能能促进未来人类社会的发展，可见它利大于弊，应该支持。即“要发展人工智能”。
第3步 定对象	论说文常见的对象有：个人、管理者、企业、社会。发展人工智能是全社会的事，故写作对象应该是全社会。即“社会要发展人工智能”。
写出标题	要注意，“社会要发展人工智能”读起来有点奇怪，因此，涉及社会类的话题，我们常用“主题+态度”式、“措施目的”式标题。即： 发展人工智能（主题）+势在必行（态度） 发展人工智能（措施）+促进社会进步（目的）

例4.（2022年经济类联考真题）

论说文：根据下述材料，写一篇700字左右的论说文，题目自拟。

我国不少地方规定老年人可以免费乘坐公共交通工具，这一规定体现了对老年人的关怀。但是在具体实施过程中出现了一些问题。如在早晚高峰时，老年人免费乘车在一定程度上影响了上班族的通勤；还有，有些老年人也由于各种原因无法享受这一福利。因此，有的地方把老年人免费乘车的福利改为发放津贴。

3步审题立意法

第1步 定主题	“老年人可以免费乘坐公共交通工具”这一政策存在好处，但也有问题需要解决。故此材料是争议案例类材料。**争议决定主题/谜底就在谜面上：**材料中争议的对象是“老年人免费乘坐公共交通工具”，故我们要写的主题就是“老年人免费乘车”。
第2步 定态度	**结果决定态度：**老年人免费乘坐公共交通工具体现了对老年人的关怀，这说明它是有好处的。虽然这一政策也存在一定的问题，但还是利大于弊的。故应该支持这一政策。即：“要让老年人免费乘车”。
第3步 定对象	论说文常见的对象有：个人、管理者、企业、社会。显然，老年人免费乘坐公共交通工具是一个社会类话题。即：“社会要让老年人免费乘车”。
写出标题	要注意，“社会要让老年人免费乘车”读起来有点奇怪，因此，涉及社会类的话题，我们常用“主题+态度”式、“措施目的”式标题。即： 老年人免费乘车（主题）+应该保障（态度） 保障老年人乘车福利（主题）+势在必行（态度） 保障老年人乘车福利（措施），提升老年人幸福感（目的）

3. 观点类材料如何审题——行为 / 观点决定主题，谜底就在谜面上

观点类材料的特点是材料中会出现名人名言（如下文中例 7）或直接给出某种观点。此类材料，往往谜底就在谜面上，一般直接从材料的观点中找关键词即可确定立意（**观点决定主题**），观点中有行为的，则**行为决定主题**。

例 5.（2025 年管理类联考真题）

论说文：根据下述材料，写一篇 700 字左右的论说文，题目自拟。

通常情况下，人们希望得到他人和社会的承认，这种心理就会促使他们去接受某种评价标准，因为他们只能接受这种评价标准，并且身体力行才能够受到社会的承认，否则便会被认为是不合群。

3 步审题立意法

第1步 定主题	材料直接描述了一种观点，故为观点类材料。**行为 / 观点决定主题：**材料中的行为是“人们希望得到他人和社会的承认”，且多次提到“评价标准”“社会的承认”等关键词（**谜底就在谜面上**）。故应围绕这一行为及这些关键词进行写作。即：“社会承认”。
第2步 定态度	**结果决定态度：**材料中的结果是“这种心理就会促使他们去接受某种评价标准，否则便会被认为是不合群。”这一结果的好坏不是特别明确。如果你认为结果是好的，则可以支持材料中的行为；如果你认为结果是坏的，则可以反对材料中的行为（太负面，不推荐）；如果你认为结果有好有坏，也可以认为应该理性看待材料中的行为。即：“要得到社会承认”“理性看待社会承认”。
第3步 定对象	论说文常见的对象有：**个人、管理者、企业、社会**。材料中的对象是“我们”，这指的是社会上每一个普通人，即：“我们要得到社会承认”“我们理性看待社会承认”。
写出标题	“我们要得到社会承认”“我们理性看待社会承认”作为标题有点奇怪，我们做一下优化： 追求社会承认（主题）+ 值得提倡（态度） 理性看待（态度）+ 社会承认（主题） 另外，此题还可以从其他角度来写标题： 人们（对象）+ 应接受（态度）+ 社会评价标准（主题） 勿盲目追求（态度）+ 社会认同（主题） 勿盲目追求（态度）+“合群”（主题） 需要（态度）+ 社会认同（A 主题），也要（态度）+ 坚持自我（B 主题） 社会承认与自我认同（思辨类标题）

例6.（2019年管理类联考真题）

论说文：根据下述材料，写一篇700字左右的论说文，题目自拟。

知识的真理性只有经过检验才能得到证明。论辩是纠正错误的重要途径之一，不同观点的冲突会暴露错误而发现真理。

3步审题立意法

第1步 定主题	材料中直接描述了一种观点，故为观点类材料。**行为决定主题：**锁定“途径”二字，可知材料中的行为是“论辩”（谜底就在谜面上）。故本题的主题为：“论辩”。
第2步 定态度	**结果决定态度：**论辩的结果是“发现真理”，显然结果是好的，故应该支持论辩。即：“要论辩”。材料中的“发现真理”可以认为是目的，可以据此写出“措施目的”式标题，即：通过论辩（措施）+发现真理（目的）。
第3步 定对象	谁可以参与论辩？当然是人。即：“我们/个人要论辩”。
写出标题	“我们/个人要论辩”读起来有点奇怪，优化一下标题： 人们（对象）+应学会（态度）+论辩（主题） 学会论辩（主题）+势在必行（态度） 敢于论辩（措施）+发现真理（目的）

4. AB二元类材料如何审题——AB决定主题，谜底就在谜面上

AB二元类材料是指出现两个明确的核心词的材料，如2015年管理类联考真题中出现的“仁”与“富”。

确定AB二元类材料立意的关键，是看A与B哪个有好处。哪个有好处，就支持哪个；哪个有坏处，就反对哪个。都有好处，就都支持；一个有好处一个有坏处，就支持一个反对一个。

例7.（2021年管理类联考真题）

论说文：根据下述材料，写一篇700字左右的论说文，题目自拟。

我国著名实业家穆藕初在《实业与教育之关系》中指出，教育最重要之点在道德教育（如责任心和公共心之养成，机械心之拔除）和科学教育（如观察力、推论力、判断力之养成）。完全受此两种教育，实业界中坚人物遂由此产生。

3步审题立意法

第1步 定主题	材料中直接给出了穆藕初的观点，故此题为观点类材料。同时，在这一观点中也出现了“道德教育”和“科学教育”两个核心词，故此题也为AB二元类材料。**AB决定主题：**材料直接给了核心词的材料，可直接围绕核心词进行立意（**谜底就在谜面上**），即“道德教育和科学教育”。

续表

第2步 定态度	**结果决定态度：**两种教育的结果是“实业界中坚人物遂由此产生”，可见，结果是好的，故应该支持（AB并重式）。即“要搞好道德教育和科学教育”。材料中的结果可以认为是目的，可以据此写出“措施目的”型标题，即：“搞好道德教育和科学教育，培养出实业界中坚人物”。
第3步 定对象	**对象一致性：** 当材料中有较为明确的对象时，我们应该按照材料中的对象来写。材料中的“实业界中坚人物”指的是企业的管理者，故我们的写作对象也应该是企业的管理者。即，“要搞好对企业的管理者的道德教育和科学教育”。
写出标题	“要搞好对企业的管理者的道德教育和科学教育”和“搞好道德教育和科学教育，培养出实业界中坚人物”太啰嗦了，做一下简化： 既要做好道德教育（对A的态度）+也要做好科学教育（对B的态度） 搞好两种教育（措施）+培养实业中坚（目的）

5. 什么样的标题是好的论说文标题？

5.1 几种常见的标题格式

现在，我带你来总结一下几种常见的标题格式，如下表：

标题格式	示例	适用情况
对象态度主题式	企业经营要注重创新	个人类、管理者类、企业类，一般不太适合社会类
主题态度式	发展人工智能势在必行	除AB二元类的所有话题
措施目的式	搞好两种教育，培养实业中坚	适合材料中有“目的”的题目
AB式	既要道德教育，也要科学教育	适合AB二元类材料
陈述式	创新有助于企业提高利润	适合作为文章的论点或分论点，用作标题不是最佳

5.2 为什么最好用“建议句”作为标题

管理类、经济类联考培养的都是未来的管理者，那么，培养管理者为什么需要论说文呢？我们去写论说文的目的是什么呢？很多人认为，论说文的目的是为了“说服”，这当然是对的，但还不足够精确。因为管理者的一切说服都是为了付诸行动。例如，你公司的领导开了个会，说服你接受了他的观点，然后呢？一定是工作安排（行动）。**没有行动的说服对于管理者来说是没有意义的。**可见，论说文的本质是**说服别人**做什么。换句话说，多数论说文是行动建议，而不是纯粹的说服。体现在标题上，标题最好是祈使句（建议句），而不是陈述句。例如，“创新有助于企业提高利润”作为全文的论点或者分论点是非常合适的，以此作为全文的标题当然并不跑题，也不是错的，但不是最佳标题。

5.3 什么时候标题中要有对象？什么时候不用写对象？

题干的材料中有非常明确的对象时，我们的标题中一般要体现这一对象。例如 2010 年管理类联考材料中明确指出一种现象是“学者的功利化”，那我们就必须要写“学者”，而不能写其他对象。标题可以是《学者功利化现象应遏制》。

另外，当对象是个人、管理者、企业时，标题中一般是可以写出对象的（也可不写），例如 2022 年管理类联考真题的标题可以是《个人发展需要不断优化》《管理者要学会不断优化》《企业经营要不断优化》。当对象是社会时，则一般不需要写出对象，如 2021 年经济类联考真题的标题可以是《坚持可持续发展在必行》。

5.4 什么时候适合写“措施目的式”标题？有什么注意点？

当材料中有明确的“目的”时，特别适合写“措施目的式”标题。此时，我们需要**从材料中去找“目的”**。例如：

前文例 6 中，《敢于论辩，发现真理》这一标题中，目的“发现真理”来源于材料；前文例 7《搞好两种教育，培养实业中坚》这一标题中，目的“培养实业中坚”来源于材料。

当材料中没有明确的“目的”时，可以自己写“目的”，形成“措施目的式”标题。但此时一定要注意一点：**“目的”要相对宽泛。**看以下两个标题：

标题 1：强化创新意识，提高企业利润

标题 2：强化创新意识，促进企业发展

这两个标题中，措施均为“强化创新意识”；而标题 1 中的目的是“提高企业利润”，而标题 2 中的目的是“促进企业发展”。如果你写的是标题 1，那么在接下来的全文写作中，你只能围绕“提高利润”这一个中心来写分论点，这大大地增加了你写作的困难。而标题 2 就更加宽泛，你在分论点中写通过创新来“提高竞争力”“提高利润”“降低成本”“培养技术团队”等都可以，因为这都属于“促进企业发展”。

老吕写作33篇　练习1.1——审题立意与拟题

（本书练习的答案和参考范文可加入打卡群领取。注意，本书的审题立意和段落仿写训练，不要求参与打卡。打卡从第 2 章第 1 篇全文打卡练习 1① 开始。）

训练 1.（2024 年管理类联考真题）

论说文：根据下述材料，写一篇 700 字左右的论说文，题目自拟。

发散性思维是指不依常规、寻求变异和多种答案的思维形式。具有这种思维形式的人，其言行往往会与众不同。

① 【特别提醒】：33 篇里每一篇的“习题参考范文”，请一定加群领取！具体领取方式，详见本书最前面第一页“如何参与打卡带学”扫码添加助教老师微信领取。

3 步审题立意法

第1步 定主题	
第2步 定态度	
第3步 定对象	
写出标题	

训练 2.（2024 年经济类联考真题）

论说文：根据下述材料，写一篇 700 字左右的论说文，题目自拟。

在人的一生中，有些人只做一件事。如袁隆平院士一生致力于杂交水稻研究，创建超级杂交稻技术体系，使我国杂交水稻研究始终居于世界领先水平。

3 步审题立意法

第1步 定主题	
第2步 定态度	
第3步 定对象	
写出标题	

训练 3.（2025 年经济类联考真题）

论说文：根据下述材料，写一篇 700 字左右的论说文，题目自拟。

有位哲人说过，生命就是一团欲望，欲望最难控制。猫喜欢吃鱼却不能潜水，鱼喜欢吃蚯蚓却不能上岸，这就是自然规律。大自然让猫不能潜水，让鱼不能上岸，给他们的欲望划出边界，设立禁区，好让他们不因欲望的膨胀而为所欲为。有意思的是，迄今为止，猫和鱼都还没有突破自己的禁区。

3步审题立意法

第1步 定主题	
第2步 定态度	
第3步 定对象	
写出标题	

第3节 如何让论说文中心突出——多次点题法

扫码听本节讲解

论说文一类卷有一个标准叫“中心突出”，那么，怎么做到中心突出呢？首先，我们要了解：

第一，什么是论说文的中心？

看一下近年真题的几个标题：管理者应该具备发散性思维（2024管综），管理者应该不断优化自我（2022管综），为欲望设立边界势在必行（2025经综），管理者应该拥有专注精神（2024经综）。在这几个题目中，我画线的部分就称为论说文的中心，它们均为“行动建议”，即我们的主题。在本书后文中，我们用“X”来代表主题/行动。

第二，如何突出论说文的中心？

很简单，在标题、开头、正文每个段落（尤其是分论点）、结尾均突出“X”。我们在前文中已学过标题，接下来我们一起学习开头、正文、结尾。

1. 开头必点主题（X）——3句开头公式

在管理类、经济类联考中，所有的论说文均为给材料作文，那么，它就必然遵守以下规律：

①必须引材料。通过引材料来表明我们的文章不是提前准备的，而是由材料有感而发。

②必须要有论点句。论说文的首段必须要写出全文的核心论点，而且，核心论点必须要

围绕 X，即开头必点题。

③最好要有过渡。从材料到论点中加一些过渡句或过渡词，会让你的首段读起来更通顺。

论说文的 3 句开头公式如下：

引材料句 → 过渡句（词） → 论点句

例 1.（2022 年管理类联考真题）

开头范文

鸟类为什么会飞？是因为它们在进化中优化了利于飞行的身体部位、舍弃了不利飞行的身体部位（引材料）。和鸟类一样（过渡句），企业经营也应不断优化（论点句）。

例 2.（2021 年经济类联考真题）

开头范文

食蚁兽以白蚁为食，却从来不摧毁整个蚁穴，让白蚁得以继续生存，也使得自己能长久地获取食物（引材料）。可见（过渡词），涸泽而渔、焚林而猎不可取，要可持续发展（论点句）。

老吕写作33篇 练习1.2——写出下面题目的开头段

（本书练习的答案和参考范文可加入打卡群领取。注意，本书的审题立意和段落仿写练习，不要求参与打卡。打卡从第 2 章第 1 篇全文打卡练习 1 开始。）

（2024 年经济类联考真题）论说文：根据下述材料，写一篇 700 字左右的论说文，题目自拟。

在人的一生中，有些人只做一件事。如袁隆平院士一生致力于杂交水稻研究，创建超级杂交稻技术体系，使我国杂交水稻研究始终居于世界领先水平。

2. 分论点必点主题（X）——X → Y 公式

如前文所述，论说文本质上都是“**行动建议（记为 X）**”。而我们要劝说别人听我们的建议，我们就得写明白“**这么做有什么好处**”，即“**利益（记为 Y）**”。

可见，论说文分论点的基本结构就是：

行为（X）→利益（Y）

而论说文的主题就是这一行为，故分论点的基本结构也可以表达为：

主题（X）→利益（Y）

例如：

用好人才（X）有助于提升工作效率（Y）

搞好合作（X）有助于提升企业收入（Y）

创新（X）有助于提高企业核心竞争力（Y）

用这个句式的好处是，我们的主题词会自然地出现在每一段的段首，这样就做到了“中心突出”。

老吕写作33篇　练习1.3——写出下面题目的分论点

（2024年经济类联考真题）论说文：根据下述材料，写一篇700字左右的论说文，题目自拟。

在人的一生中，有些人只做一件事。如袁隆平院士一生致力于杂交水稻研究，创建超级杂交稻技术体系，使我国杂交水稻研究始终居于世界领先水平。

分论点1：____________________

分论点2：____________________

3. 结尾重申主题（X）——2句结尾公式

论说文结尾的核心目的就是总结全文、重申论点（主题）。因此，论说文的2句结尾公式如下：

公式1：总结全文+重申论点

前文例1的结尾——范文1

总之，不断优化既可以帮助企业参与外部竞争，也可以帮助企业优化内部流程（总结全文），企业经营应该不断优化（重申论点）。

前文例2的结尾——范文1

综上所述，可持续发展能更好地利用资源筹划未来（总结全文），坚持可持续发展势在必行（重申论点）。

另外，由于我们写的是给材料作文，因此，在结尾处可再次点材料，以再次向阅卷人说明我们的文章没有脱离材料。公式如下：

公式2：回顾材料+重申论点

前文例1的结尾——范文2

总之，鸟类会飞是因为他们在进化过程中不断优化（回顾材料），企业经营也应不断优化（重申论点）。

前文例2的结尾——范文2

综上所述，人类的发展不妨学习一下食蚁兽（回顾材料），要学会可持续发展（重申论点）。

老吕写作33篇 **练习1.4——写出下面题目的结尾段**

（2024年经济类联考真题）论说文：根据下述材料，写一篇700字左右的论说文，题目自拟。

在人的一生中，有些人只做一件事。如袁隆平院士一生致力于杂交水稻研究，创建超级杂交稻技术体系，使我国杂交水稻研究始终居于世界领先水平。

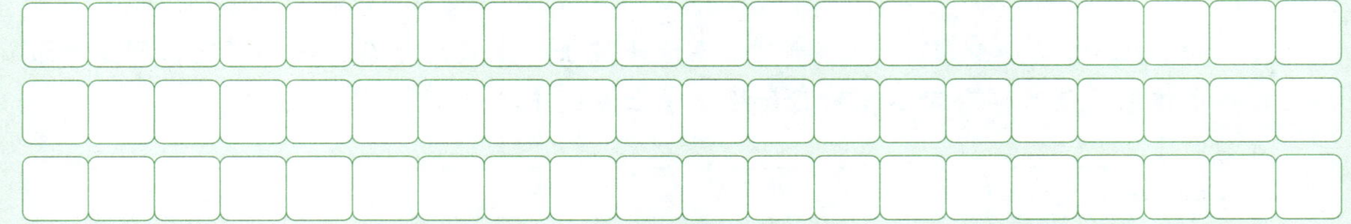

第4节 如何让阅卷人快速读懂你的文章——5大高分结构

我们必须要把论说文的结构写清楚，有两个原因：第一是“结构完整”是论说文一类卷的标准之一；第二是结构清楚有利于阅卷人阅卷。所以，那些起承转合太多的文章结构，我们就不用了，为啥？因为起承转合太多的话，阅卷人就不大容易读懂文章的逻辑。

那么，论说文的结构怎么安排呢？特别简单：**劝别人干一件事，就说这事有好处；劝别人不要干一件事，就说这事有坏处。**根据这个原理，就形成了以下5大高分结构：

目的	正文结构	例子
劝别人干“X”	有好处式： ①X有好处 ②X有好处 ③辩证段：做好X也存在一些问题/困难/风险等 ④建议段：解决这些问题/困难/风险等	创新： ①创新有利于提升企业收入。 ②创新有利于形成技术积累。 ③当然，创新也存在问题/困难/风险。 ④提建议：一要投入创新资源，二要做好风险预案。
	正反对比式1： ①X有好处 ②不干X有坏处 ③辩证段：做好X也存在一些问题/困难/风险等 ④建议段：解决这些问题/困难/风险等	创新： ①创新有利于提升企业收入。 ②不创新会造成产品失去竞争力。 ③当然，创新也存在问题/困难/风险。 ④提建议：一要投入创新资源，二要做好风险预案。
劝别人不干“X”	有坏处式： ①X有坏处 ②X有坏处 ③辩证段：然而，现实生活中却有人做了“X”，这是因为…… ④建议段：如何解决这些问题	学者功利化： ①功利化不利于学者个人发展。 ②功利化不利于学术氛围养成。 ③然而，还是有些学者过于功利，这显然是受了利益的诱惑。 ④建议段：一要完善学术评价机制，二要提高学者基础待遇。
劝别人干“A”+“B”	ABAB式： ①A有好处 ②B有好处 ③此处可以写过渡段或辩证段 过渡段：因此要AB并重 辩证段：当然，要做好AB也有一些困难。因此，需要AB并重 ④建议段：如何做到A与B	人才任用当德才并重： ①“德”是用人的前提。 ②“才”是用人的关键。 ③过渡段：因此，人才任用要德才并重。 ④建议段：观察德行，应该见微知著；衡量才华，需要竞争平台。

续表

目的	正文结构	例子
强调需要干“A”，但也不能忽略“B”	AA+B 式： ① A 有好处 ② A 有好处 ③让步段：当然，B 也需要 ④建议段：如何做到 A 与 B	优先内部提拔，不忘外部引进： ①内部提拔有利于激励员工。 ②内部提拔可降低用人风险。 ③让步段：当然，优先采用内部提拔，不代表拒绝外部引进。 ④建议段：一要做好岗位分析，二要合理选用人才。
劝别人在 A 与 B 之间选择 B	正反对比式 2： ① A 有坏处 ② B 有好处（可写 2 段） ③过渡段：可见，A 与 B 中要选 B ④建议段：如何做到 B	垃圾集中处理与分类处理： ①垃圾集中处理会造成更多污染。 ②垃圾分类有利于提高资源的回收利用率。 垃圾分类有助于降低垃圾的处理成本。 ③过渡段：可见，必须要进行垃圾分类。 ④建议段：一要尽快完善垃圾分类的基础设施，二要强化垃圾分类的宣传教育。

老吕写作33篇　练习1.5——写出下面题目的结构提纲

（2024 年经济类联考真题）论说文：根据下述材料，写一篇 700 字左右的论说文，题目自拟。（此处不要求写全文，写一个正文的提纲即可）

在人的一生中，有些人只做一件事。如袁隆平院士一生致力于杂交水稻研究，创建超级杂交稻技术体系，使我国杂交水稻研究始终居于世界领先水平。

分论点 1：________________

分论点 2：________________

辩证段：________________

建议段：________________

第5节 如何让阅卷人认为你的文章有深度——论证方法

扫码听本节讲解

在第3节中，我们已经一起学习了怎么写分论点，分论点的基本结构是：

行为（X）→利益（Y）

而论说文的主题就是这一行为，故分论点的基本结构也可以表达为：

主题（X）→利益（Y）

那么，论说文想写出深度，就要在论证段中解释清楚，为什么这个X可以导致这个Y。接下来我给你讲3种比较万能又有深度的论证方法。

1 XFY法（主题→影响因素→利益）——最有深度，万能写法

X：自变量，它是论说文的主题，表现为某种行为。

Y：因变量，它是行为的结果。

那么，X是怎么产生这个结果的呢？一般是通过**某些因素（Factors）**，我们可以用F来表示。

即：

X→F→Y

例如：吃饭（X）→饱（Y）。

但是，为什么吃饭会饱呢？需要用F来解释。即：吃饭（X）→（F）→饱（Y）。

以下为"饱"的影响因素（F）：

胃的膨胀：食物填充胃部，刺激压力感受器。

血糖变化：食物引起血糖水平升高，抑制食欲中枢。

大脑反馈：大脑饱食中枢感知综合信号，生成饱腹感。

此时，我们就可以写一段关于吃饭会产生饱腹感的论说文。

吃饭会让人产生饱腹感（X→Y）。这是因为，吃饭后胃部被食物填充，导致胃壁膨胀（F1），刺激压力感受器将信号传递到大脑，从而开始产生饱腹感。与此同时，食物的摄入使血糖水平升高（F2），抑制下丘脑的食欲中枢，进一步增强了饱腹感的强度。最终，大脑根据这些来自胃部、激素和血糖的综合信号进行反馈（F3），明确感知到身体的能量需求已被满足。这些因素共同作用，促使人停止进食，维持能量的平衡和身体的健康（总结句）。

可见，这个段落的基本结构为：

分论点（X→Y）+因素F1+因素F2+因素F3+总结句

当字数不够时，可以在因素写完后加个例子，结构为：

分论点（X→Y）+因素F1+因素F2+因素F3+例子+总结句

例1.（2024年管理类联考真题）

论说文：根据下述材料，写一篇700字左右的论说文，题目自拟。

发散性思维是指不依常规、寻求变异和多种答案的思维形式。具有这种思维形式的人，其言行往往会与众不同。

第1步 确定X→Y

发散性思维（X）的好处可以从多个角度分析，其影响结果（Y）包括以下几个方面：

①促进科学决策

发散性思维帮助决策者跳脱传统框架，提出多种解决方案，从而在复杂情境中做出科学决策。

②提升创新能力

发散性思维激发创造力，推动新观点和新方法的产生，为创新奠定基础。

③优化问题解决

发散性思维促使决策者从多个角度分析问题，发现更多潜在的解决路径，提高问题解决效率。

④增强团队协作

发散性思维带来多样化的观点和思路，激发团队成员之间的头脑风暴和互动，从而提升团队合作效果。

⑤推动个体成长

发散性思维帮助个人开拓视野，提升思维的灵活性和深度，促进自我成长。

第2步 分析Factors

我们以“拥有发散性思维有助于科学决策（X→Y）”这一分论点为例进行分析。最常见的分析思路是主客观分析法。

主观因素：决策会受决策者主观因素的影响，例如决策者的决策能力、思维习惯、风险偏好等。

客观因素：决策会受客观因素的影响，例如决策信息的完整性、决策来源的多样性（如团队成员的建议）等。

第3步 形成段落X→F→Y

拥有发散性思维有助于科学决策（X→Y）。主观层面，发散性思维能够激发管理者思维的多样性，促使其跳出经验路径，拓展思维维度（F1：主观因素），从而全面审视问题、权衡多种可能性。客观层面，发散性思维鼓励管理者整合多元信息来源、倾听不同意见，提高了信息的广度与多样性（F2：客观因素），避免决策依据的片面与偏差。这些主客因素共同作用，使管理者在复杂环境中更容易做出科学、稳健的判断（总结句）。

例2.（2017年管理类联考真题）

论说文：根据下述材料，写一篇700字左右的论说文，题目自拟。

一家企业遇到了一个问题：究竟是把有限的资金用于扩大生产呢，还是用于研发新产

品？有人主张投资扩大生产，因为根据市场调查，原产品还可以畅销三到五年，由此可以获得丰厚的利润。有人主张投资研发新产品，因为这样做虽然有很大的风险，但风险背后可能有数倍于甚至数十倍于前者的利润。

第1步 确定X→Y

研发新产品（X）的好处可以从多个角度分析，其影响结果（Y）包括以下几个方面：

①提高企业收入

新产品通常附加值更高，能带来更高利润，同时吸引更多消费者购买，从而提升企业收入。

②增强市场竞争力

通过研发新产品，企业可以在技术和市场定位上占据优势，提升品牌竞争力。

③推动企业可持续发展

新产品的推出不仅能满足现有需求，还能开拓潜在市场，为企业的长期发展注入活力。

④提升客户满意度

新产品能够更好地满足客户需求，提升用户体验，增加客户忠诚度。

⑤优化企业创新能力

新产品的研发过程促进技术升级，积累企业在创新领域的核心竞争力。

第2步 分析Factors

我们以“研发新产品有助于提高企业收入（X→Y）”这一分论点为例进行分析。根据公式：收入＝价格×销量，我们可以从以下两个方面进行分析：

①价格提升（F1：价格因素）

新产品由于技术升级或功能优化，其市场价值通常更高，能以更高的价格销售，直接提升收入。

②销量增长（F2：销量因素）

新产品能够吸引更多目标用户或打开新的市场领域，从而增加销量，为企业创造更多利润。

第3步 形成段落X→F→Y

研发新产品有助于提高企业收入（X→Y）。这是因为企业收入的提升取决于产品的价格和销量两个关键因素。一方面，新产品通常具备更高的附加值（F1：价格因素）。通过技术创新或功能优化，新产品能够以更高的价格销售，从而直接提升企业利润。另一方面，新产品能够打开新的市场或吸引更多的目标客户（F2：销量因素）。通过满足市场未被满足的需求，新产品可以显著增加销量。这两个因素相辅相成，使得研发新产品成为提升企业收入的重要手段，同时为企业的长期发展奠定基础（总结句）。

2 正反对比法（X→Y；¬X→¬Y）——简单易学，万能写法

我们在逻辑课上学过求异法，一般通过两组对象的对比得出因果关系。

例如：

吸烟者，有更多的人得肺病（X→Y）。

不吸烟者，有更少的人得肺病（¬X→¬Y）。

因此，吸烟容易使人得肺病。

我们可以把这个思路用在写论说文上，用正反对比的方法，来证明自己的观点。这种写法的好处是比较容易掌握，即使你只会分析 XFY 中的一个要素，也可以通过正着论证一遍、反着论证一遍的方式，来增加字数。

该段落的基本结构为：

分论点（X→Y）+ 正面论证 + 反面论证 + 总结句

当字数不够时，可以在正反分析完成后加个例子，结构为：

分论点（X→Y）+ 正面论证 + 反面论证 + 例子 + 总结句

前文例 1 段落范文：对比法

拥有发散性思维有助于科学决策（X→Y）。一方面，发散性思维促使决策者跳出惯性思维，从多个角度分析问题，提出更多解决方案（正面论证）。另一方面，缺乏发散性思维的决策者往往陷入单一思维模式，只能机械化地执行既定方案，可能错失市场机遇甚至增加失败风险（反面论证）。可见发散性思维是科学决策的重要保障，有助于更全面地应对复杂环境中的不确定性（总结句）。

前文例 2 段落范文：对比法

研发新产品有助于提高企业收入（X→Y）。新产品凭借技术升级和功能优化能够以更高的价格销售，同时吸引更多目标客户，直接增加企业收入（正面论证）。反之，如果企业拒绝研发新产品，仅依赖老旧产品，则可能因产品落后被市场淘汰，从而丧失竞争力和收入来源（反面论证）。例如华为就是通过研发创新产品占据市场高端领域，实现了收入的持续增长（例子）。可见，研发新产品是企业提高收入和长期发展的关键策略（总结句）。

3 演绎法（理论依据 + 例证）——准备几个万能理论后就很好用

演绎是指由一般到个别的论证方法。

在论证 X→Y 时，我们可以先给出这一观点的理论依据（一般），再补充一些例证（个别）。需要注意的是，论说文每个段落的篇幅有限，例子不能太长，一两句话即可。

这一写法的段落基本结构为：

分论点（X→Y）+ 理论依据 + 怎么做（X）+ 会如何（Y）+ 例证 + 总结句

前文例 1 段落范文：演绎法

拥有发散性思维有助于科学决策（X→Y）。根据决策理论，科学决策需要多维度的信息整合与创造性思考，而单一思维模式容易导致信息偏差和决策失误（理论依据）。发散性思维能够拓宽认知边界，促使决策者探索更多可能性，提高信息利用效率，从而做出更加精准的选择（怎么做 + 会如何）。例如，小米的创始人雷军，通过发散性思维找到新的市场需求，开发了小米 SU7，成功进军汽车市场（例证）。可见，发散性思维是优化决策质量的重要认知工具（总结句）。

前文例 2 段落范文：演绎法

研发新产品有助于提高企业收入（X→Y）。根据资源基础理论（RBV），企业的竞争优势来源于独特资源的开发与利用，而依赖老旧产品的企业难以应对市场变化，容易丧失竞争力（理论依据）。新产品研发通过技术创新提升产品附加值，满足消费者多样化需求，从而提高收入（怎么做＋会如何）。例如，华为通过研发新款旗舰手机 Mate60 系列，迅速占领高端市场，实现了收入的大幅增长（例证）。可见，研发新产品是企业保持竞争力和提升收入的关键路径（总结句）。

你现在理解以上论证方法没？做个小训练吧：

示例：

创新有助于提高企业收入（X→Y）。

这是因为：创新→因素 1（扩大销量）、因素 2（提升价格）→提高收入

老吕写作33篇 练习1.6——写出下面题目的分论点的因素分析

论证方法训练 1：

合作有助于提高企业收入（X→Y）。

这是因为：合作→因素 1（　　　）、因素 2（　　　）→提高收入

论证方法训练 2：

合作有助于降低企业成本（X→Y）。

这是因为：合作→因素 1（　　　）、因素 2（　　　）→降低成本

论证方法训练 3：

拥有批判性思维有助于管理者科学决策（X→Y）。

这是因为：批判性思维→因素 1（　　　）、因素 2（　　　）→科学决策

学完本节后，你可能还不太会找因素，更不太会写论证段。不用怕，没事的，我已经帮你把因素全总结成公式了，第 2 章就开始手把手教你了。另外，“辩证段”和“建议段”原理比较简单，在第 1 章我们就不讲了，在第 2 章我们再一起学习。

第2章

论说文33篇：管理者类与个人类

第1节 命题分析与命题预测

1. 什么是管理者类与个人类话题

此类话题的对象可以写个人或者管理者，例如2024年管理类联考真题的话题为“发散性思维”，2024年经济类联考真题的话题为“专注精神”，那么，谁应该具备这些思维或精神呢？当然是“个人”。不过，由于管理类、经济类联考的考试性质是为了选拔和培养管理者，因此，我们也可以写“管理者应该具备发散性思维”“管理者应该拥有专注精神”。

不过，需要注意的是，同一个话题有时候写个人或管理者可以，写企业也可以。例如2022年管理类联考真题的主题是“不断优化”，那么，我们既可以写“个人发展需要不断优化自我”，也可以写“管理者需要不断优化自我”，还可以写“企业经营需要不断优化”。

2. 管理者类与个人类话题考过哪些真题？

2009年开始，MBA入学考试更名为管理类联考；2021年开始，经济类联考由教育部统一命题。因此，我们统计了2009年至今的管理类联考真题（共17年）和2021年至今的经济类联考真题（共5年），其中管理者类与个人类的命题分析如下：

	年份与话题	命题概率
管理类联考	2011年：拔尖与冒尖 2014年：冒险/决策/选择 2015年：仁与富 2019年：论辩 2020年：听取意见/细节管理/风险管理 2021年：道德教育与科学教育 2022年：不断优化 2023年：领导艺术 2024年：发散性思维	17年中，共有9道可以写管理者类与个人类，命题概率52.9%。
经济类联考	2024年：专注精神/极致精神等 2025年：欲望边界	5年中，共有2道可以管理者类与个人类，命题概率40%。

3. 管理者类与个人类话题将来可能怎么考？

如前文所述，论说文本质上来讲是“行动建议”，那么，我们只需要了解个人或管理者从思想上、行动上有哪些需要做，就能预判未来联考会怎么命题。因此，我将未来有可能考到的话题做如下分类：

分类顺序	核心问题	主题分类	代表性话题举例
1	为什么干？	价值观	使命感、坚守初心、实事求是、追求卓越、长期主义、责任担当、公平正义等
2	想怎么干？	思维	系统思维、战略思维、开放性思维、批判性思维、发散性思维、逆向思维、目标导向思维等
3	是否愿意干？	意识	责任意识、规则意识、服务意识、节约意识、环保意识、倾听意识、公共意识、边界意识等
4	行为倾向如何？	偏好	风险偏好、决策风格、授权方式、行为偏好、行动节奏、自律习惯等
5	能不能干好？	能力	决策能力、执行力、组织协调能力、表达能力、领导力、情绪管理能力、学习能力等
6	是怎么干的？	行为	计划、组织、领导、沟通、执行、协调、反馈、监督、学习等
7	有没有保障？	机制	制度建设、激励机制、监督机制、容错机制、反馈机制、考核机制等
8	能否带动他人一起干？	团队	用人、选人、带队、授权、激励、团队文化、集体协同、信任与沟通等

看完上面的分类，你可能会担心“话题太多、背不过、写不完”。但其实，大可不必每个话题都背一套素材。我建议你：

①掌握底层写作逻辑：**重点记住第2节的分论点、第3节的写作公式，第4节的8大因素，第5节的8个模板。**记住这些，不仅可以帮助你写管理者类话题，也可以帮助你写个人类话题，甚至还能用在第3章的企业类话题和第4章的社会/经济类话题。它是万能的，你的记忆量并不大。

②准备典型范文模板：围绕以上8类话题，每类准备一篇高质量范文，作为通用模板。

③进行迁移仿写训练：掌握改写技巧后，其他话题都可在原模板上做调整，如“领导能力”可参考“决策能力”，“发散性思维”可参考“系统思维”等。

第2节 如何写好管理者类话题的分论点

你在写论说文时，可能会在写分论点时遇到以下困难：

①找不到分论点，只能硬凑。

②分论点之间关系混乱。分论点之间应该是并列关系，但有些同学的两个分论点存在同义、交叉、包含等关系。

③分论点过于啰嗦，不利于阅卷。

没事的，接下来我会教你解决这些问题，你将学会如何快速地写出管理者类与个人类话题的分论点。

1. 管理者类话题的常见分论点——用好这些就够了

如前文所述，论说文的分论点的基本结构为：

主题/行为（X）→利益（Y）

如何找到合适的分论点呢，原理非常简单，只要找到行为（主题）影响了哪些利益相关者即可。因此，我们只要找到合适的利益相关者，就自然能确定本类话题的分论点。

管理者类的利益相关者可以分为：**事务层**（对具体事务的影响）、**个体层**（对管理者个人的影响）、**组织层**（对企业或组织的影响）、**社会层**（对行业或社会的影响），合计共4大层次12种利益相关者。如下表所示：

层级分类	利益相关者Y	分论点举例
事务层	决策效果	X有助于提升决策科学性
	管理效率	X有助于提升管理效率
	资源调配	X有助于提升资源利用率
	问题解决	X有助于解决管理问题 （如避免路径依赖，摆脱信息不对称）
个体层	自己	X有助于管理者的个人发展
	下属/团队	X有助于管理者带好团队
组织层	运营结果	X有助于促进组织发展 X有助于提升企业绩效
	文化基因	X有助于打造企业文化
	品牌资产	X有助于打造企业品牌
	制度体系	X有助于完善组织流程 X有助于优化组织架构

续表

层级分类	利益相关者 Y	分论点举例
社会层	行业生态	X 有助于促进行业发展
	社会价值	X 有助于促进社会发展

说明：
（1）上述分论点中的“有助于”可替换为有利于、能促进、能推动、能打造、能筑造、能建立、能确立、能奠定、能铺就、能构建、能实现、能提高、能提升、能增强、能增加、能激活、能激发、能加强、能强化、能改进、能升级、能丰富、能完善、能扩展、能充实等词。
（2）解决问题类的分论点，X 与 Y 中间的动词可使用：减少、降低、削弱、缩小、缓解、减缓、缓和、消除、平息、抑制、遏制、限制、化解、解决等词。

2 常见问题——没事，别怕

常见问题 1：论说文的分论点要写长句还是短句？

请你比较以下两个分论点：

分论点 1：拥有发散性思维有助于科学决策。

分论点 2：拥有发散性思维，能够帮助管理者全面搜集信息、系统性思考问题，从而做出科学决策。

这两个分论点哪个好呢？很多同学认为分论点 2 要更好，其实这种观点是错误的。这是因为：第一，“论点”的任务是做出断定，而不是展开论证。如果在每段的首句就已经展开了论证，那么首句以后写什么呢？还是要展开论证。这就造成了首句与后面句子在功能上的重复。第二，多数中国人不喜欢读长难句，而阅卷人是中国人！分论点 2 在作文纸上需要占 41 个格子，这可能会让阅卷人不愿意读下去；如果恰好你的字又比较潦草，这就会让阅卷人更加难受。记住，阅卷人是直接决定你的写作得分的人，你的写作一定要取悦阅卷人。**所以分论点要写短句。**

常见问题 2：使用本书的素材会与他人雷同吗？

以上表格中共有 12 个利益相关者，你可以根据材料所给的话题，从中选 2 个进行论证，你可以选择有 $C_{12}^{2}=66$ 种写法。每种分论点的公式中我又给了你 3 大因素，你可以选其中 1 个或 2 个进行分析，而每个因素又有 XFY 法、正反对比法、演绎法可以写，即 $(C_3^1+C_3^2)\times C_3^1=27$ 种写法。而辩证段你可以从 8 大因素中选 2 个 $C_8^2=28$ 种写法，建议段你可以从 8 种不同的写法选一个 $C_8^1=8$ 种写法，再用一次乘法原理 $66\times27\times28\times8=399\ 168$ 种写法。因此，**你不必担心使用本书的素材会与他人雷同**。而且，过去几年的经验已经证明，**能把本书上的素材用好、用准确的同学，都会有不错的分数。**

第3节 如何让管理者类话题的论证有深度

扫码听本节讲解

当你确定了论说文的分论点后，有可能会遇到以下难点：

①无话可说，生硬凑字。

②不知道如何展开论证，只能堆砌例子。

③车轱辘话，啰里啰嗦。

没事的，不用怕。本节我会教你**论证公式，简单易学有深度**，即使**遇到陌生话题也可轻松写出论证段**，走起！

1 事务层的万能论证段——把事做好

根据前文所学的知识，要把这些论证写的有深度，关键是找到**影响因素（F）**。那么，影响个人或管理者发展的因素有哪些呢？我帮你总结成了公式，公式中等号后面的部分就是我们要分析的F：

分论点1 主题（X）有利于提升决策效果（Y）
——决策效果＝信息全面×判断精准×执行到位

写法1 XFY法

具备发散性思维有助于提升决策效果（X→Y）。发散性思维能够帮助管理者跳出单一视角，从多个角度收集信息（信息全面）；在判断阶段，他也能拓展思考路径，避免陷入固有模式（判断精准）；同时，更具包容性的思维方式有利于设计出更具操作性的解决方案，从而提升执行效果（执行到位）。由此可见，发散性思维为科学决策提供了有力支撑（总结句）。

写法2 正反对比法

具备发散性思维有助于提升决策效果（X→Y）。拥有发散性思维的人，通常善于从不同角度搜集信息、从不同维度分析问题，从而提升判断的准确性（正面）。反之，若总是凭经验判断、路径依赖严重，不仅可能遗漏重要信息，也容易形成错误判断，导致决策失误（反面）。由此可见，思维方式直接影响管理者的决策水平（总结句）。

写法3 演绎法

具备发散性思维有助于提升决策效果（X→Y）。管理学研究表明，优秀的决策能力建立在多维度的信息获取、严密的逻辑判断与可落地的执行方案之上（理论依据）。发散性思维作为一种面向多元路径的思维方式，有助于管理者从更全面的角度分析问题、设计策略（怎么做＋会如何）。比如在企业转型过程中，具备发散性思维的管理者，能够同时关注市场趋势、组织能力与客户反馈，从而提升整体决策质量（例证）。由此可见，发散性思维在复杂决策中具有不可替代的价值（总结句）。

老吕写作33篇　段落仿写练习2.1——决策效果

请完成以下段落（本书练习的答案和参考范文可加入33篇打卡群领取。注意，本书的审题立意和段落仿写练习，不要求参与打卡。打卡从第2章第1篇全文打卡练习1开始。）

　　听取意见有助于个人做出科学决策。

分论点2 主题（X）有利于提升管理效率（Y）——管理效率＝目标清晰 × 流程规范 × 执行到位

写法1 XFY法

拥有授权意识有助于管理者提升管理效率（X→Y）。授权意识能够促使管理者明确目标，合理划分职责，明确岗位边界（目标清晰）；同时，有效授权往往伴随对流程的规范，有利于减少无效环节（流程规范）；此外，管理者通过授权，也能调动团队积极性，提升工作完成质量（执行到位）。由此可见，授权既是一种分工方式，更是提升管理效能的关键路径（总结句）。

写法2 正反对比法

拥有授权意识有助于管理者提升管理效率（X→Y）。通过授权，管理者可以更好地把目标分解，将复杂的管理事务变为可执行的流程规范；并通过有效授权推动任务执行到位，从而让组织运转更加顺畅高效（正面）。反之，若管理者事事亲力亲为，既压缩了整体处理容量，也容易导致流程混乱（反面）。由此可见，是否具备授权意识，直接影响组织执行力和运转节奏（总结句）。

写法3 演绎法

拥有授权意识有助于管理者提升管理效率（X→Y）。管理学研究表明，高效管理依赖于清晰的目标体系、规范的流程机制与到位的执行反馈（理论依据）。具备授权意识的管理者，往往更注重通过制度化手段进行职责划分，从而提升流程清晰度与执行效果（怎么做+会如何）。比如在海尔“人单合一”机制中，每个岗位既承担目标又拥有权限，管理层从指令下达者转为服务支持者，极大提升了组织的协作效率（例证）。由此可见，科学授权是现代企业高效运作的重要保障（总结句）。

老吕写作33篇 段落仿写练习2.2——管理效率

请完成以下段落（本书练习的答案和参考范文可加入33篇打卡群领取。注意，本书的审题立意和段落仿写练习，不要求参与打卡。打卡从第2章第1篇全文打卡练习1开始。）

培养沟通能力有助于提升管理效率。

分论点3 主题（X）有利于提升资源利用率（Y）
——资源利用率＝配置精准 × 使用规范 × 成本节约

写法1 XFY法

强化管理者的成本意识有利于提升资源利用率（X→Y）。一方面，具备成本意识的管理者，能够科学分析各类资源的使用场景，做到“精打细算、按需分配”，提高资源配置的精准度（配置精准）。另一方面，具有成本意识也能促使管理者建立规范的资源使用流程，严格控制消耗，避免浪费与重复投入（使用规范 × 成本节约）。两方面共同作用，让每一份资源都用在刀刃上，显著提升企业的资源利用效率（总结句）。

写法2 正反对比法

强化管理者的成本意识有利于提升资源利用率（X→Y）。具备成本意识的管理者更懂得“花最少的钱办最多的事”，通过对资源的精准配置与规范使用，有效提升资源配置效率（正面）。反之，如果缺乏成本意识，容易出现人力闲置、材料浪费、项目重复等问题，不仅增加成本，还拉低整体运转效率（反面）。因此，强化成本意识，是提升资源利用率、减少浪费的关键途径（总结句）。

写法3 演绎法

强化管理者的成本意识有利于提升资源利用率（X→Y）。根据经济管理中的“边际效益递减”规律，资源只有在合理配置的前提下，才能发挥最大效益（理论依据）。具有成本意识能帮助管理者精准分配资源、优化使用流程、有效压控成本，从而提升资源的使用效率（怎么做＋会如何）。例如，拼多多在创业初期通过极致的成本控制，在激烈竞争中迅速建立起自身优势（例证）。由此可见，成本意识是推动资源高效利用的重要保障（总结句）。

老吕写作33篇 **段落仿写练习2.3——资源利用率**

培养战略思维有助于提升资源利用率。

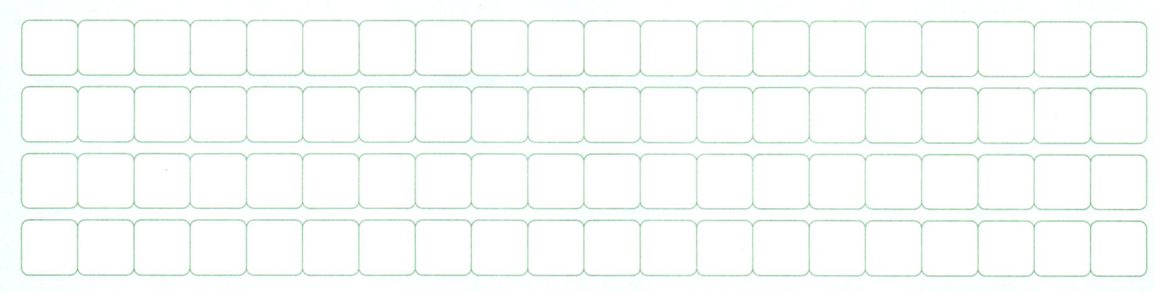

分论点4 主题（X）有助于解决管理问题（Y）——解决管理问题＝发现问题 × 分析问题 × 解决问题

写法1 XFY法

鼓励员工表达意见有助于解决管理问题（X→Y）。一方面，畅通的意见反馈机制有助于一线员工主动汇报问题、提出改进建议，帮助管理层快速捕捉潜在风险（发现问题 × 分析问题）；另一方面，基层视角往往贴近实际，有助于提出更具针对性的应对措施，推动问题落地解决（解决问题）。由此可见，敢于倾听与善于听取意见，是管理优化的起点（总结句）。

写法2 正反对比法

鼓励员工表达意见有助于解决管理问题（X→Y）。在表达渠道畅通的组织中，管理者能够及时获得一线真实反馈，发现问题更早、分析问题更准、解决问题更快；员工也可能会因表达被尊重而更积极参与解决方案的制定，从而推动管理持续优化（正面）。反之，若企业缺乏反馈机制、管理者"拍脑袋决策"，问题就容易积压甚至失控（反面）。可见，是否鼓励表达，是能否解决管理问题的重要前提（总结句）。

写法3 演绎法

鼓励员工表达意见有助于解决管理问题（X→Y）。组织管理研究表明，持续发现并有效处理问题，是推动组织迭代进步的关键（理论依据）。鼓励员工表达，不仅能拓宽信息来源、提前发现问题，还能借助多元视角深化问题分析、丰富解决方案，提升管理响应的及时性（怎么做＋会如何）。例如TCL集团通过鼓励员工在生产线上及时报告异常问题，极大降低了返工率与管理成本（例证）。由此可见，尊重意见、倾听声音，是企业解决管理难题的重要路径（总结句）。

老吕写作33篇 段落仿写练习2.4——解决管理问题

培养批判性思维有助于解决管理问题。

2. 个体层的万能论证段——把人管好

分论点5 主题（X）有助于管理者的个人发展（Y）——个人发展=能力提升×思维转变×经验积累×发展机会

写法1 XFY法

承担管理职责有助于管理者的个人发展（X→Y）。一方面，管理工作要求分派任务、设定目标、反馈绩效，这有助于提升管理者的组织协调能力（能力提升）；另一方面，在处理复杂事务与人际关系中，管理者需不断反思和调整，逐步建立系统化的思维框架（思维转变）。随着实践深入，这些经历也将沉淀为可迁移的经验积累，并带来更多成长机会（经验积累×发展机会）。可见，管理本身就是一种"边干边长"的学习过程，是促进个体发展的重要路径（总结句）。

写法2 正反对比法

承担管理职责有助于管理者的个人发展（X→Y）。勇于担责的管理者，能在任务推进过程中，不断锤炼能力、拓展思维、积累经验，从而实现综合素质的跃升（正面）。相反，那些习惯推责、回避职责的管理者，不仅错失成长机会，还容易陷入路径依赖（反面）。因此，管理岗位不是负担，而是锤炼自身、突破瓶颈的最好舞台（总结句）。

写法3 演绎法

承担管理职责有助于管理者的个人发展（X→Y）。根据“成长源于挑战”的逻辑，管理者在真实情境中不断实践，有利于获得能力提升与思维转变（理论依据）。在管理任务中，他们需应对多元需求、分配有限资源、应对突发变化，这能帮助他们技能和思维的成熟（怎么做+会如何）。以海底捞为例，该公司通过一线授权、复盘反馈等机制，让普通员工在实践中快速成长为店长，走上管理岗位（例证）。可见，管理岗位是推动成长的“实战课堂”（总结句）。

分论点6 主题（X）有助于管理者带好团队（Y）
——团队成效＝目标一致×流程规范×权责明确×激励有效×协作顺畅×氛围融洽

写法1 XFY法

培养服务意识有助于管理者带好团队（X→Y）。一方面，具备服务意识的管理者更关注员工的职责分工，能够合理授权，从而实现人与岗位的精准匹配（权责明确）；另一方面，具备服务意识能促使管理者在激励上更具人性化，能根据员工个性化需求灵活设计奖惩机制，这样就有助于营造更好的协作氛围（激励有效 × 协作顺畅）。可见，管理者的服务意识是带好团队的重要助力（总结句）。

写法2 正反对比法

培养服务意识有助于管理者带好团队（X→Y）。具备服务意识的管理者善于理解员工诉求、提供情绪支持，从而提高团队成员的工作积极性，营造融洽的团队氛围（正面）。反之，若管理者缺乏服务意识，不重视成员需求与团队氛围，常常导致激励失衡，甚至造成团队成员的内耗（反面）。可见，服务意识不仅是一种态度，更是提升团队效能的关键能力（总结句）。

写法3 演绎法

培养服务意识有助于管理者带好团队（X→Y）。现代组织行为学指出，高效团队通常具备分工明确、激励充分、氛围融洽等特征（理论依据）。具备服务意识的管理者，善于倾听团队成员的需求，从而能够提升团队运行的协同性；他们更倾向以鼓励代替命令、以支持代替控制，营造信任合作的正向氛围（怎么做 + 会如何）。以海底捞创始人张勇为例，他长期坚持“员工第一”的理念，主动改善员工工作条件，极大提升了团队凝聚力（例证）。由此可见，服务意识是打造高效团队不可或缺的核心素养（总结句）。

老吕写作33篇 段落仿写练习2.6——带好团队

做好授权有助于管理者带好团队

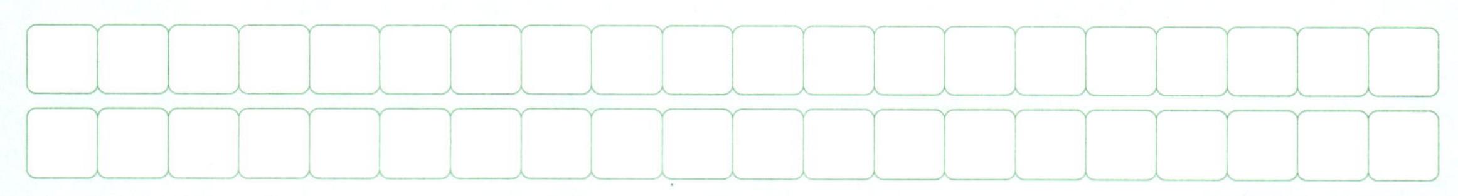

3 组织层的万能论证段——把组织 / 企业管好

分论点 7 主题（X）有助于促进组织 / 企业发展（Y）——组织 / 企业发展 = 战略清晰 × 流程规范 × 权责明确 × 激励有效 × 协作顺畅 × 氛围融洽

写法1 XFY 法

坚持长期主义有助于促进企业发展（X→Y）。有了长期主义，企业才能静下心来做清晰的战略规划，不会因为眼前的市场波动就随意调整方向（战略清晰）。在这种思维引导下，企业也更愿意打磨流程、优化协作机制，让每个人知道该做什么、怎么协作才能效率更高（流程规范 × 协作顺畅）。方向准了、内部顺了，企业自然能稳扎稳打，越走越远（总结句）。

写法2 正反对比法

坚持长期主义有助于促进企业发展（X→Y）。那些有长期思维的企业，大多战略定得清晰，方向感很强，也舍得花时间完善流程，打造顺畅的协作机制（正面）。但如果只盯着眼前收益，今天一个方向，明天一个想法，组织内部就容易混乱，员工也不知道往哪儿发力，发展自然难持续（反面）。所以企业到底能不能稳步前行，长期主义是一道分水岭（总结句）。

写法3 演绎法

坚持长期主义有助于促进企业发展（X→Y）。企业发展的关键，离不开一个清晰靠谱的战略，以及内部各司其职、各尽其责的管理体系（理论依据）。长期主义的好处就在于，它让企业不会频繁换方向，也更重视基础建设，比如把岗位职责理清、把制度规则立住（怎么做 + 会如何）。像华为，长期投入研发，靠的就是稳战略、强体系，才有了今天的竞争力（例证）。所以说，长期主义不是慢，是更稳、更远（总结句）。

老吕写作33篇 段落仿写练习2.7——促进组织 / 企业发展

管理者拥有系统思维能促进企业发展。

分论点 8 主题（X）有助于打造企业文化（Y）
——企业文化 = 理念一致 × 行为规范 × 制度保障

写法 1 XFY 法

拥有工匠精神有助于打造企业文化（X→Y）。一方面，工匠精神代表对极致与细节的执着追求，当企业以此为导向，就容易形成“讲品质、重细节”的价值共识（理念一致）；另一方面，具备工匠精神的员工与管理者，往往敬业专注、踏实肯干，能带动团队形成规范有序的行为标准与制度保障（行为规范 × 制度保障）。可见，工匠精神是企业文化建设的重要支点（总结句）。

写法 2 正反对比法

拥有工匠精神有助于打造企业文化（X→Y）。工匠精神强调专注、严谨与追求极致，能在企业内部形成“注重品质、精益求精”的共同理念，让员工在价值观层面达成一致；同时，这种精神也有助于塑造敬业、规范、负责的行为标准（正面）。反之，若员工缺乏敬业精神与质量意识，组织内部容易出现敷衍应付、品质下滑等现象，难以建立统一认同和持久信赖的文化氛围（反面）。可见，工匠精神是企业文化建设的重要支撑（总结句）。

写法3 演绎法

拥有工匠精神有助于打造企业文化（X→Y）。根据组织文化理论，企业文化的核心在于理念、行为与制度的协同统一（理论依据）。工匠精神能帮助企业形成“重品质、讲责任”的理念，并逐步内化为组织的行为规范与制度导向（怎么做＋会如何）。比如，格力将工匠精神融入质量管理机制，从产品标准到员工考核全面落实精益理念，塑造了稳定可靠的企业文化（例证）。由此可见，工匠精神是企业文化建设的重要内核（总结句）。

老吕写作33篇 段落仿写练习2.8——打造企业文化

分论点9 主题（X）有助于打造企业品牌（Y）——企业品牌＝用户认知×产品价值×情感连接

写法1 XFY法

强化用户导向思维有助于打造企业品牌（X→Y）。一方面，用户导向思维促使企业更加关注客户需求，从而优化产品设计与服务细节，提升品牌的认可度（用户认知×产品价值）；另一方面，聚焦用户体验也有助于企业为用户提供更多的情绪价值，从而与客户建立更好的情感连接（情感连接）。由此可见，真正有影响力的品牌，离不开持续稳定的用户导向实践（总结句）。

写法2 正反对比法

强化用户导向思维有助于打造企业品牌（X→Y）。拥有用户思维的企业更容易赢得用户信任，有利于形成鲜明、可信赖的品牌形象（正面）。相反，如果企业忽视客户感受，仅从内部视角推动产品决策，往往容易脱离市场、降低用户黏性，品牌建设也难以形成良性积累（反面）。由此可见，“以用户为中心”不仅是一种理念，更是品牌能长期发展的基础（总结句）。

写法3 演绎法

强化用户导向思维有助于打造企业品牌（X→Y）。品牌建设强调的是用户对企业的认知、信任与情感连接（理论依据）。具备用户导向思维的企业，通常能主动收集客户意见、不断优化产品与服务，同时借助与客户的互动机制，增强品牌与用户之间的情感联系（怎么做＋会如何）。例如，完美日记通过与用户的社群共创，快速建立起年轻用户的品牌归属感，提升了整体品牌影响力（例证）。由此可见，品牌的根基在用户，方向也应由用户引领（总结句）。

老吕写作33篇 段落仿写练习2.9——打造企业品牌

坚持长期主义有助于打造企业品牌。

分论点10 主题（X）有助于完善组织流程（Y）——流程完善度＝标准清晰 × 协作顺畅 × 反馈及时

写法1 XFY法

管理者具备系统思维有助于完善组织流程（X→Y）。系统思维能够帮助管理者从整体出发，理清组织架构，明确职责分工，让组织流程更清晰（标准清晰）；同时，它也鼓励管理者加强部门协作，打通信息链条，确保任务传导顺畅、问题反馈及时（协作顺畅 × 反馈及时）。由此可见，系统思维是流程优化的重要基础（总结句）。

写法2 正反对比法

管理者具备系统思维有助于完善组织流程（X→Y）。当管理者具备系统视角，往往能从全局把握流程运作逻辑，合理分配任务，理顺各环节之间的关系，从而建立标准化流程（正面）。反之，若只关注局部、不考虑整体，流程就容易出现职责交叉、信息堵点与反馈缺失，降低运行效率甚至埋下风险隐患（反面）。可见，系统思维越到位，流程管理越清晰高效（总结句）。

写法3 演绎法

管理者具备系统思维有助于完善组织流程（X→Y）。组织流程本质上是一个由多个环节组成、需要高效协同的系统工程（理论依据）。具备系统思维的管理者，能够统筹各岗位与任务节点，优化流程衔接，提升标准统一性和协作顺畅性（怎么做＋会如何）。例如，海尔通过“自主经营体”机制对流程进行系统重构，使每一环节职责清晰，显著提高了组织响应速度（例证）。这说明，系统思维是支撑流程科学设计与高效落地的重要能力（总结句）。

老吕写作33篇 段落仿写练习2.10——完善组织流程

　　优化管理制度有助于完善组织流程。

4 社会层的万能论证段——对行业/社会好

分论点 11 主题（X）有助于促进行业发展（Y）——行业发展=良性竞争×协作顺畅×技术共享

写法1 XFY法

拥有合作意识有助于促进行业发展（X→Y）。合作意识能够引导企业秉持公平理念，规范竞争行为，减少恶性内卷（良性竞争）；同时，也能推动企业打破壁垒、共享技术与经验，在标准制定、联合研发等方面实现协同突破（协作顺畅×技术共享）。由此可见，企业越重视合作，行业发展就越有秩序与活力（总结句）。

写法2 正反对比法

拥有合作意识有助于促进行业发展（X→Y）。在竞争日益激烈的环境中，具备合作意识的企业往往更愿意与其他企业协作发展，推动形成互利共赢的行业生态（正面）。反之，如果企业唯利是图、恶性竞争，不仅扰乱行业秩序，也会削弱上下游之间的信任基础，阻碍资源流动与技术传播（反面）。由此可见，企业之间是否具备合作意识，直接关系到行业能否形成健康、可持续的发展局面（总结句）。

写法3 演绎法

拥有合作意识有助于促进行业发展（X→Y）。从产业生态角度看，行业的可持续发展依赖于企业间的协同与共建（理论依据）。具备合作意识的企业，能在竞争中尊重规则、维护秩序，推动形成公开、公平的良性竞争环境；同时也愿意搭建平台，推动技术共享，提升行业的创新能力与协同效率（怎么做+会如何）。例如，中国新能源车企通过共建充电网络、开放核心技术，推动了整个行业的快速发展与标准统一（例证）。由此可见，合作意识不仅是一种道德选择，更是行业进步的战略保障（总结句）。

老吕写作33篇 段落仿写练习2.11——促进行业发展

拥有创新意识能促进行业发展。

分论点12 主题（X）有助于促进社会发展/高质量发展（Y）——社会发展/高质量发展=经济发展×技术进步×环境友好

写法1 XFY法

管理者具备创新意识有助于促进社会发展（X→Y）。一方面，具备创新意识的管理者能够引领企业突破传统模式，推动产品与服务升级，带动新产业链形成，从而拉动经济增长（经济发展）；另一方面，他们更倾向于采用绿色技术与智能手段优化资源配置，减少环境负担，推动可持续发展（技术进步×环境友好）。由此可见，具有创新意识的管理者不仅能提升企业活力，也为社会注入了持续发展的动力（总结句）。

写法2 正反对比法

管理者具备创新意识有助于促进社会发展（X→Y）。在面对转型升级压力时，创新意识强的管理者能够主动拥抱新技术、引导企业探索绿色转型路径，为经济注入新动能、推动环保理念落地（正面）。反之，若管理者墨守成规，不仅企业发展易陷入瓶颈，也可能造成资源浪费，拖累整个行业甚至社会的发展节奏（反面）。由此可见，社会要实现高质量发展，离不开一批具备创新意识、敢于突破的管理者（总结句）。

写法3 演绎法

管理者具备创新意识有助于促进社会发展（X→Y）。根据可持续发展理念，社会进步应实现经济效益、技术进步与生态环保的统一（理论依据）。具有创新意识的管理者，更愿意推动企业加大研发投入、加快技术迭代，从而推动经济增长；同时，他们也会重视绿色设计、低碳生产，减少发展对生态环境的负面影响（怎么做＋会如何）。例如，宁德时代通过技术创新，既助力新能源发展，也成为引领行业转型的标杆（例证）。由此可见，创新意识不仅决定企业走多远，也影响社会走多快、走多稳（总结句）。

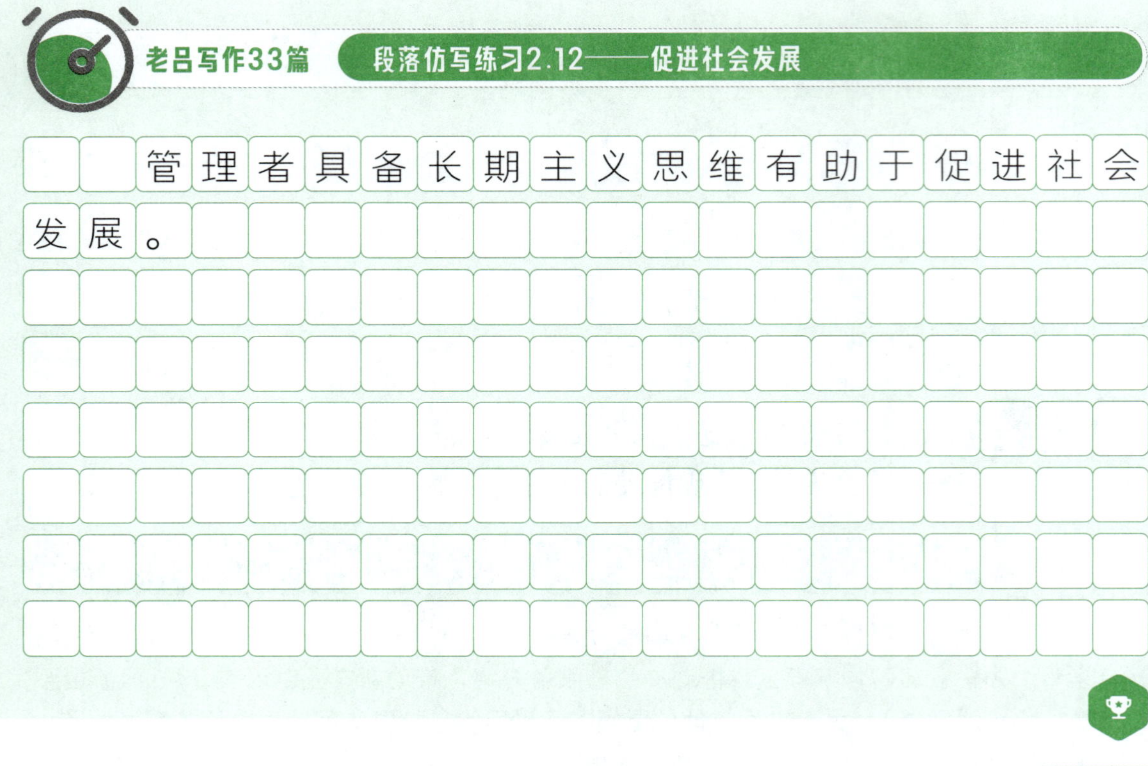

第4节 如何写好管理者类话题的辩证段

所谓“辩证段”，是指在文章中对主题的现实困境或推进难点进行分析，揭示其落实过程中可能遇到的主客观障碍。它既不是对主题的否定，也不是无关的跑题探讨，而是站在支持主题的立场上，指出**现实中“为什么难做好”“为何未落实”“问题出在哪里”**。

在结构上，辩证段往往承接在正面论述之后，旨在让论证更具现实感、批判性与深度，并为后文提出有针对性的建议段提供铺垫。

1. 为什么要写辩证段

很多人认为不用写辩证段，我认为要写，因为：

第一，符合题干的要求。

一些论说文真题的材料中，往往明确指出了现实中存在的问题、困难或风险等。如果考生忽视这些内容，整篇文章就容易显得片面，甚至被认为审题不严、论证不充分。因此，我们必须正视材料中的现实问题，在文中进行分析回应。例如2018年管理类联考真题、2022年经济类联考真题，必须写辩证段。

第二，让文章更有深度。

写作不仅要表明立场，更要体现对复杂现实的理解能力。单纯论述好处容易流于空泛，只有深入挖掘主题在现实中落地时遇到的障碍，并作出理性分析，才能使文章兼具思想性与批判性，从而拉开与中等作文的差距，展现出高水平的思维深度。

第三，为后文的建议段提供依据。

辩证段中所提出的现实问题，正是建议段要解决的关键所在。如果前文没有铺垫困难，后文直接提出建议就显得缺乏针对性与逻辑基础。因此，写好辩证段，不仅是结构的需要，更是建立"问题—建议"闭环逻辑的必要步骤。

2. 材料中有问题／困难／风险时——谜底就在谜面上

如果题干中的材料本身涉及了问题、困难、风险等，我们**必须要**分析这些问题、困难、风险，以帮助材料解决问题。**绝不能**在没有解决材料本身提出的问题的情况下，又自行提出新的问题。

本段的常见结构：

摆现象（来源于材料中的问题或困难）＋析原因

摆现象（来源于材料中的问题或困难）＋析原因＋谈危害

例1.（2010年管理类联考真题）

论说文：根据下述材料，写一篇700字左右的论说文，题目自拟。

一个真正的学者，其崇高使命是追求真理。学者个人的名利乃至生命与之相比都微不足道，但因为其献身于真理就会变得无限伟大。一些著名大学的校训中都含有追求真理的内容。然而，近年学术界的一些状况与追求真理这一使命相去甚远，部分学者的功利化倾向越来越严重，抄袭剽窃、学术造假、自我炒作、沽名钓誉等现象时有所闻。

段落范文

然而，部分学者的功利化倾向越来越严重，抄袭剽窃、学术造假、自我炒作、沽名钓誉等现象时有所闻（来源于材料中的问题）。这是因为，部分学者缺乏应有的学术良知与责任意识，将个人名利置于学术价值之上（主观因素）；而且，外部评价机制尚不完善，论文数量、项目经费等指标仍主导学术评价，导致"唯成果论英雄"的倾向泛滥（客观因素）。如果这些问题长期存在，"追求真理"将沦为一句空话，学术生态也将面临持续恶化的风险（谈危害）。

3. 材料中无问题 / 困难 / 风险时用——8 大因素分析法

当材料中没有直接呈现出问题，我们依然可以主动分析问题。比如：某种行为明明是正向的，为什么管理者没有去做？原因可能是主观上不愿做、不会做，或客观上做不了。我们可以从以下主观 + 客观 8 个因素进行系统分析：

3.1 主观因素（简称“意思能行”）——行为背后的内在驱动

因素	记忆方法	辩证段写法	常用关键词
F1：意愿	想不想做	意愿缺乏	缺乏责任感、公平意识、服务意识、授权意识；路径依赖、权力危机感、得过且过、不敢担责、受短期利益诱惑等
F2：思维	懂不懂怎么做	思维狭隘	缺乏战略思维、系统思维、批判性思维、发散性思维、长期主义思维；习惯经验主义、只见局部不见全局等
F3：能力	会不会做	能力不足	决策能力弱、表达协调差、执行力不足；缺乏实战经验、资源整合与统筹调度能力差等
F4：行为	做没做对	行为偏差	行为方式不当、授权风格极端、沟通方式僵化、执行流于形式；不反馈、不复盘、推诿扯皮等

3.2 客观因素（简称“资环机团”）——组织与外部条件限制

因素	记忆方法	辩证段写法	常用关键词
F5：资源	有没有条件做	资源匮乏	缺乏必要资源（**资源稀缺性假设**），如资金、信息（**信息不对称**）、技术、人力、时间等
F6：环境	外部稳不稳	环境不稳	市场不确定性高、政策变化频繁、竞争激烈、公众认知不足、文化氛围保守等
F7：机制	规则机制清不清	机制缺失	缺乏激励、奖惩失衡、流程冗长、职责不清、缺少反馈机制、信息不透明等
F8：团队	人靠不靠谱	团队不足	团队配合差、协作低效、沟通障碍、能力结构单一、责任心弱、缺乏主动性等

辩证段通用写作模板——基于 8 大因素：

尽管（X）具备积极意义，有助于实现（Y），但在现实中推进起来仍存在不小挑战。主观方面，有些管理者或组织主体缺乏足够的认知与意愿（F1：意愿缺乏），对（X）的重要性认识不足，缺少推动的主动性；也有人思维模式固化（F2：思维狭隘），不具备科学系统的认知框架，难以做出理性判断；再者，部分个体或组织缺少相关能力储备（F3：能力不足），缺乏专业技能或管理经验，执行力不足；即便具备一定能力，也可能因行为偏好不当（F4：行为偏差），如路径依赖、惧怕风险、过度保守等，迟迟难以采取有效行动。客观方面，也有诸多限制因素。如资源条件不足（F5：资源匮乏），无法为（X）提供必要的技术、人力或信息支持；外部环境复杂多变（F6：环境不稳），政策不明朗、市场不稳定，使落地成本与风险大幅上升；组织内部缺乏配套机制（F7：机制缺失），流程模糊、奖惩缺位、缺乏反馈机制，使得行动难以持续推进；此外，团队协同薄弱（F8：团队不足），成员认知不一致、执行力参差不齐，也会导致推进过程频频受阻。若这些问题得不到有效解决，（X）的积极作用便难以充分释放，甚至可能演变为形式主义或低效应付，最终影响整体的（Y）目标达成。

需要注意的是，辩证段一般写6~8行即可，也就是120~160字。所以，你只需要从上述的通用模板中，摘出适当的句子写进你的文章里即可。一般来说只需要写2个因素就够了，不需要全文套用。

范文示例1：授权意识——主观F1（意愿缺乏）+客观F7（机制缺失）

尽管授权意识有助于提升管理效率，但在现实中仍面临障碍。一方面，一些管理者缺乏放权意愿，习惯事必躬亲，不愿意真正放手（F1：意愿缺乏）；另一方面，部分企业缺少清晰的授权制度与监督机制，责任边界模糊，导致"放权不跟权"的执行混乱（F7：机制缺失）。

范文示例2：战略思维——主观F1（意愿缺乏）+客观F5（资源匮乏）

然而，还是有很多管理者缺少战略思维。一方面，一些管理者过于关注短期利益，缺乏前瞻意识，导致战略规划缺位（F1：意愿缺乏）；另一方面，部分企业缺乏数据支持与外部信息获取机制，使得战略制定缺乏依据，容易偏离实际（F5：资源匮乏）。若不能弥补这些短板，战略思维便难以落地生效。

范文示例3：系统思维——主观F2（思维狭隘）+客观F6（环境不稳）

尽管系统思维有助于提升决策效果，但在现实中仍存在限制。部分管理者习惯凭经验拍板，缺乏全局意识与系统分析能力（F2：思维狭隘），难以统筹兼顾各部门间的关系。同时，外部环境多变、信息不对称，往往让决策基础不够充分（F6：环境不稳）。若不加强训练和适应，系统思维难以真正落地。

范文示例4：节约意识——主观F1（意愿缺乏）+客观F7（机制缺失）

尽管节约意识有助于提升资源利用率，但实际落实并不容易。一方面，部分管理者缺乏成本控制意识，习惯"重投入轻管理"，忽视细节与节流（F1：意愿缺乏）；另一方面，企业缺少系统的成本管控机制，资源使用随意性强，容易造成浪费（F7：机制缺失）。若不能制度化约束，节约意识便难以形成合力。

范文示例5：激励机制——主观F1（意愿缺乏）+客观F7（机制缺失）

尽管完善的激励机制能有效激发员工积极性，但落地仍存障碍。一方面，部分管理者缺乏激励意识，奖惩失衡、执行随意，容易打击员工积极性（F1：意愿缺乏）；另一方面，企业内部激励机制设计不科学，考核指标模糊，缺乏有效的反馈与调整机制，导致激励效果打折（F7：机制缺失）。

范文示例6：学习能力——主观F4（行为偏差）+客观F5（资源匮乏）

然而，现实中却有很多人学习能力不足。一方面，一些人缺乏主动学习的行为习惯，惯于“以干代学”，对自我提升投入不足（F4：行为偏差）；另一方面，企业缺乏良好的学习资源和平台支持，培训机会有限，知识更新跟不上岗位变化（F5：资源匮乏）。这些因素制约了能力的持续积累。

范文示例7：规则意识——主观F2（思维狭隘）+客观F6（环境不稳）

规则意识有助于构建组织秩序，但现实中常被忽视。一方面，部分管理者缺乏规范意识和底线思维，制度执行“看人下菜碟”，破坏公平（F2：思维狭隘）；另一方面，一些行业外部监管松散，违法成本低，导致企业缺乏敬畏规则的外部压力（F6：环境不稳）。若不从内外双向加强，组织秩序将难以建立。

范文示例8：执行力——主观F1（意愿缺乏）+客观F7（机制缺失）

尽管提升执行力有助于企业高效运转，但推进中常遭遇挑战。一方面，部分员工缺乏责任感和主动性，面对任务拖延敷衍、得过且过（F1：意愿缺乏）；另一方面，组织流程混乱、责任不清，导致行动缺乏规范（F7：机制缺失）。若不能从思想与制度两端发力，执行力很难提高。

老吕写作33篇　段落仿写练习2.13——辩证段（1）

然而，一些管理者做不到创新。

老吕写作33篇 段落仿写练习2.14——辩证段（2）

然而，协作精神在现实生活中总是面临挑战。

第5节 如何写好管理者类话题的建议段

1. 为什么要写建议段？

有人认为论说文不必写“建议段”，老吕不认同这种看法。必须要写“建议段”。理由如下：

第一，解决问题是管理者的必备素养。

管理类联考、经济类联考的培养对象都是未来的管理者。作为管理者，你必须要有发现问题、分析问题、解决问题的能力。而“建议段”就是解决问题的方案，写“建议段”符合考试目的。

第二，回应前文问题，形成逻辑闭环。

前文分析了主题 X 在实际操作中所遇到的问题，建议段必须紧扣这些问题进行回应，避免“前后脱节”的问题。

第三，体现务实思维，增强说服力。

好的建议段并非空喊口号，而是能提出切实可行的解决路径，让阅卷人感受到你的“落地能力”。

第四，完善结构布局，提升整体层次。

加入建议段，使文章从“提出主张→分析问题→提出方案”形成完整的论证链条，是区分高分作文与普通作文的重要标志。

2. 如何写建议段——8 大因素对应法

在第 4 节中，我们通过“意思能行 + 资环机团”等 8 大因素分析了主题 X 在实践中遇到的问题。写建议段时，建议内容就要对应前文中识别出的每一个“问题点”，做到“问题 - 建议”一一对应。

问题类型（8 大因素）	建议段写法	具体措施
F1 意愿不足	增强意愿	通过文化宣导、榜样引领、价值引导等，强化动机驱动与使命认同
F2 思维狭隘	拓展思维	开展专题学习、头脑风暴、交叉讨论等，拓展认知方式与思维深度
F3 能力不足	提升能力	通过培训赋能、岗位历练、引才引智，增强相关能力
F4 行为偏差	改进行为	调整行为机制，建立多元评价与适度纠偏机制，引导理性行为选择，进行行为塑造
F5 资源匮乏	投入资源	优化资源配置、引入外部资源、加强内外部协调，提升资源保障能力
F6 环境不稳	应对环境	强化外部监测机制，建立预警系统与应对预案，增强适应力与抗风险性
F7 机制缺失	健全机制	健全制度、优化流程、优化激励考核、明确权责边界，实现规范化与闭环管理
F8 团队不足	打造团队	明确责任分工、建设统一文化、优化团队结构、强化沟通平台、建立协作机制，提升团队凝聚力

需要注意的是，以上建议其实是可以任意排列组合的，例如健全机制+打造团队；投入资源+健全机制，拓展思维+改进行为，等等。你可以根据前文问题灵活选择。以下有8个我帮你搭配出来的通用模板，你可以学习使用。

提醒一下，建议段字数控制在120~160字，每段选取2~3个建议点即可；记得呼应前文提出的问题因素，实现“问题－建议”闭环。

模板1：主客分明式（基础通用款）

写法逻辑：

从主观（意识、能力等）与客观（机制、资源等）两方面，全面提出改进建议。

写作模板：

要让X真正发挥作用，需主客协同、内外共进。主观方面，应强化主体的理念认同、能力提升与行为修正（F1~F4）；客观方面，应优化资源配置、制度流程与协作机制，营造有利的外部条件（F5~F8）。

适用话题：

绝大多数话题，尤其是能力提升类、管理改善类。

范文示例：

要推动科学决策真正落地，需从主观与客观两个方面协同发力。主观方面，应提升管理者对数据的分析能力，增强基于证据的判断意识，避免经验主义干扰（F2：提升能力）。客观方面，应健全信息反馈机制，确保决策所需信息及时准确地传达到位，避免决策基础失真（F7：健全机制）。当能力与机制同步发力，才能真正推动科学决策落地生效。

模板2：软硬兼施式（价值引导类话题适用）

写法逻辑：

将“软”的价值引导与“硬”的制度保障相结合，实现理念落地。

写作模板：

要推动X真正落地见效，需软硬兼施、双轮驱动。“软”的方面，应加强价值引导与文化培育，提升主体的内在认同（F1）；“硬”的方面，应健全制度机制与执行规范，提供强有力的外在保障（F7）。

适用话题：

意识类（公平、服务、责任等）、文化导向类。

范文示例：

要推动管理者具备公平意识，需软硬兼施、双轮驱动。“软”的方面，应通过文化倡导，强化管理者的公正理念，引导管理者将公平内化为价值准则（F1：增强意愿）。“硬”的方面，应建立公开透明的评价机制，确保制度面前人人平等，有效约束偏差行为（F7：健全机制）。

模板3：标本兼治式（问题导向类话题适用）

写法逻辑：

针对现实问题，从“治标”（快速应对）与“治本”（根源解决）两个层面提出建议。

写作模板：

推进X，既要治标也要治本。

治标层面，应立即解决当前存在的突出问题，如信息不畅、执行偏差等（F5、F4）。

治本层面，更要从意识培育、能力提升等根源入手（F1~F3），确保长效机制的建立（F7）。

适用话题：

执行偏差、沟通障碍、协同低效、问题发现不及时、反馈滞后等“具体问题类话题”。

范文示例：

提升管理者的沟通能力需标本兼治。治标之策，是通过专项培训，快速改善语言表达与倾听技巧（F3：提升能力）；治本之道，则要在组织中建立长期的沟通机制，重塑管理者的沟通意识（F7：健全机制）。唯有如此，沟通能力才能真正融入管理日常，发挥长效作用。

模板4：主体划分式（涉及多方利益者类话题适用）

写法逻辑：

将责任主体分为个体、组织、监管等类别，分别提出针对性建议。

写作模板：

实现X，需要多元主体协同推进。

个体层面，应……（如提升认知、改进行为）（F1~F4）；

组织层面，应……（如健全机制、配置资源）（F5~F8）；

监管层面，应……（如政策扶持、制度引导）（扩展内容）。

适用话题：

涉及多个角色协作的系统问题，如战略规划、可持续发展、社会责任、平台治理、风险防控等。

范文示例：

要让管理者强化战略思维，需要多方协同、各尽其责。对于管理者个体而言，应增强系统思维能力与前瞻意识，主动关注外部环境的长期趋势（F2：拓展思维）。对于组织而言，应提供战略学习机制，营造鼓励远见、容忍探索的管理氛围（F7：健全机制）。唯有个体转变思维方式、组织强化协同支撑，战略思维才能真正融入日常管理实践。

模板5：流程控制式（流程类/执行类话题适用）

写法逻辑：

从“事前—事中—事后”三个阶段提出建议，构建完整的执行闭环。

写作模板：

要确保X的推进效果，应做好全过程把控。

事前，应……（如规划准备、投入资源）（F1、F5）；

事中，应……（如健全机制、执行协同）（F7、F8）；

事后，应……（如复盘评估、持续改进）（F4）。

适用话题：

适用于强调“执行过程”的话题，如授权执行、计划落实、项目管理、绩效推进等。

范文示例：

要提升管理者的授权能力，必须落实全过程控制。事前，应明确授权范围与职责边界，确保管理者具备必要的资源支持（F5：投入资源）；事中，应建立有效的跟踪机制，防止执行中出现偏差（F7：健全机制）；事后，应开展系统复盘，总结授权得失，迭代优化授权方式（F4：改进行为）。只有真正实现“放得精准、管得科学、收得及时”，授权才能释放应有的管理效能。

模板6：资源机制式（结构改革类话题适用）

写法逻辑：

从“资源保障”与“制度机制”两方面发力，为X提供落地支持。

写作模板：

要推动X落地，需要“机制设计”与“资源投入”双管齐下。

一方面，应通过激励机制、反馈机制等手段，引导主体形成正向行为习惯（F7）；

另一方面，应提供必要的技术、人力、信息与平台等支持资源（F5），解决“不会做、做不好”的问题。

适用话题：

适用于创新能力、人才建设、数字化转型、组织升级、项目落地等结构性议题。

范文示例：

要推动管理者形成创新意识，资源保障与机制建设必须同步发力。一方面，应提供充足的研发经费、培训资源，为创新实践提供必要支撑（F5：投入资源）；另一方面，应建立鼓励探索、容错试错的激励机制，引导管理者敢想敢试、持续迭代（F7：健全机制）。唯有资源充分、机制有力，创新意识才能真正融入管理实践，推动组织实现持续突破。

模板7：机制文化式（制度建设类话题适用）

写法逻辑：

制度是“硬规范”，文化是“软约束”。二者配合，才能建立可持续的行为规范系统。

写作模板：

要让X真正发挥长效作用，必须机制先行、文化跟进。

一方面，应建立明确、可执行的制度规范，确保行为有章可循（F7）；

另一方面，应通过价值倡导与氛围营造，将制度理念内化为组织文化的一部分（F1、F8）。

适用话题：

适用于责任意识、规则意识、服务意识、行为规范、组织文化等需要“机制+文化”双向引导的话题。

范文示例：

要推动管理者强化责任意识，机制与文化必须双向驱动。一方面，应建立权责明确的考核制度，确保每项职责都能落到实处，有效约束推诿行为（F7：健全机制）；另一方面，应通过表彰先进、树立榜样等方式营造担当导向的组织文化，让履责成为团队的自发选择（F1：增强意愿）。当制度提供外在规范、文化形成内在牵引时，责任意识才能真正落地生根。

模板8：思想行动式（理念认同类话题适用）

写法逻辑：

理念要转化为实践，需思想认同在前，行动落地在后。二者协同推进，才能实现真正转化。

写作模板：

推动X生效，思想与行动必须双向推进。

思想上，应强化主体的理念认同与价值共鸣，使X成为自觉追求（F1）；

行动上，应通过制度安排与行为规范，引导X落地执行（F7）。

适用话题：

适用于服务意识、责任意识、使命感、价值观类话题，强调“内化＋外化”的认知转化过程。

范文示例：

要让管理者真正践行服务意识，思想引领与行动落实必须协同推进。思想上，应通过价值引导，强化“管理即服务”的理念认同，使服务意识转化为内在驱动力（F1：增强意愿）；行动上，应明确服务规范，将服务理念融入具体管理行为中，确保落地有据可依（F7：健全机制）。当理念内化于心、行为外化于行，服务意识才能真正落地。

3. 建议段高频句式总结

句式编号	句式结构	例句
句式1	应＋动词＋内容＋目的	应优化考核机制，以增强执行规范性。
句式2	可通过＋措施＋实现＋目标	可通过建立激励制度，实现员工积极性的激发。
句式3	一方面……，另一方面……，共同推动＋目标实现	一方面要强化学习平台建设，另一方面要激发主动学习意识，共同推动能力提升。
句式4	需从……入手，逐步……，最终实现……	需从理念转变入手，逐步完善制度，最终实现管理规范化。
句式5	建议＋措施组合（列举）＋以……为目标导向	建议加强培训、完善制度、引导文化，以强化责任意识为目标导向。
句式6	可建立……机制，用于……，以此……	可建立授权反馈机制，用于动态监督授权执行效果，以此提升组织运作效率。
句式7	必须……，否则……难以……	必须强化规则意识，否则行为失范问题难以根治。

续表

句式编号	句式结构	例句
句式8	只有……，才能……	只有资源到位、流程清晰，才能保障执行顺利进行。
句式9	在……支持下，……方可……	在机制保障与资源支持下，管理者方可有效践行创新思维。

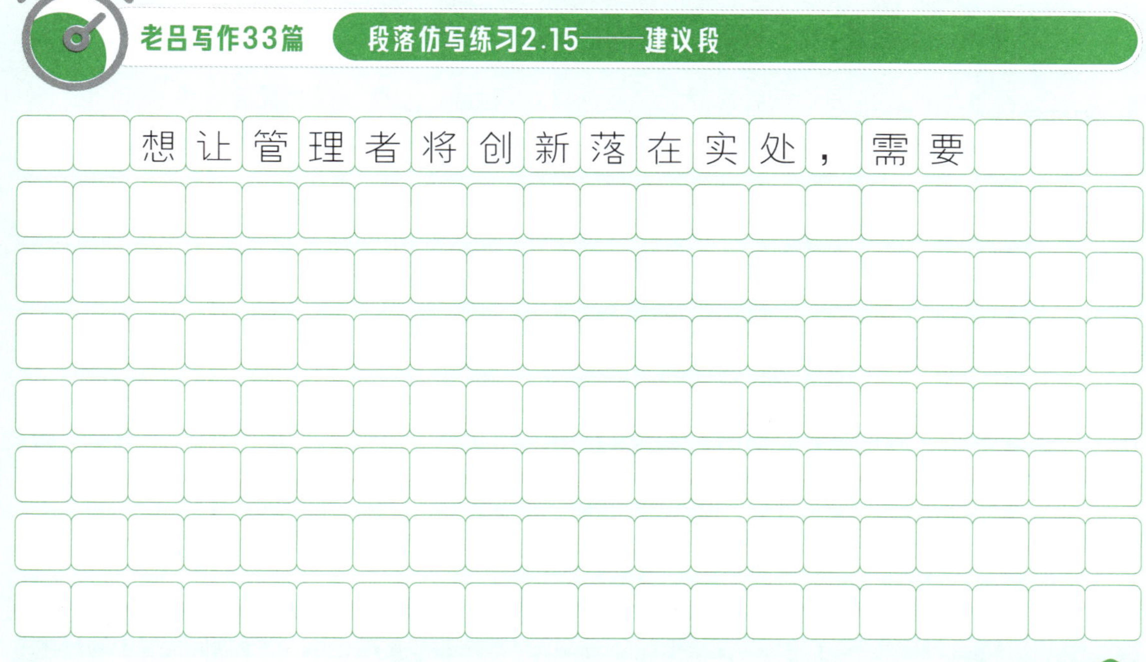

第6节 个人类话题怎么写

在前5节中，我们的讲解主要以“管理者”为对象。但是，在一些真题中，把对象定为“个人”更符合命题要求。那么，前文中以“管理者”为对象的方法论，在对象变成“个人”后还适用吗？当然适用。因为，“管理者类”话题和“个人类”话题虽然对象不同，但核心逻辑完全相通，因此我们可以将前文所有论点、论证段、辩证段和建议段“平移”到个人类话题中，只需做出以下三方面的调整：

1. 论证对象的转化——“管理者”变为“个人”

如果要把前文的管理者类话题，转化为个人类话题时，只需第一步就能完成基本转化——把论证中的主语“管理者”，换成“个人”“个体”或“我们”，并适当调整句子结构，使语言更自然、搭配更流畅。

例如：

类别	原句（管理者）	替换后（个人）
标题	管理者应具备系统思维。	个人应具备系统思维
分论点	管理者具备系统思维有助于促进组织发展。	个人具备系统思维有助于推动自我成长。
辩证句	然而，部分管理者习惯凭经验决策，缺乏全局视角，导致判断失误。	然而，一些人习惯凭直觉做决定，缺乏整体思考，容易陷入局部偏见。
建议句	对管理者而言，应完善流程机制，提升决策规范性。	对个人而言，应加强思维训练，提升科学决策能力。

2. 分论点的确定——还是 4 个层次

在第 2 节中，我们按照事务层、个体层、组织层、社会层给你总结了“管理者类”的常用分论点。那么，我们也完全可以按照这四个层次，写出“个人类”的分论点。但要注意，论证维度，要从组织管理转向自我发展。前文中所学的“组织发展、带好团队、优化流程”等组织导向的 Y 变量，需要转化为“个人成长、自我认知、时间管理”等个体导向的成果。如下表所示：

层级分类	利益相关者 Y	管理者类的分论点	转化为个人后的分论点
事务层	决策效果	X 有助于提升决策科学性	X 有助于提升个人决策质量
	管理效率	X 有助于提升管理效率	X 有助于提升个人工作效率
	资源调配	X 有助于提升资源利用率	X 有助于提升个人资源利用率
	问题解决	X 有助于解决管理问题	X 有助于提升解决问题的能力
个体层	自己	X 有助于促进管理者的个人成长	X 有助于促进个人发展
	下属 / 团队	X 有助于管理者激发团队潜力	X 有助于提升与他人协作的能力
组织层	运营结果	X 有助于促进组织发展	X 有助于增强在组织中的胜任力
	文化基因	X 有助于打造组织文化	X 有助于企业文化的落地
	品牌资产	X 有助于打造企业品牌形象	X 有助于塑造个人形象
	制度体系	X 有助于优化组织流程	X 有助于组织流程的执行

续表

层级分类	利益相关者 Y	管理者类的分论点	转化为个人后的分论点
社会层	行业生态	X 有助于推动行业生态优化	X 有助于形成良好的学习 / 社交 / 成长环境
	社会价值	X 有助于提升组织的社会责任与公共形象	X 有助于增强个体的社会责任感

3. 照搬论证逻辑——论证公式照用不误

很多同学以为，写“个人类话题”就要用一套全新的论证方法。其实不用。前面几节学到的那些经典论证结构，比如 XFY 法、正反对比法、演绎法，以及“Y= 要素 1× 要素 2× 要素 3”的论证公式，统统可以原封不动地继续使用。

来看两个例子：

示例 1：论证段（1）

管理者类论证段（XFY 法）：决策效果 = 信息全面 × 判断精准 × 执行到位

具备发散性思维有助于管理者提升决策效果（X→Y）。发散性思维能够帮助管理者跳出单一视角，从多个角度收集信息（信息全面）；在判断阶段，也能拓展思考路径，避免陷入路径依赖（判断精准）；同时，更具包容性的思维方式有利于设计出更具操作性的解决方案，从而提升执行效果（执行到位）。由此可见，发散性思维为科学决策提供了有力支撑（总结句）。

改写为个人类论证段（XFY 法）：

具备发散性思维有助于我们提升决策效果（X→Y）。一方面，这种思维方式促使个人主动拓展信息来源，倾听他人意见，从而提升信息的全面性与准确性（信息全面）；另一方面，发散性思维也促使个体跳出单一思维，从多个角度分析问题，从而解决问题（判断精准）。可见，发散性思维能帮助我们提升决策质量（总结句）。

示例 2：论证段（2）

管理者类论证段（XFY 法）：个人发展 = 能力提升 × 思维转变 × 经验积累

承担管理职责有助于管理者的发展（X→Y）。在日常工作中，管理者需要分派任务、设定目标、反馈绩效，这一过程促使管理者不断提升统筹协调等关键能力（能力提升）；同时，面对复杂事务时，管理职责也会迫使他们跳出惯性思维，逐步建立起系统思维（思维转变）。长期积累下来，这些管理经历沉淀为宝贵经验，推动管理者不断成长（经验积累）。由此可见，承担管理工作，是促进管理者能力进阶的重要路径（总结句）。

改写为个人类论证段（XFY 法）：

承担责任性事务有助于促进个人成长（X→Y）。在推进任务的过程中，我们需要协调进度、沟通配合，这会逐步提升统筹能力与处理事务的能力（能力提升）。面对问题时，我们也会反复思考对策，从中建立起更系统、理性的思维模式（思维转变）。这些经历积累下来，最终沉淀为可迁移的经验，为成长提供坚实支撑（经验积累）。可见，愿意担责的人，更容易实现自我突破（总结句）。

同理，辩论段的分析方法也仍然可以使用 8 大因素；建设段的写作方法也仍然可以使用 8 个模板。

示例 3：辩证段

管理类辩证段：

尽管批判性思维有助于解决管理问题，但现实中仍难以落实。一方面，一些管理者缺乏反思意识，惯于依赖经验，忽视对问题的系统分析（F2：思维狭隘）；另一方面，企业内部缺乏鼓励质疑的制度安排，压抑了批判性思维的发展（F7：机制缺失）。若不正视这些障碍，批判性思维便难以嵌入管理行为，也难以成为高效治理的工具。

改写为个人类辩证段 1：

尽管批判性思维对个体成长具有重要意义，但在实践中仍面临障碍。一方面，一些人缺乏反思意识与逻辑思维能力，惯于依赖经验，忽视系统分析与观点修正（F2：思维狭隘）；另一方面，学习环境中缺乏激励探索与宽容质疑的制度安排，压抑了深度思维与开放表达（F7：机制缺失）。若不正视这些障碍，批判性思维便难以嵌入日常行为，也难以成为促进个体进步的工具。

改写为个人类辩证段 2：

尽管批判性思维有助于解决问题，但现实中仍难以落实。一方面，一些人缺乏反思意识，惯于依赖经验，忽视对问题的系统分析（F2：思维狭隘）；另一方面，一些组织缺乏鼓励质疑的制度安排，压抑了批判性思维的发展（F7：机制缺失）。若不正视这些障碍，批判性思维便难以嵌入我们的日常行为，也难以成为高效思维的工具。

示例 4：建议段

管理类建议段——主客分明式

要推动批判性思维真正融入管理实践，管理者和企业需要共同发力。对管理者来说，关键是培养系统分析的习惯，提高逻辑判断的能力，逐渐跳出只靠经验做决策的思维方式（F2：拓展思维）。对企业来说，应在制度上作出调整，比如设立容错机制，鼓励员工表达不同意见，营造敢于质疑、善于思辨的氛围（F7：健全机制）。只有人和机制都跟上，批判性思维才能真正落地生根。

改写为个人类建议段——主客分明式

要让批判性思维真正融入个人成长，既要靠自身努力，也离不开外部支持。对个人来说，需要主动训练分析能力，提升独立思考的水平，慢慢改变过于依赖惯性经验的做事方式（F2：拓展思维）。对学校来说，可以在课程中增加探讨环节，为学生提供表达观点的机会，让大家敢想、敢问、敢说（F7：健全机制）。只有个人在练，环境也在推，批判性思维才能真正成为一种能力。

第 1 篇 意愿 / 意识

注意

如果你跳过了前文中方法论部分，直接来背 33 篇的第 1 篇，那么请你一定退回去从第 1 页开始看方法论。33 篇的素材是对前文方法论的一种应用，理解了前文的方法论，素材就很容易理解和记忆；不理解前文的方法论，死记硬背是很难记住的。

说明

本篇所说的“意愿 / 意识”，是指个体在履行职责、参与管理或面对公共事务时表现出的价值判断、责任取向和行为态度。

本篇以“**责任意识**”为例展开写作，类似的话题还包括**公平意识、倾听意识、服务意识、规则意识、全局意识、节约意识、公共意识、环保意识、边界意识**等，均可参照本篇的结构与方法进行类比写作。

论说文：根据下述材料，写一篇 700 字左右的论说文，题目自拟。

责任意识是一种基本的价值观念和行为准则，是推动个体履职尽责、组织健康运转、社会文明进步的重要力量。在纷繁复杂的事务中，是否具备责任意识往往决定一个人能否扛得住事、负得起责、干得成事。

第 1 步 进行审题立意，写出标题

第 1 步 定主题	材料直接给出某种观点，故为观点类材料。**观点决定主题（谜底就在谜面上）**：材料的观点直接提出“责任意识”的重要性，故我们的立意主题就是“责任意识”。
第 2 步 定态度	**结果决定态度**：“责任意识”显然是有利的，应该“强化责任意识”。
第 3 步 定对象	“责任意识”显然是“人”拥有的，故本题的写作对象为“个人”或“管理者”，即：“个人要强化责任意识”，或“管理者要强化责任意识”。
写出标题	**万能标题 1**：对象 + 态度 + 主题 管理者 应强化 责任意识 个人 要提高 责任意识 **万能标题 2**：主题 + 态度 提高责任意识 势在必行

第2步 使用3句开头法，写出首段

责任意识是一种基本的价值观念和行为准则，是推动个体履职尽责、组织健康运转、社会文明进步的重要力量（引材料句）。可见（过渡词），管理者应当增强责任意识，在其位、谋其职、尽其责（论点句）。

第3步 确定全文结构与分论点

该话题可使用“有好处式”结构：有好处/有必要+有好处/有必要+辩证段+建议段。

那么，“责任意识”到底有哪些好处呢？我们可以将其代入第2章第2节方法论中的常用分论点，看是否通顺。见下表：

层级分类	利益相关者 Y	分论点 X→Y
事务层	决策效果	强化责任意识有助于提升决策效果
	管理效率	强化责任意识有助于提升管理效率
	资源配置	强化责任意识有助于提升资源利用率
	问题解决	强化责任意识有助于解决管理问题
个体层	个人成长	强化责任意识有助于管理者的个人成长
	团队协作	强化责任意识有助于管理者带好团队
组织层	组织发展	强化责任意识有助于促进组织发展
	绩效结果	强化责任意识有助于提升企业绩效
	文化氛围	强化责任意识有助于打造组织文化
	流程规范	强化责任意识有助于完善组织流程
社会层	行业协同	强化责任意识有助于促进行业协作
	社会责任	强化责任意识有助于增强社会责任意识

从以上表格中选出2个你记得牢的、会写的，作为你的文章的分论点。

请为以下主题（X）补充分论点：

（1）公平意识

培养公平意识________

培养公平意识________

（2）倾听意识

培养倾听意识________

培养倾听意识________

（3）全局意识

培养全局意识________

培养全局意识________

（4）服务意识

强化服务意识________

强化服务意识________

第4步 写出论证段——XFY法/正反对比法/演绎法

论证段1 XFY法——管理效率=目标清晰×流程规范×执行到位

强化责任意识有助于提升管理效率（X→Y）。一方面，责任意识强的管理者往往更重视目标管理，能够明确各级职责，从而提升组织行动的一致性（目标清晰）；另一方面，强化责任意识还能促使管理者优化流程设计、强化执行监督，进而推动制度落实到人、任务落地到位（流程规范×执行到位）。可见，责任心不是抽象口号，而是驱动高效管理的关键内核（总结句）。

论证段2 正反对比法——个人发展=能力提升×思维转变×经验积累×发展机会

强化责任意识有助于促进个人发展（X→Y）。具备责任意识的人，往往愿意主动承担任务，在实践中不断锤炼自身能力，并在过程中完成思维方式的转变，这有利于争取更多的发展机会（正面）。反之，如果一个人缺乏责任心，逃避问题，不仅会错失锻炼机会，也难以获得组织的信任，最终限制自身成长的空间（反面）。由此可见，责任感越强，成长的路径就越清晰稳固（总结句）。

论证段3 演绎法——组织发展=战略清晰×流程规范×权责明确×激励有效×协作顺畅×氛围融洽

强化责任意识有助于推动组织发展（X→Y）。根据组织管理理论，组织的稳健发展依赖于方向明确、机制清晰与职责清楚的有机配合（理论依据）。具备责任意识的管理者，往往更注重战略目标的细化，推动发展方向不断清晰。同时，在流程执行中，他们能够严格把控标准，发现问题及时修正，提升流程规范的程度（怎么做+会如何）。例如，海底捞通过明确分工，将服务标准化流程有效落实于一线，支撑起高强度运营的组织体系（例证）。可见，责任意识是推动组织高效运转的内在驱动力（总结句）。

从以上3个段落中任选2个作为你的文章的论证段。当然，你也可以根据你在上一步中确定的分论点，自行写出2个论证段。

段落仿写练习1：请以“公平意识”为话题，仿写一个论证段。

第5步 写出辩证段——问题 / 困难 / 风险

如果材料中本身有问题 / 困难 / 风险，应该优先应用材料。本题的材料中没有问题 / 困难 / 风险，我们可结合主观因素与客观因素进行分析。段落范文如下：

辩证段范文1：主观F1（意愿缺乏）+ 客观F7（机制缺失）

尽管责任意识有助于提升管理效率，但在现实中仍面临障碍。一方面，一些管理者缺乏担当意识，怕出错、不想管，习惯性地回避责任（F1：意愿缺乏）；另一方面，组织内部缺乏明确的责任考核机制，“多做多错、少做没事”的现象屡见不鲜（F7：机制缺失）。若不正视这些问题，责任意识便难以真正落地，管理效率也将长期受限。

辩证段范文2：主观F2（思维狭隘）+ 客观F7（机制缺失）

尽管责任意识是构建组织文化的关键，但在实践中仍难以落实。主观方面，一些管理者责任感淡薄，缺乏长期主义视角（F2：思维狭隘），这样就容易出现敷衍应付的行为；客观方面，一些组织缺乏追责失职的制度，责任模糊的问题长期存在（F7：机制缺失）。若这些障碍得不到解决，责任意识将流于口号，组织文化也难以形成合力。

段落仿写练习2：请以“公平意识”为话题，仿写一个辩证段。

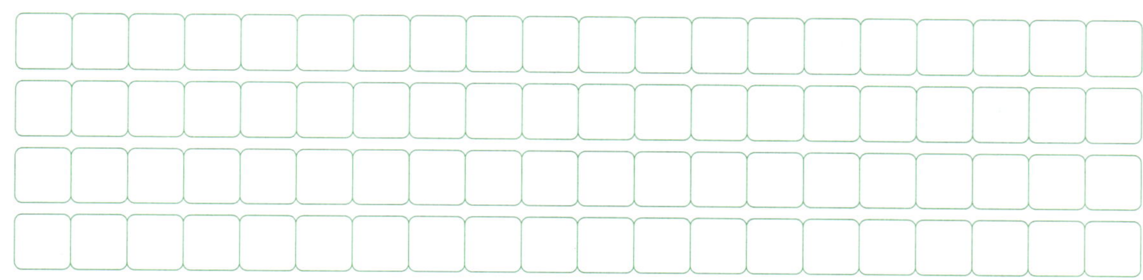

第6步 写出建议段

建议段要能解决辩证段中提出的问题，故本文的建议段范文如下：

建议段范文1：——对应辩证段范文1/软硬兼施式

要在管理实践中强化责任意识，应软硬兼施、标本兼治。一方面，要从“软”的层面着力，通过领导示范、价值引导等方式，营造勇于担当的组织氛围，使管理者从内心认同“有责有为、有为有成”的价值导向（F1：增强意愿）；另一方面，也要在“硬”的层面发力，完善容错机制和问责机制，防止“干得多错得多”的误导性倾向，确保责任有边界、失责有后果（F6：应对环境；F7：健全机制）。

建议段范文2：——对应辩证段范文2/思想行动式

要真正强化管理者的责任意识，必须从思想与行动两方面协同发力。一方面，思想要重视。管理者应不断提升自身的责任意识，认识到“在其位负其责”，主动承担职责范围内的事务，不做“甩手掌柜”，也不做“躺平者”；同时加强自我反思能力，做到有责必履、履责必严（F1：增强意愿；F2：拓展思维）。另一方面，行动上要落实。要完善岗位职责划分与绩效考核，建立责任追溯机制与激励反馈体系（F7：健全机制），确保“干得好有回报，失职有追责”，以制度的力量落实责任意识。

段落仿写练习3：请以“公平意识”为话题，仿写一个建议段。

第7步 写出结尾段

结尾段范文：

总之，责任意识不仅关乎管理者自身的职业素养，更关乎组织运转的稳定性（总结全文）。管理者应自觉增强责任意识，让“尽责”成为习惯、“担当”成为信条（重申论点）。

REFER TO 1 全文参考范文1——以管理者为对象

管理者应增强责任意识

吕建刚

在纷繁复杂的现实中，是否具备责任意识往往决定一个人能否扛得住事、负得起责、干得成事（引材料句）。因此（过渡词），管理者应自觉增强责任意识，让尽责成为稳定的行为准则（论点句）。

强化责任意识有助于推动管理者个人发展（X→Y，个人发展＝能力提升 × 思维转变 × 经验积累 × 发展机会）。责任意识强的管理者，往往能够主动承担任务，在实践中不断锻炼组织协调能力，从而实现能力提升；同时，他们更能在压力中反思自身不足，调整行为习惯，促使思维方式不断进化。可见，承担责任不仅是一种担当，也是一种成长的路径。

强化责任意识有助于推动组织发展（X→Y，组织发展＝战略清晰 × 流程规范 × 权责明确 × 激励有效 × 协作顺畅 × 氛围融洽）。根据组织管理理论，组织的稳健发展依赖于方向明确、机制清晰与职责清楚的有机配合。具备责任意识的管理者，往往更注重战略目标的细化，推动发展方向不断清晰；在流程执行中，他们能够严格把控标准，发现问题及时修正，提升流程规范程度。例如，海底捞通过明确分工，将服务标准化流程有效落实于一线，支撑起高强度运营的组织体系。

尽管责任意识有助于优化管理，但在现实中仍面临不小挑战。一方面，一些管理者缺乏足够的履责意愿，在面对事务时容易敷衍应付（F1：意愿缺乏）；另一方面，一些组织缺少明确的责任机制与反馈流程，“干多干少一个样”的状况长期存在，影响履责积极性（F7：机制缺失）。若不解决这些问题，责任意识便难以落地，组织效能也将持续受限。

要推动责任意识真正落地，应从主客两端同步发力（主客分明式）。主观方面，管理者应增强责任担当意识，提升履责意愿，做到有责必履、遇事不躲（F1：增强意愿）；客观方面，组织应完善责任追溯机制，细化岗位职责，构建鼓励履责、约束失责的制度环境（F7：健全机制）。唯有内外协同，才能让责任意识真正生根发芽，成为管理者行为的稳定支撑。

总之，责任意识不仅关乎管理者自身的职业素养，更关乎组织运转的稳定性（总结全文）。管理者应自觉增强责任意识，让“尽责”成为习惯、“担当”成为信条（重申论点）。

全文共714字

2 全文参考范文2——以个人为对象

个人应增强责任意识

吕建刚

在纷繁复杂的现实中，是否具备责任意识往往决定一个人能否扛得住事、负得起责、干得成事（引材料句）。因此（过渡词），个人应自觉增强责任意识，让尽责与担当成为稳定的行为准则（论点句）。

责任意识有助于提升事务处理效率（X→Y，事务效率＝目标清晰 × 流程规范 × 执行到位）。具备责任意识的人，通常更重视目标的落实，能够明确任务优先级，并且主动推动事务有序开展。另外，在执行阶段，他们也会更加严谨自律，避免敷衍拖延，确保每项工作按时按质完成。可见，责任意识越强，行动越有章法，事务处理也就越高效。

责任意识有助于促进个人发展（X→Y，个人发展＝能力提升 × 思维转变 × 经验积累 × 发展机会）。具备责任意识的人，往往愿意主动承担任务，这样在实践中就能不断锤炼自身能力、积累相应经验。反之，如果一个人缺乏责任心，推诿任务，不仅会错失锻炼机会，也难以获得组织信任，最终限制自身成长空间。由此可见，责任感越强，成长的路径就越清晰稳固。

尽管责任意识对个人成长具有重要价值，但在现实中仍面临不小挑战。一方面，有些人缺乏足够的责任心，遇事容易回避，习惯推卸责任（F1：意愿缺乏）；另一方面，一些组织缺乏明确的职责规范与激励机制，导致“干多干少一个样”（F7：机制缺失）。若不解决这些问题，责任意识便难以转化为稳定的行为习惯，个人成长也将受限。

要推动责任意识真正落地，应从主客两个方面共同发力（主客分明式）。主观方面，个体应提升责任意识，遇事更加主动，做到“凡事有我、凡事尽责”（F1：增强意愿）；客观方面，组织应完善任务分工与评价机制，设立奖惩标准，为履责者提供相应的激励（F7：健全机制）。唯有内外协同，责任意识才能真正扎根日常行为，成为推动成长的内在动力。

总而言之，责任意识不仅体现个人的基本素养，也决定着事务推进的效率（总结全文）。我们每个人都应增强责任意识，让“主动担责”成为本能反应，“尽心尽责”成为行动准则，在担当中不断成长，在尽责中成就更好的自己（重申观点）。

老吕写作33篇 全文打卡练习1

论说文：根据下述材料，写一篇700字左右的论说文，题目自拟。

生活中，“花钱要计划”“办事讲节约”早已成为很多家庭的基本理念。在组织管理中同样如此，评判一项工作做得如何，不仅要看成效，更要看代价。现实中，有的项目表面上轰轰烈烈，实则成本高昂、回报微薄，甚至因忽视成本而带来亏损和风险。成本意识，不仅是一种经济观念，更是一种管理素养。

第1步 审题立意

第1步 定主题	
第2步 定态度	
第3步 定对象	
写出标题	

第2步 正文提纲

论证段1 ____________________

论证段2 ____________________

辩证段 ____________________

建议段 ____________________

第3步 完成全文并打卡

使用作文纸完成全文，参与打卡。

第4步 领取范文，对照修改

在打卡群[①]领取本篇范文，对照范文修改自己的文章。

---

①【特别提醒】：33篇里每一篇的“习题参考范文”，请一定加群领取！具体领取方式，详见本书最前面第一页“如何参与打卡带学”扫码添加助教老师微信领取。

第 2 篇 思维

说明

本篇中的“思维”，指的是管理者在面对复杂事务时所运用的认知方式与分析框架，是推动科学决策与高效管理的核心底层能力。相比能力层面的“做事”，思维更强调“怎么想”“往哪看”“如何判断”，是行为背后的认知逻辑和策略来源。

本篇以**系统思维**为例进行讲解。其他思维可照此仿写，例如：**战略思维、开放性思维、逆向思维、创新思维、发散性思维、批判性思维、底线思维、目标导向思维**等。

论说文：根据下述材料，写一篇 700 字左右的论说文，题目自拟。

系统思维是具有基础性的思想和工作方法，很多问题的解决都依赖于坚持系统思维。

第 1 步 进行审题立意，写出标题

第 1 步 定主题	材料直接给出某种观点，故为观点类材料。**观点决定主题（谜底就在谜面上）**：材料的观点直接指出“系统思维”的重要性，故我们的立意主题就是“系统思维”。
第 2 步 定态度	**结果决定态度**：“系统思维”显然是有利的，故，应该“培养系统思维”。
第 3 步 定对象	“系统思维”显然是“人”拥有的，故本题的写作对象为“个人”或“管理者”，即：“个人要培养系统思维”，或“管理者要培养系统思维”。
写出标题	万能标题 1：对象 + 态度 + 主题 管理者 应培养 系统思维 个人 要培养 系统思维 万能标题 2：主题 + 态度 培养系统思维 势在必行

第 2 步 使用 3 句开头法，写出首段

系统思维是具有基础性的思想和工作方法，很多问题的解决都依赖于坚持系统思维（引

材料句）。可见（过渡词），管理者应努力培养系统思维（论点句）。

第3步 确定全文结构与分论点

该话题可使用“有好处式”结构：有好处/有必要＋有好处/有必要＋辩证段＋建议段。

系统思维作为一种认知方式和工作方法，对管理者的多方面表现都有深刻影响。在第2章第2节方法论中，我们总结了12类常见的分论点，现在来套用：

你可以尝试将“系统思维（X）”代入这些Y，看哪些通顺、容易展开。再从中选择两个你记得牢的、会写的，作为你文章的分论点，见下表：

层级分类	利益相关者Y	分论点X→Y
事务层	决策效果	培养系统思维有助于提升决策效果
	管理效率	培养系统思维有助于提升管理效率
	资源配置	培养系统思维有助于提升资源利用率
	问题解决	培养系统思维有助于解决管理问题
个体层	个人成长	培养系统思维有助于管理者的个人成长
	团队协作	培养系统思维有助于管理者带好团队
组织层	组织发展	培养系统思维有助于促进组织发展
	绩效结果	培养系统思维有助于提升企业绩效
	文化氛围	培养系统思维有助于打造组织文化
	流程规范	培养系统思维有助于完善组织流程
社会层	行业协同	培养系统思维有助于促进行业协作
	社会责任	培养系统思维有助于增强社会责任意识

请为以下主题（X）补充分论点：

（1）开放性思维

培养开放性思维________________

培养开放性思维________________

（2）批判性思维

培养批判性思维________________

培养批判性思维________________

（3）逆向思维

培养逆向思维________________

培养逆向思维________________

（4）战略思维

拥有战略思维________________________________

拥有战略思维________________________________

第4步 写出论证段——XFY法/正反对比法/演绎法

论证段1 XFY法——管理效率＝目标清晰×流程规范×执行到位

系统思维有助于提升管理效率（X→Y）。系统思维鼓励管理者从整体出发去思考问题，帮助他们理清发展目标，使得任务方向更加明确（目标清晰）。在工作推进中，系统思维也有助于管理者梳理各环节的关系，优化流程设置，进而提高工作安排的规范性（流程规范）。可见，系统思维不仅是一种认知方式，更是提升管理效率的重要工具（总结句）。

论证段2 正反对比法——决策效果＝信息全面×判断精准×执行到位

系统思维有助于提升决策效果（X→Y）。具备系统思维的管理者，往往能从整体出发，整合多方信息，深入分析各要素之间的关系，做出更合理、可落地的判断（正面）。反之，若缺乏系统思维，管理者容易只关注单一因素，忽视各个因素之间的联系，导致信息片面、判断失准（反面）。由此可见，系统思维是一种支撑决策科学性的基础能力（总结句）。

论证段3 演绎法——解决管理问题＝发现问题×分析问题×解决问题

系统思维有助于解决管理问题（X→Y）。根据管理理论，能否解决问题的关键在于对问题的识别是否全面、分析是否深入、应对是否有效（理论依据）。具备系统思维的管理者，能够从整体角度去审视业务流程，从而及时发现问题；同时，他们擅长将问题分解，厘清楚各个环节的因果关系，从而制定出更具针对性的解决方案（怎么做＋会如何）。例如，在企业运营异常时，具备系统思维的管理者不会片面归咎于某一部门，而是多维度展开分析，提高解决效率（例证）。可见，系统思维正是提升问题解决能力的重要支撑（总结句）。

从以上3个段落中任选2个作为你的文章的论证段。当然，你也可以根据你在上一步中确定的分论点，自行写出2个论证段。

段落仿写练习1：请以“目标导向思维”为话题，仿写一个论证段。

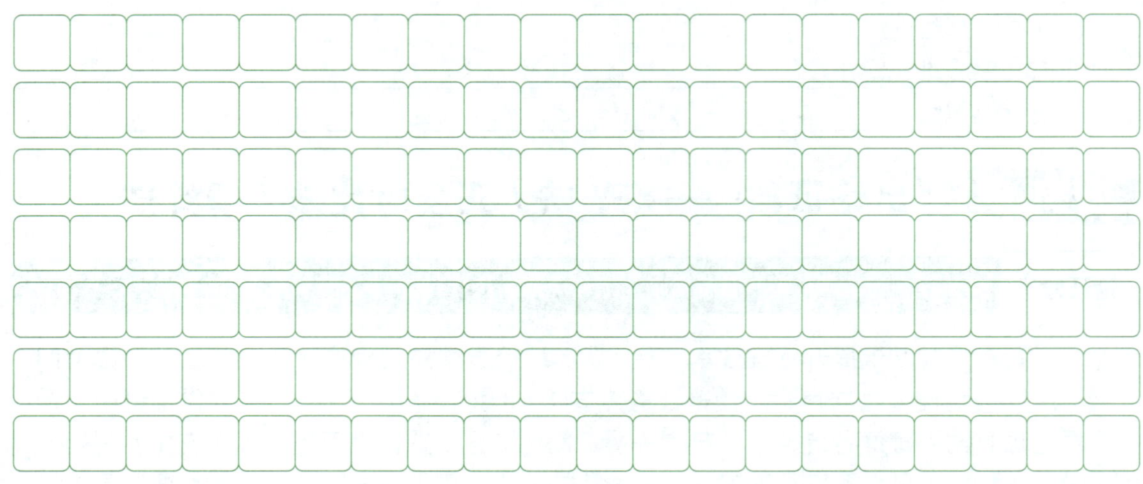

第5步 写出辩证段——问题/困难/风险

如果材料中本身有问题/困难/风险，应该优先分析材料。本题的材料中没有问题/困难/风险，我们可结合主观因素与客观因素进行分析。段落范文如下：

辩证段范文1： **主观F1（意愿缺乏）+客观F7（机制缺失）**

尽管系统思维有好处，但在实际工作中推行起来并不容易。一方面，一些管理者缺乏全局意识，面对复杂事务仍习惯于局部处理，主动运用系统思维的意识较弱（F1：意愿缺乏）；另一方面，组织内部的制度支持不到位，环节衔接不畅，难以为系统分析提供有力保障（F7：机制缺失）。

辩证段范文2： **主观F2（思维狭隘）+客观F5（资源匮乏）**

不可否认，系统思维虽具重要价值，但在现实中落地却面临多重挑战。一方面，一些管理者思维方式较为局限，依赖经验做判断，缺少系统分析的意识，因此难以把握事务之间的内在关联（F2：思维狭隘）；另一方面，组织缺乏整合资源的能力，存在信息孤立等问题，那么系统思维就难以真正落地，组织也难以实现整体优化（F5：资源匮乏）。

从以上辩证段中任选1个作为你的文章辩证段。

段落仿写练习2：请以“目标导向思维”为话题，仿写一个辩证段。

第6步 写出建议段

建议段要能解决辩证段中提出的问题，故本文的建议段范文如下：

建议段范文1： ——对应辩证段范文1/主客分明式

要推动系统思维在管理实践中落地生效，既要强化管理者自身的认知能力，也要完善组织的制度支撑。在主观层面，管理者应增强整体意识，可通过案例复盘、专题培训等方式拓展自己的分析视角，提升应对复杂事务的判断力（F1：增强意愿）；在客观层面，组织应着力优化制度流程，推动信息共享，打通环节不畅的问题，为系统思维的运用提供制度支撑（F7：健全机制）。

建议段范文2： ——对应辩证段范文2/思维资源式

要推动系统思维在实际管理中真正落地，需从思维引导与资源保障两方面同步发力。

一方面，企业应加强对管理者的系统性思维训练，通过案例教学等方式，帮助管理者跳出经验依赖，拓展整体视野（F2：拓展思维）；另一方面，企业应整合内部数据资源，打破信息孤立，搭建支持跨职能协同的数字平台，为系统分析提供基础支撑（F5：投入资源）。

根据你选的辩证段，选取对应建议段范文。

段落仿写练习3：请以"目标导向思维"为话题，仿写一个建议段。

第7步 写出结尾段

结尾段范文：

总而言之，系统思维不仅是管理者处理事务的重要方法，更是推动组织高效运转的关键支撑（总结全文）。管理者应努力培养系统思维（重申论点）。

REFER TO 1 全文参考范文1——以管理者为对象

管理者应培养系统思维

吕建刚

系统思维是具有基础性的思想和工作方法，很多问题的解决都依赖于坚持系统思维（引材料句）。因此（过渡词），管理者应积极培养系统思维（论点句）。

系统思维有助于提升决策效果（X→Y，决策效果＝信息全面×判断精准×执行到位）。具备系统思维的管理者，往往能从整体出发整合多方信息，深入分析各要素之间的关系，做出更合理的判断。反之，若缺乏系统思维，管理者容易只关注单一因素，忽视各个因素之间的联系，从而导致信息片面、判断失准。由此可见，系统思维是一种支撑决策科学性的基础能力。

系统思维有助于提升管理效率（X→Y，管理效率＝目标清晰×流程规范×执行到位）。系统思维鼓励管理者从整体出发去思考问题，帮助他们理清发展目标，使得任务方向更加明确。在工作推进中，系统思维也有助于管理者梳理各环节的关系，优化流程设置，进而提高工作安排的规范性。可见，系统思维不仅是一种认知方式，更是提升管理效率的重要工具。

尽管系统思维有助于提升管理效率与决策质量，但在实际工作中推行起来并不容易。一方面，一些管理者缺乏全局意识，面对复杂事务仍习惯于局部处理，主动运用系统思维的意识较弱（F1：意愿缺乏）；另一方面，组织内部的制度支持不到位，环节衔接不畅，难以为系统分析提供有力保障（F7：机制缺失）。

要推动系统思维在管理实践中落地生效，既要强化管理者自身的认知能力，也要完善组织的制度支撑（主客分明式）。在主观层面，管理者应增强整体意识，可通过案例复盘、专题培训等方式拓展分析视角，提升应对复杂事务的判断力（F1：增强意愿）；在客观层面，组织应着力优化制度流程，推动信息共享，打通环节不畅的问题，为系统思维的运用提供制度支撑（F7：健全机制）。

总而言之，系统思维不仅是一种认知方式，更是一种治理智慧（总结全文）。管理者应持续提升系统思维能力，让组织运行更高效、决策更科学、发展更稳健（重申论点）。

全文共666字

2 全文参考范文2——以个人为对象

个人应提升系统思维能力

吕建刚

系统思维是具有基础性的思想和工作方法，很多问题的解决都依赖于坚持系统思维（引材料句）。因此（过渡词），个人在学习与工作中应积极提升系统思维能力（论点句）。

系统思维有助于提升个人的决策水平（X→Y，决策水平＝信息全面×判断精准×执行到位）。具备系统思维的人，往往更善于整合来自多个渠道的信息，把握问题的整体脉络，从而做出更清晰合理的判断。同时，系统思维也强调对执行过程的整体规划，进而使方案更具可操作性。可见，系统思维不仅帮助我们看得更全、想得更深，也让决策落地更高效。

系统思维有助于促进个人发展（X→Y，个人发展＝能力提升×思维转变×经验积累×发展机会）。具备系统思维的人，通常能更清晰地把握问题的本质，提升综合研判的能力；同时，系统思维鼓励从复杂任务中积累经验、不断总结模式，这样更容易把握成长机会。由此可见，系统思维不仅帮助个体“做得对”，更支持其“走得远”。

不可否认，系统思维的养成在实践中面临不少障碍。一些人缺乏系统化思维，对复杂问题仍习惯凭经验判断，难以主动整合信息（F2：思维狭隘）；也有些人认知能力有限，缺乏分析归纳的基本训练，难以支撑系统性分析（F3：能力不足）。

要真正提升系统思维能力，需从思想上与行动上两方面入手（思想行动式）。思想层面，个体应强化系统性认知，树立整体视角，学会在面对复杂事务时从多维出发（F2：拓展思维）；行动层面，应通过刻意训练来提升分析能力与整合能力，如运用思维导图等工具开展自我练习（F3：提升能力）。思想有引导，行动有路径，才能真正将系统思维内化为个人成长的核心能力。

总而言之，系统思维不仅是一种认知方式，更是一种成长能力（总结全文）。每一位希望实现自我提升的个体，都应积极培养系统思维，使自己的判断更科学、行动更高效、路径更长远（重申论点）。

全文共660字

老吕写作33篇 全文打卡练习2

论说文：根据下述材料，写一篇700字左右的论说文，题目自拟。

在沙漠生存的仙人掌，不求枝繁叶茂，只求保存水分；海边礁石上的贝类，长年紧闭壳门，只为防御风暴。它们不比谁长得快，而是先守住“活得下去”的底线。这种底线思维，正是它们穿越恶劣环境、延续生命的关键。

第1步 审题立意

第1步 定主题	
第2步 定态度	
第3步 定对象	
写出标题	

第2步 正文提纲

论证段1 ________________

论证段2 ________________

辩证段 ________________

建议段 ________________

第3步 完成全文并打卡

使用作文纸完成全文，参与打卡。

第4步 领取范文，对照修改

在打卡群领取本篇范文，对照范文修改自己的文章。

第3篇 能力

说明

本篇中的能力，指的是个体在管理实践中完成任务、达成目标所具备的知识、技能与方法体系，是管理活动顺利推进的核心基础。在管理学视角下，要想做好管理工作不仅取决于是否愿意做事，还取决于是否具备“能做好事”的能力。

本篇以**决策能力**为例进行讲解。其他能力可照此仿写，例如：**执行力、组织协调能力、表达能力、领导力、情绪管理能力**等。

论说文：根据下述材料，写一篇700字左右的论说文，题目自拟。

决策能力是解决实际问题的关键能力，是想干事、能干事、干成事的必然要求。

第1步 进行审题立意，写出标题

第1步 定主题	材料直接给出某种观点，故为观点类材料。**观点决定主题（谜底就在谜面上）：**材料的观点直接提出“决策能力”的重要性，故我们的立意主题就是“决策能力”。
第2步 定态度	**结果决定态度：**“决策能力”显然是有利的，故，应该“培养决策能力”。
第3步 定对象	“决策能力”显然是“人”拥有的，故本题的写作对象为“个人”或“管理者”，即：“个人要培养决策能力”，或“管理者要培养决策能力”。
写出标题	**万能标题1：** 对象 + 态度 + 主题 管理者 应提高 决策能力 个人 要提高 决策能力 **万能标题2：** 主题 + 态度 提高决策能力 势在必行

第2步 使用3句开头法，写出首段

决策能力是解决实际问题的关键能力，是想干事、能干事、干成事的必然要求（引材料句）。可见（过渡词），管理者应该培养决策能力（论点句）。

第3步 确定全文结构与分论点

该话题可使用“有好处式”结构：有好处/有必要+有好处/有必要+辩证段+建议段。因此，我们要找到2个分论点来论证“培养决策能力有好处”。

在第2章第2节中，我们通过4大层次12种利益相关者确定了12个常用的分论点。你可以将“培养决策能力”代入这12个分论点看是否通顺，通顺者即可作为本文的分论点使用。如下表：

层级分类	利益相关者Y	分论点X→Y
事务层	决策效果	培养决策能力有助于提升决策效果
	管理效率	培养决策能力有助于提升管理效率
	资源配置	培养决策能力有助于提升资源利用率
	问题解决	培养决策能力有助于解决管理问题
个体层	个人成长	培养决策能力有助于管理者的个人成长
	团队协作	培养决策能力有助于管理者带好团队
组织层	组织发展	培养决策能力有助于促进组织发展
	绩效结果	培养决策能力有助于提升企业绩效
	文化氛围	培养决策能力有助于打造组织文化
	流程规范	培养决策能力有助于完善组织流程

从上表中选出2个你记得牢的、会写的，作为你的文章的分论点。

请为以下主题（X）补充分论点：

（1）创新能力

培养创新能力________________

培养创新能力________________

（2）领导力

提高领导力________________

提高领导力________________

（3）协调能力

增强协调能力________________

增强协调能力________________

（4）执行力

提高执行力______

提高执行力______

第4步 写出论证段——XFY法／正反对比法／演绎法

论证段1 XFY法——提升资源利用率＝配置精准×使用规范×成本节约

培养决策能力有助于提升资源利用率（X→Y）。具备良好决策能力的管理者，往往能够结合组织目标，科学规划人力、资金与时间的投入方向，避免资源的重复投入，从源头提升配置的精准度（配置精准）。同时，他们也善于通过数据分析，规范资源的使用流程，从而节约成本（使用规范×成本节约）。可见，能否科学决策不仅关乎方向选择，更直接关系到资源是否用在了“刀刃上”（总结句）。

论证段2 正反对比法——流程完善＝标准清晰×协作顺畅×反馈及时

培养决策能力有助于完善组织流程（X→Y）。具备良好决策能力的管理者，通常能够从整体目标出发，科学设计流程方案，从而确保各环节目标明确、衔接顺畅、反馈及时，为流程高效运行奠定基础（正面）。反之，若决策能力不足，流程设计往往会非常混乱，这就容易出现责任不清、沟通不畅、反馈滞后的问题，严重影响组织效率（反面）。可见，决策能力不仅决定战略方向是否清晰，也关系到流程是否规范高效（总结句）。

论证段3 演绎法——解决管理问题＝发现问题×分析问题×解决问题

培养决策能力有助于解决管理问题（X→Y）。根据管理理论，管理本质是一种持续识别问题、分析问题与解决问题的系统过程（理论依据）。具备良好决策能力的管理者，通常能够借助系统思维，快速识别问题本质，明确成因与影响，并制定有针对性的解决方案，提升解决问题的及时性（怎么做＋会如何）。例如，京东早期凭借数据驱动的决策机制，及时识别出配送瓶颈，并通过建设“亚洲一号”智能仓网络，有效提升了订单处理效率（例证）。由此可见，决策能力是破解管理难题的重要抓手（总结句）。

从以上3个段落中任选2个作为你的文章的论证段。当然，你也可以根据你在上一步中确定的分论点，自行写出2个论证段。

段落仿写练习1：请以“执行力”为话题，仿写一个论证段。

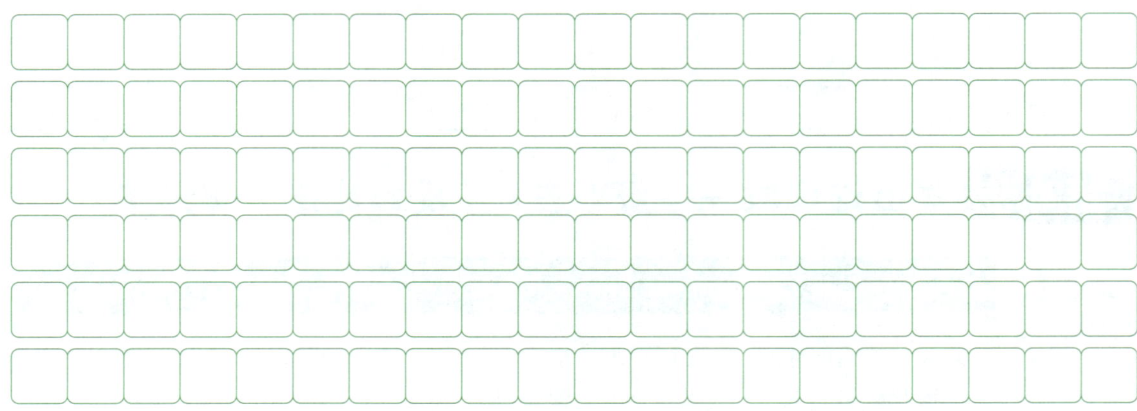

第5步 写出辩证段——问题/困难/风险

如果材料中本身有问题/困难/风险，应该优先应用材料。本题的材料中没有问题/困难/风险，我们可结合主观因素与客观因素进行分析。段落范文如下：

辩证段范文1： **主观F2（思维狭隘）+客观F5（资源匮乏）+客观F7（机制缺失）**

不可否认，培养决策能力也面临不少现实困难。主观方面，一些管理者仍习惯凭经验拍板，缺乏系统性思维训练，导致判断方式固化（F2：思维狭隘）；客观方面，部分组织尚未建立系统化的学习机制，缺乏相关的学习资源，使得“想提升、却无门可进”（F5：资源匮乏；F7：机制缺失）。如果这些问题长期存在，决策能力的培养就容易流于形式，难以真正落地见效。

辩证段范文2： **客观F5（资源匮乏）+客观F6（环境不稳）**

不可否认，培养决策能力在现实中仍面临多重挑战。一方面，组织资源供给不足，难以提供高质量案例和相关指导，导致学习成效有限（F5：资源匮乏）；另一方面，决策内容常常会受到外部不确定性因素的干扰，这会进一步拉大“学”与“用”之间的脱节（F6：环境不稳）。若这些障碍不加破解，决策能力便难以转化为稳定有效的行动能力。

段落仿写练习2：请以“执行力”为话题，仿写一个辩证段。

第6步 写出建议段

建议段要能解决辩证段中提出的问题，故本文的建议段范文如下：

建议段范文1：——对应辩证段范文1/主体划分式

要真正把培养决策能力落到实处，管理者与组织应协同发力。对于管理者而言，应主动加强思维能力训练，提升自身的理性判断能力，摒弃经验主义（F2：拓展思维）；对于组织而言，应搭建能力培养平台，设计系统性课程，推动跨部门交流分享，从而培养管理者的决策能力（F7：健全机制）。

建议段范文2：——对应辩证段2/标本兼治式

要有效提升管理者的决策能力，应从资源保障与环境支持两方面协同发力（标本兼治式）。一方面，组织应加大资源投入，建设高质量的案例库，同时应配备具有丰富实践经验的导师，为管理者提供系统化的学习支持（F5：投入资源）；另一方面，应通过模拟演练与场景复盘等方式，增强培训内容与真实管理环境的衔接度，从而提升决策能力在动态情境中的适应性（F6：应对环境）。

段落仿写练习3：请以“执行力”为话题，仿写一个建议段。

第7步 写出结尾段

结尾段范文：

总而言之，决策能力不仅关乎管理者自身的发展，更关乎组织资源配置的效率（总结全文）。管理者应不断提升自身的决策能力（重申论点）。

REFER TO 1 **全文参考范文1——以管理者为对象**

管理者应培养决策能力

吕建刚

决策能力是解决实际问题的关键能力，是想干事、能干事、干成事的必然要求（引材料句）。可见（过渡词），管理者应该培养决策能力（论点句）。

培养决策能力有助于提升资源利用率（X→Y，提升资源利用率＝配置精准 × 使用规范 × 成本节约）。具备良好决策能力的管理者，往往能够结合组织目标，科学规划人力、资金与时间的投入，避免资源的重复投入，从源头提升配置的精准度。同时，他们也善于通过数据分析，规范资源的使用流程，从而节约成本。可见，能否科学决策不仅关乎方向选择，更直接关系到资源是否用在了“刀刃上”。

培养决策能力有助于解决管理问题（X→Y，解决管理问题＝发现问题 × 分析问题 × 解决问题）。具备良好决策能力的管理者，通常能够借助系统思维，快速识别问题本质，明确成因与影响，并制定有针对性的解决方案，提升管理应对的及时性。例如，京东早期凭借数据驱动的决策机制，及时识别出配送瓶颈，并通过建设“亚洲一号”智能仓网络，有效提升了订单处理效率。由此可见，决策能力是破解管理难题的重要抓手。

不可否认，决策能力的培养也面临不少现实困难。一方面，有些管理者经验主义作祟，依赖直觉判断，缺乏科学分析的意识（F2：思维狭隘）。另一方面，一些组织信息系统不完善，导致数据质量不高；决策流程也缺乏规范，导致“想提升决策能力，却无从下手”（F5：资源匮乏；F7：机制缺失）。若这些问题长期存在，决策能力的提升便会流于形式，难以落地。

要真正把决策能力培养落到实处，管理者与组织应协同发力（主体划分式）。一方面，管理者应不断提升自身的判断能力，摒弃经验主义，做到“思有依据、判有逻辑、行有章法”（F2：拓展思维；F3：提升能力）；另一方面，组织应完善信息系统，建立规范的决策流程，推动数据共享，为能力提升提供制度保障（F5：投入资源；F7：健全机制）。

总而言之，决策能力不仅关乎管理者自身的发展，更关乎组织资源配置的效率（总结全文）。管理者应不断提升自身的决策能力，使管理活动更具逻辑性、科学性与高效性（重申论点）。

全文共 694 字

全文参考范文2——以个人为对象

个人要提升决策能力

吕建刚

决策能力是解决实际问题的关键能力，是想干事、能干事、干成事的必然要求（引材料句）。可见（过渡词），个人应不断提升自身的决策能力（论点句）。

提升决策能力有助于优化资源利用效率（X→Y，资源利用率＝配置精准×使用规范×成本节约）。一方面，良好的决策能力能够帮助个人更好地识别自身资源的使用优先级，合理安排时间、精力与金钱等资源，从而提升配置精准度与成本控制力；另一方面，良好的决策能力依赖于信息整合、理性判断等能力，有助于提升使用的规范性。由此可见，科学决策是实现“花得少、干得多”的关键支撑。

提升决策能力有助于增强问题解决能力（X→Y，问题解决能力＝问题识别力×思维逻辑性×判断执行力）。根据现代认知心理学，个体在生活与工作中常面临多种复杂选择，必须借助分析与判断能力识别问题、分解问题、解决问题。具备良好决策能力的个人，往往能够识别事务本质并制定最优方案，有效避免片面判断所带来的失误。可见，决策能力是提升问题解决水平的重要保障。

不可否认，提升决策能力也面临不少现实困难。一方面，一些个体习惯凭直觉行事，缺乏系统分析与理性判断的能力（F3：能力不足）；另一方面，有些人缺乏有效的信息来源，导致“想理性决策却无从下手”（F5：资源匮乏）。如果这些问题长期存在，个体的决策能力就难以真正提升。

要真正提升决策能力，个人既要自我强化，也要借助外部支持（主客分明式）。一方面，个体应加强学习、反思与实践，提升系统思维与分析判断能力，避免经验主义（F3：提升能力）；另一方面，个体应主动寻求可靠信息来源，积极做到理性决策（F5：投入资源）。多措并举，才能让决策能力真正落地生效。

总而言之，决策能力不仅关乎个人发展，也影响到其发展路径的科学性（总结全文）。个人应高度重视并持续提升自身的决策能力（重申论点）。

全文共 629 字

老吕写作33篇 全文打卡练习3

论说文：根据下述材料，写一篇700字左右的论说文，题目自拟。

有句话说得好："控制情绪的人，才配掌控人生。"无论是面对压力、冲突还是失败，能否理智应对、稳住情绪，往往决定了一个人能否把事情办好。反之，情绪失控者常常坏了大局、误了前程。

第1步 审题立意

第1步 定主题	
第2步 定态度	
第3步 定对象	
写出标题	

第2步 正文提纲

论证段1 ______

论证段2 ______

辩证段 ______

建议段 ______

第3步 完成全文并打卡

使用作文纸完成全文，参与打卡。

第4步 领取范文，对照修改

在打卡群领取本篇范文，对照范文修改自己的文章。

扫码听本篇讲解

第4篇 行为

说明

本篇中的行为指的是个体在完成管理任务或工作职责时的具体表现方式和操作路径。在管理学中，经典的管理职能包括**计划**、**组织**、**领导**、**控制**，每一项职能都需要通过具体行为加以落实。无论是制定方案、配置资源、引导团队，还是监督执行，行为都是能力的外在体现，也是管理成果的直接来源。

本篇以"**计划**"为例进行展开论述。其他行为也可照此仿写，例如：**组织、执行、沟通、领导、授权、协调、反馈、控制、学习**等。

论说文：根据下述材料，写一篇700字左右的论说文，题目自拟。

冬天来临前，候鸟会排好队列，规划路线，依时迁徙；松鼠会在秋天就忙着囤积果实，为的是度过寒冬；而人类的很多失败，却常常是因为缺少计划，临阵慌乱，顾此失彼。

第1步 进行审题立意，写出标题

第1步 定主题	本题的材料中出现候鸟、松鼠，可认为是寓言类材料。**行为决定主题（谜底就在谜面上）**：材料中出现"缺少计划"这一行为，故我们的主题可定为"计划"。
第2步 定态度	**结果决定态度**："缺少计划"导致"很多失败"。可见，我们必须要"做好计划"。
第3步 定对象	"计划"是"人"进行的，故本题的写作对象为"个人"或"管理者"，即："个人要学会计划"，或"管理者应做好计划"。
写出标题	万能标题1：对象 + 态度 + 主题 管理者 应提升 计划能力 管理者 应做好 计划 个人 要学会 计划 万能标题2：措施 + 目的 做好计划 事半功倍

第 2 步 使用 3 句开头法，写出首段

很多失败，不是因为做得不努力，而是因为一开始就没有计划好（引材料句）。在管理工作中，如果没有清晰的目标和安排，就容易出错（过渡句）。因此，管理者应学会规划（论点句）。

第 3 步 确定全文结构与分论点

该话题可使用“有好处式”结构：有好处 / 有必要 + 有好处 / 有必要 + 辩证段 + 建议段。

在第 2 章第 2 节方法论中，我们总结了四大层级的 12 种利益相关者 Y。将“做好计划”代入各个 Y，得出如下分论点参考表：

层级分类	利益相关者 Y	分论点 X → Y
事务层	决策效果	做好计划有助于提升决策效果
	管理效率	做好计划有助于提升管理效率
	资源配置	做好计划有助于提升资源利用率
	问题应对	做好计划有助于解决管理问题
个体层	个人成长	做好计划有助于提升管理者的专业素养
	团队协作	做好计划有助于管理者带好团队
组织层	组织发展	做好计划有助于推动组织稳健发展
	流程规范	做好计划有助于完善组织流程
	战略执行	做好计划有助于提升组织执行力与一致性
社会层	行业协作	做好计划有助于提升跨组织协同效率
	社会责任	做好计划有助于提升组织对社会环境的应对力

从以上表格中选出 2 个你记得牢的、会写的，作为你的文章的分论点。

请为以下主题（X）补充分论点：

（1）组织

做好组织________________________

做好组织________________________

（2）执行

做好执行________________________

做好执行________________________

（3）领导

学会领导____________________

学会领导____________________

（4）沟通

做好沟通____________________

做好沟通____________________

第4步 写出论证段——XFY法/正反对比法/演绎法

论证段1 XFY法——管理效率＝目标清晰×流程规范×执行到位

做好计划有助于提升管理效率（X→Y）。一个合理的计划能帮助管理者明确工作目标，并进一步细化任务阶段，使方向更加明确（目标清晰）。同时，在制定计划的过程中，管理者通常会同步梳理关键环节，理顺任务之间的衔接，从而制定出规范的流程（流程规范）。此外，清晰的计划还能明确时间节点和资源安排，使得落地更加有效（执行到位）。可见，高效管理往往始于一份科学可行的计划（总结句）。

论证段2 正反对比法——资源利用率＝配置精准×使用规范×成本节约

做好计划有助于提升资源利用率（X→Y）。良好的计划能引导管理者精准测算资源需求，合理配置人力、资金与物资，从而确保资源的规范使用，并通过相关节点控制压缩非必要成本（正面）；反之，若缺乏清晰计划，资源安排往往拍脑袋决策，极易导致重复采购，最终拉低整体产出效率（反面）。可见，计划是实现资源高效利用的重要保障（总结句）。

论证段3 演绎法——组织发展＝战略清晰×流程规范×权责明确×激励有效×协作顺畅×氛围融洽

做好计划有助于推动组织发展（X→Y）。根据组织管理的基本原理，一个组织的发展离不开战略清晰、运行规范和责任明确这三大支撑，而计划正是连接这三者的重要纽带（理论依据）。制定科学的计划，有助于将战略目标具体化，让全体成员明确努力方向；同时，也能梳理各项任务的流程安排，提升事务推进的可控性；在此基础上，计划还能明确职责分工，避免推诿扯皮，提高整体协同效率（怎么做＋会如何）。例如，华为通过滚动计划制度，将战略分解为阶段目标，结合流程审查与岗位职责匹配机制，不断提升组织的运行效能（例证）。

从以上3个段落中任选2个作为你的文章的论证段。当然，你也可以根据你在上一步中确定的分论点，自行写出2个论证段。

段落仿写练习1：请以“做好反馈”为话题，仿写一个论证段。

第5步 写出辩证段——问题/困难/风险

如果材料中本身有问题/困难/风险，应该优先应用材料。本题的材料中出现了问题/困难/风险，我们可结合材料进行分析。段落范文如下：

辩证段范文1：主观F2（思维狭隘）+客观F7（机制缺失）

尽管做好计划有助于提高执行效率与应变能力，但现实中仍有不少人和组织计划意识淡薄，导致临阵慌乱、顾此失彼。主观方面，一些人缺乏长远思维与统筹能力，重视眼前行动却忽视系统安排（F2：思维狭隘）；客观方面，一些组织缺乏明确的流程规范与前期准备机制，导致任务推进临时应对、难以协调（F7：机制缺失）。若不正视这些主客障碍，“计划赶不上变化”的问题将频繁上演，严重削弱执行成效。

辩证段范文2：主观F1（意愿缺乏）+客观F7（机制缺失）

现实中，计划工作往往被忽视甚至被误解。部分管理者追求“边干边看”，缺乏系统规划意识，认为计划只是形式主义，结果常常导致方向模糊（F1：意愿缺乏）。与此同时，一些企业缺少计划审批与执行反馈机制（F7：机制缺失），导致计划流于纸面，执行与目标严重脱节。长此以往，不仅组织效率低下，也容易在关键节点错失发展机遇。

段落仿写练习2：请以“做好反馈”为话题，仿写一个辩证段。

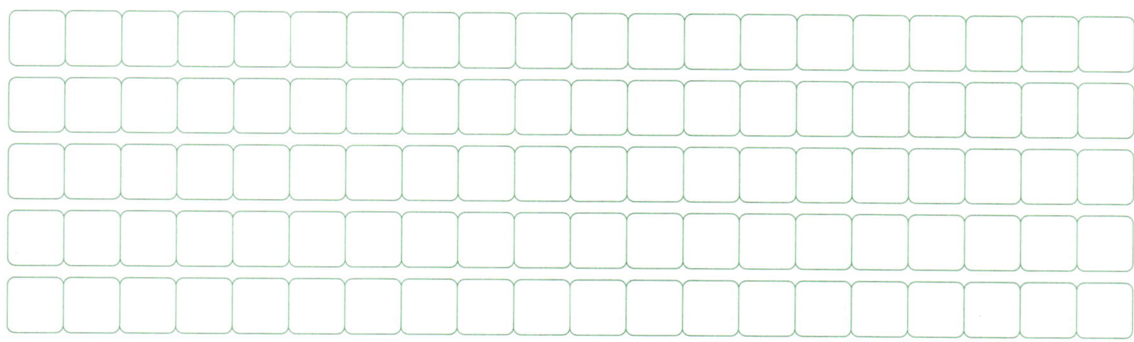

第6步 写出建议段

建议段要能解决辩证段中提出的问题，故本文的建议段范文如下：

建议段范文1：——对应辩证段范文1/主体划分式

要强化计划意识、提升执行效果，必须从主客两方面协同发力。主观方面，应加强系统思维训练，引导个体树立全局观与预判力，提升统筹规划能力（F2：拓展思维）；客观方面，组织应健全任务管理机制，完善前期筹备流程与应急预案，确保计划具有可操作性与灵活性（F7：健全机制）。

建议段范文2：——对应辩证段范文2/软硬兼施式

要解决计划意识薄弱、执行力不强的问题，需要软硬兼施。软措施上，管理者应强化对计划意义的认知，通过案例分享与培训引导，增强其主动规划、科学谋划的意识（F1：增强意愿）；硬手段上，组织应建立科学的计划制度与执行考核机制，把计划的质量与管理绩效挂钩，同时配套推进信息共享，确保各项计划落地可行（F7：健全机制）。

段落仿写练习3：请以“做好反馈”为话题，仿写一个建议段。

第7步 写出结尾段

结尾段范文：

总而言之，计划不仅是工作的起点，更是管理成效的基础保障（总结全文）。管理者应高度重视计划工作，在思维上重视、在制度上保障、在行动中落实（重申论点）。

REFER TO 1 全文参考范文1——以管理者为对象

管理者应做好计划

吕建刚

很多失败，不是因为做得不努力，而是因为一开始就没有计划好（引材料句）。在管理工作中，如果没有清晰的目标和安排，就容易出错（过渡句）。因此，管理者应学会规划（论点句）。

做好计划有助于提升管理效率（X→Y，管理效率 = 目标清晰 × 流程规范 × 执行到位）。一个合理的计划能帮助管理者明确工作目标，并进一步细化任务阶段，使方向更加明确。同时，在制定计划的过程中，管理者通常会同步梳理关键环节，理顺任务之间的衔接，从而制定出规范的流程。此外，清晰的计划还能明确时间节点和资源安排，使得落地更加有效。可见，高效管理往往始于一份科学可行的计划。

做好计划有助于提升资源利用率（X→Y，资源利用率 = 配置精准 × 使用规范 × 成本节约）。正面看，良好的计划能引导管理者精准测算资源需求，合理配置人力、资金与物资，从而确保资源的规范使用，并通过相关节点控制压缩非必要成本；反面看，若缺乏清晰计划，资源安排往往拍脑袋决策，极易导致重复采购，最终拉低整体产出效率。可见，计划是实现资源高效利用的重要保障。

然而，现实中仍有不少人和组织计划意识淡薄，导致临阵慌乱、顾此失彼。主观方面，一些人缺乏长远思维与统筹能力，重视眼前行动却忽视系统安排（F2：思维狭隘）；客观方面，一些组织缺乏明确的流程规范与前期准备机制，导致任务推进临时应对、难以协调（F7：机制缺失）。若不正视这些主客障碍，“计划赶不上变化”的问题将频繁上演，严重削弱执行成效。

要强化计划意识、提升执行效果，必须从主客两方面协同发力（主客分明式）。主观方面，应加强系统思维训练，引导个体树立全局观与预判力，提升统筹规划能力（F2：拓展思维）；客观方面，组织应健全任务管理机制，完善前期筹备流程与应急预案，确保计划具有可操作性与灵活性（F7：健全机制）。唯有内外联动，才能让“计划”真正成为行动的保障，而非纸上谈兵。

总而言之，计划不仅是工作的起点，更是管理成效的基础保障（总结全文）。管理者应高度重视计划工作，在思维上重视、在制度上保障、在行动中落实（重申论点）。

全文共726字

全文参考范文2——以个人为对象

个人应学会规划未来

吕建刚

很多失败，不是因为不够努力，而是因为从一开始就没有计划好方向（引材料句）。在人生发展中，如果没有明确的目标和清晰的安排，就容易迷失方向、事倍功半（过渡句）。因此，个人要学会规划未来（论点句）。

规划未来有助于提升执行效率（X→Y，效率＝目标清晰 × 流程规范 × 执行到位）。明确的个人规划能帮助个体设定好阶段目标，避免在行动中目标模糊；同时，规划过程中也会主动设计合理的步骤和时间安排，使行动更具可执行性；此外，有了清晰的路径与时间表，个体更容易集中精力推进各项事务，提升行动的完成度。由此可见，越是有规划的人，越能稳步达成目标。

规划未来有助于促进个人发展（X→Y，个人发展＝能力提升 × 思维转变 × 经验积累 × 发展机会）。根据生涯发展理论，个体的成长路径不仅取决于偶然机遇，更依赖于清晰的目标和持续的积累。具备明确规划的人，往往会主动设定目标，系统地安排学习内容，从而在执行中不断积累经验、提升能力。例如，一些高校生通过“三年升研”规划，精准对接专业学习，最终实现了从普通本科到名校研究生的跨越。

不可否认，制定并坚持计划在现实中并不容易。一方面，一些人缺乏自我认知或目标模糊，导致计划流于形式、不切实际（F2：思维狭隘）；另一方面，计划制定后常常因突发状况被打乱，导致成效不佳（F6：环境不稳）。如果不正视这些问题，计划就可能变成“写在纸上的愿望”。

要让计划真正转化为行动力，关键在于主客兼修、系统发力（主客分明式）。主观方面，个人要提升自我认知与时间管理能力，增强目标导向思维（F2：拓展思维）；客观方面，学校或组织应创造良好的学习与生活环境（F6：应对环境），利用相关机制来增强执行约束与行为反馈。内外联动，才能将“愿望清单”变为“达成清单”。

总而言之，计划不是束缚，而是自由的前提，是迈向目标的必经之路（总结全文）。个人应尽早树立规划意识，不做时间的奴隶，而做命运的主人（重申论点）。

全文共674字

老吕写作33篇 全文打卡练习4

论说文：根据下述材料，写一篇700字左右的论说文，题目自拟。

有句话说："再伟大的蓝图，也需要有人去把它一砖一瓦地建起来。"在实际工作中，制定方案并不难，难的是把方案落到实处。一些人计划时思路清晰，但行动时却拖延、反复、敷衍，最终导致目标落空。

第1步 审题立意

第1步 定主题	
第2步 定态度	
第3步 定对象	
写出标题	

第2步 正文提纲

论证段1 ____________________

论证段2 ____________________

辩证段 ____________________

建议段 ____________________

第3步 完成全文并打卡

使用作文纸完成全文，参与打卡。

第4步 领取范文，对照修改

在打卡群领取本篇范文，对照范文修改自己的文章。

扫码听本篇讲解

第 5 篇 价值观

说明

在个人成长的过程中，个人价值观是行为决策的内在准则，决定着个体如何认知世界、判断对错、选择路径。价值观如同思想的“操作系统”，深刻影响着一个人的处事风格与组织贡献。

人的价值观可以分为以下几类：

信念类：使命感、坚守初心、社会责任感；

时间观类：崇尚长期主义、注重积累沉淀；

实干类：实事求是、崇尚实干、反对空谈；

质量类：极致精神、工匠精神、追求卓越；

导向类：结果导向、成就导向、价值导向；

人本类：公平正义、诚信立身、团队优先。

本篇以“**使命感**”为例展开论述。其他价值观类话题如**坚守初心、注重长期主义、追求极致、实事求是、注重结果、诚信立身**等，也可参照本篇进行仿写。

论说文：根据下述材料，写一篇 700 字左右的论说文，题目自拟。

一粒种子，终其一生都朝着阳光努力生长；一滴水，即使渺小，也要奔向大海。人亦如此，只有心中有光，脚下的路才不会迷失。可惜的是，现实中，有些人随波逐流，缺乏方向；也有人坚守信念、勇担使命。

第 1 步 进行审题立意，写出标题

第 1 步 定主题	本题材料中出现种子等的故事，可认为是寓言类。但材料的后半部分也有点题句，也可认为是观点类材料。**行为决定主题（谜底就在谜面上）**：从行为上看，材料中的行为是“坚守信念”“勇担使命”，故我们的主题可定为“坚守信念”“勇担使命”。
第 2 步 定态度	**结果决定态度**：“坚守信念”“勇担使命”是有好处的，应该支持。可见，我们必须要“坚守信念”“勇担使命”。

续表

第3步 定对象	“坚守信念”“勇担使命”显然是“人”拥有的，故本题的写作对象为“个人”或“管理者”，即：“个人要树立使命感”，或“管理者应坚守信念”。
写出标题	万能标题1：对象 + 态度 + 主题 管理者 应 坚守信念 管理者 应 勇担使命 管理者 要有 使命感 个人 要树立 使命感 万能标题2：措施 + 目的 坚守信念 完成使命

第2步 使用3句开头法，写出首段

一粒种子，终其一生都朝着阳光努力生长；一滴水，即使渺小，也要奔向大海。现实中，有些人随波逐流、迷失方向，也有人心中有光、坚守信念、勇担使命（引材料句）。可见（过渡句），管理者应树立使命感，让内心的信念引领前行的脚步（论点句）。

第3步 确定全文结构与分论点

该话题可使用“有好处式”结构：有好处/有必要＋有好处/有必要＋辩证段＋建议段。

在第2章第2节方法论中，我们总结了四大层级的利益相关者Y。将“树立使命感”代入各个Y，得出如下分论点参考表：

层级分类	利益相关者Y	分论点X→Y
事务层	管理效率	树立使命感有助于提升管理效率
	问题解决	树立使命感有助于解决管理问题
个体层	个人成长	树立使命感有助于促进个人发展
	团队协作	树立使命感有助于提升团队协作能力
组织层	组织发展	树立使命感有助于促进企业发展
	文化氛围	树立使命感有助于打造组织文化
社会层	行业协同	树立使命感有助于促进行业协作
	社会责任	树立使命感有助于增强社会责任意识

从以上表格中选出2个你记得牢的、会写的，作为你的文章的分论点。

请为以下主题（X）补充分论点：

（1）不忘初心

不忘初心______

不忘初心______

（2）实事求是

实事求是______

实事求是______

（3）极致精神

拥有极致精神______

拥有极致精神______

（4）诚信

保持诚信______

保持诚信______

第4步 写出论证段——XFY法/正反对比法/演绎法

论证段1　XFY法——个人发展＝能力提升×思维转变×经验积累×发展机会

树立使命感有助于促进个人发展（X→Y）。使命感是一种内在驱动力，它促使个人在面对挑战时持续投入，不断突破自我，进而实现多维度的能力提升（能力提升）；同时，使命感引导个人以更高视角看待事务，有助于拓展个体的认知边界，推动思维方式的主动转变（思维转变）。更重要的是，有了使命感，个体往往更愿意在实践中积累经验，也更容易获得信任与机会（经验积累×发展机会）。由此可见，使命感不仅是一种精神信仰，更是推动成长的重要引擎（总结句）。

论证段2　正反对比法——组织发展＝战略清晰×流程规范×权责明确×激励有效×协作顺畅×氛围融洽

树立使命感有助于推动组织发展（X→Y）。具备使命感的管理者更关注组织的长期目标，能够从使命出发制定清晰的发展战略，确保组织方向明确；同时，他们更具带头精神，能激发团队合力，推动任务高效落地（正面）。反之，若缺乏使命感，管理者容易陷入短期算计当中，从而导致组织战略失焦、协同乏力（反面）。由此可见，使命感不仅决定个体担当，更是组织长远发展的核心保障（总结句）。

论证段3　演绎法——企业文化＝理念一致×行为规范×制度保障

树立使命感有助于打造企业文化（X→Y）。企业文化的关键在于理念能深入人心、行为能形成规范、制度能有效支撑（理论依据）。具备使命感的员工，往往更容易认同组织愿景，自觉将个人价值融入企业目标，推动理念在团队中形成共识；在日常工作中，他们也更注重行为规范，能够以责任感对待事务，营造积极有序的文化氛围（怎么做＋会如何）。例如，华为长期坚持“以客户为中心”的使命导向，通过统一愿景，建立了高度一致的企业文化体系（例证）。可见，使命感是企业文化内化于心、外化于行的深层动力（总结句）。

从以上 3 个段落中任选 2 个作为你的文章的论证段。当然，你也可以根据你在上一步中确定的分论点，自行写出 2 个论证段。

段落仿写练习1：请以“实事求是”为话题，仿写一个论证段。

第 5 步 写出辩证段——问题 / 困难 / 风险

如果材料中本身有问题 / 困难 / 风险，应该优先应用材料。另外，我们也可结合主观因素与客观因素进行辩证分析。段落范文如下：

辩证段范文 1：主观 F2（思维狭隘）＋客观 F7（机制缺失）

然而，现实中也有一些管理者随波逐流，缺乏使命感。主观方面，一些管理者缺乏长期思维，容易聚焦短期利益而忽略组织愿景（F2：思维狭隘）；客观方面，一些组织缺乏使命引导机制，文化建设薄弱，甚至制度中只强调绩效指标，忽视价值导向（F7：机制缺失）。若主客观条件长期缺位，使命感将沦为空洞口号，难以沉淀为稳定的管理信念。

辩证段范文 2：主观 F1（意愿缺乏）＋客观 F7（机制缺失）

然而，现实中也有一些管理者随波逐流，缺乏使命感。一方面，一些管理者在高压环境下易动摇初心，为达成短期目标而牺牲长远使命（F1：意愿缺乏）；另一方面，组织若缺乏使命落地机制与文化支撑，仅靠口头号召，易陷入“说使命、干绩效”的断裂状态（F7：机制缺失）。长期如此，使命感将被现实稀释，难以转化为管理者稳定的价值牵引力。

段落仿写练习2：请以“实事求是”为话题，仿写一个辩证段。

第6步 写出建议段

建议段要能解决辩证段中提出的问题，故本文的建议段范文如下：

建议段范文1：——对应辩证段范文1/主客分明式

要真正将使命感落到实处，需从主观与客观两个方面协同发力。主观方面，管理者应强化长期视角（F2：拓展思维），在反思中明确目标，持续增强使命驱动下的内在行动力；客观方面，组织应建立使命引导机制（F7：健全机制），并通过文化建设来营造重使命、讲担当的组织氛围，推动使命感转化为实际行动。

建议段范文2：——对应辩证段范文2/主体划分式

为了应对使命感在现实中的流失风险，组织与个人必须实现双轮驱动。一方面，管理者自身也要主动构建以“利他”“责任”“坚持”为核心的价值体系（F1：增强意愿），将使命感上升为组织文化，将使命感打造成为引领组织前行的内在动力；另一方面，组织应通过愿景驱动战略，建立起与使命相匹配的考核标准和奖惩机制（F7：健全机制），确保价值观能够渗透至日常管理之中。

段落仿写练习3：请以“实事求是”为话题，仿写一个建议段。

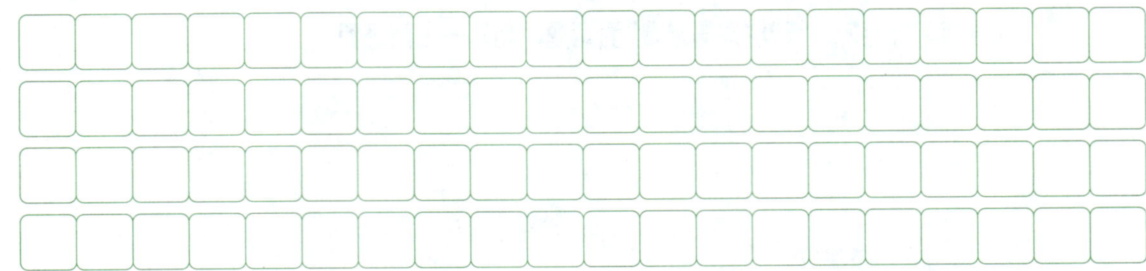

第 7 步 写出结尾段

结尾段范文：

总之，使命感不仅是个体行动的方向标，更是推动组织持续成长与社会进步的根本动力（总结全文），管理者应树立使命感（重申论点）。

全文参考范文1——以管理者为对象

管理者应树立使命感

吕建刚

一粒种子，终其一生都朝着阳光努力生长；一滴水，即使渺小，也要奔向大海。人亦如此，只有心中有光，脚下的路才不会迷失（引材料句）。因此（过渡词），管理者应树立使命感，让方向引领行动、价值贯穿管理（论点句）。

使命感有助于促进个人发展（X→Y，个人发展＝能力提升×思维转变×经验积累×发展机会）。一方面，使命感作为内在驱动力，促使管理者设定更高目标，保持持久奋斗的意愿，在挑战中不断提升自我能力；另一方面，它有助于管理者培养系统化的反思习惯，以此来指导自己的职业规划。可见，使命感是管理者实现从“胜任”到“卓越”的关键跳板。

使命感有助于推动组织发展（X→Y，组织发展＝战略清晰×流程规范×权责明确×激励有效×协作顺畅×氛围融洽）。具备使命感的管理者更关注组织的长期目标，能够从使命出发制定清晰的发展战略，确保组织方向明确；同时，他们更具带头精神，能激发团队合力，推动任务高效落地。反之，若缺乏使命感，管理者容易陷入短期算计当中，从而导致组织战略失焦、协同乏力。

不可否认，使命感的树立与坚持也面临现实障碍。一方面，一些管理者存在短视心理，在日常管理中只关注短期成效、缺乏长期责任（F2：思维狭隘）；另一方面，一些组织缺乏使命导向，考核更强调结果和收益，忽视价值的培育（F7：机制缺失）。

要推动使命感真正落地，需从主观与客观两方面协同推进（主客分明式）。主观方面，管理者应树立长期发展视角，明确自身职业目标，强化使命驱动的管理意识（F2：拓展思维）；客观方面，组织应营造以使命为导向的文化氛围，建立统一愿景引领机制，将使命感融入管理生态（F7：健全机制）。这样，使命感才能化为持久动力，助力组织走远走稳。

总之，使命感不仅是管理者内心的“灯塔”，更是推动组织成长的“发动机”（总结全文）。管理者应主动树立使命感，做有方向、有责任、有信念的行动者（重申论点）。

全文共 640 字

全文参考范文 2——以个人为对象

个人应树立使命感

吕建刚

只有心中有光，脚下的路才不会迷失（引材料句）。因此（过渡词），个人应树立使命感，让内在信念照亮前行之路（论点句）。

使命感有助于促进个人发展（X→Y，个人发展 = 能力提升 × 思维转变 × 经验积累 × 发展机会）。使命感是一种内在驱动力，它促使个人在面对挑战时持续投入，不断突破自我，进而实现多维度的能力提升；同时，使命感引导人以更高视角看待事务，有助于拓展认知边界，推动思维方式的主动转变。更重要的是，有了使命感，个体往往更愿意在实践中积累经验，也更容易获得机会。

使命感有助于促进社会发展（X→Y，社会发展 = 经济发展 × 技术进步 × 环境友好）。具备使命感的个体，通常不仅关注个人成就，更愿意将自身发展融入社会需求中。他们往往主动投身重点行业，努力提升专业技能、推动技术创新，助力经济高质量发展；同时，他们也更注重环境责任，注重节能减排，将环保理念融入日常行为之中。

但是，使命感的培养在现实中并不容易。部分人缺乏清晰目标，面对困境容易迷失方向、丧失动力（F2：思维狭隘）；同时，外部成长环境中功利主义氛围浓厚，教育与社会评价机制偏重结果考核，容易削弱个体的价值引导（F6：环境不稳；F7：机制缺失）。使命感若缺乏认知支持与文化土壤，便难以落地生根。

要真正树立使命感，需从思想引导与机制保障两方面同步发力（机制文化式）。一方面，社会应通过家庭教育、学校教学等引导强化价值教育，培育青年的责任感，让使命感根植于心（F6：应对环境）；另一方面，组织应建立鼓励担当、践行使命的机制，构建多元参与成果认定平台，助推使命感落地成行（F7：健全机制）。

总之，使命感既照亮个体发展的前路，也连接个人与社会的价值纽带（总结全文）。每个人都应主动树立使命感，在信念中找到方向，在责任中积蓄力量（重申论点）。

全文共 608 字

老吕写作33篇 全文打卡练习5

论说文：根据下述材料，写一篇700字左右的论说文，题目自拟。

有人说："把一件事做到90分靠能力，做到95分靠努力，而做到99分则靠态度。"现实中，一些人满足于"差不多"，草草收场；而另一些人则精益求精、追求极致，即使付出更多时间与精力，也不容许自己马虎敷衍。正是这种"多做一步"的精神，让他们脱颖而出，走向卓越。

第1步 审题立意

第1步 定主题	
第2步 定态度	
第3步 定对象	
写出标题	

第2步 正文提纲

论证段1 ______________________

论证段2 ______________________

辩证段 ______________________

建议段 ______________________

第3步 完成全文并打卡

使用作文纸完成全文，参与打卡。

第4步 领取范文，对照修改

在打卡群领取本篇范文，对照范文修改自己的文章。

第6篇 偏好

说明

在管理与决策中，“偏好”指的是个体在多种可选路径中倾向选择哪一类方式。例如，有的管理者偏好稳扎稳打，有的则喜欢快速突破；有的倾向独断，有的习惯集体商议。偏好本身没有对错，但它深刻影响着人们的行为方式、判断习惯与组织风格。

本篇以“**风险偏好**”为例展开讲解。其他偏好类话题，如**决策风格、授权风格、表达方式、行动节奏、自律倾向**等，也可照此仿写。

论说文：根据下述材料，写一篇700字左右的论说文，题目自拟。

有些人做事小心谨慎，步步为营；有些人激进果敢，偏好冒险。二者看似相反，但其实都可能通向成功，也都有可能走向失败。

第1步 进行审题立意，写出标题

第1步 定主题	本题的材料中出现两种行为：小心谨慎，步步为营（A）；激进果敢，偏好冒险（B）。可以认为是AB二元类材料。**行为决定主题（谜底就在谜面上）：** 材料中的行为有两种：“谨慎”与“冒险”。我们可以围绕这两种行为展开论证，故我们的主题可定为“谨慎”与“冒险”。
第2步 定态度	**结果决定态度（利大于弊就支持，弊大于利就反对）：** 如材料所言“谨慎”与“冒险”其实都是有好处的，但也都有不利的一面。因此，我们支持哪一方都可以。当然，也可以认为应该理性平衡风险偏好。可见，我们要“理性把握风险偏好”“学会平衡谨慎与冒险”。
第3步 定对象	“谨慎”与“冒险”显然是“人”拥有的，故本题的写作对象为“个人”或“管理者”，即：“管理者应理性把握风险偏好”，或“个人要学会平衡谨慎与冒险”。
写出标题	**万能标题1：** 对象 + 态度 + 主题 对象：管理者 / 个人 态度：应理性把握 / 要学会平衡 主题：风险偏好 / 谨慎与冒险 **万能标题2：** 主题 + 态度 主题：理性把握风险偏好 态度：势在必行 **万能标题3：** 对A的态度 + 对B的态度 对A的态度：既要沉稳谨慎 对B的态度：也要适当冒险

第2步 使用3句开头法，写出首段

有些人做事小心谨慎，步步为营；有些人敢于冒险，勇于突破（引材料句）。然而，谨慎者可能错失良机，冒进者则可能承担过多风险（过渡句）。因此，管理者应理性把握风险偏好（论点句）。

第3步 确定全文结构与分论点

该话题可使用“有好处式”结构：有好处/有必要+有好处/有必要+辩证段+建议段。

在第2章第2节方法论中，我们总结了四大层级的12种利益相关者Y。将“理性把握风险偏好”代入各个Y，得出如下分论点参考表：

层级分类	利益相关者Y	分论点X→Y
事务层	决策效果	理性把握风险偏好有助于提升决策效果
	管理效率	理性把握风险偏好有助于提升管理容错性
	资源配置	理性把握风险偏好有助于避免资源浪费
	问题解决	理性把握风险偏好有助于避免重大风险
个体层	自我成长	理性把握风险偏好有助于促进管理者的个人成长
组织层	组织发展	理性把握风险偏好有助于推动组织稳健发展
	企业文化	理性把握风险偏好有助于打造理性稳健的企业文化

从以上表格中选出2个你记得牢的、会写的，作为你的文章的分论点。

请为以下主题（X）补充分论点：

（1）敢于冒险

敢于冒险________________

敢于冒险________________

（2）谨慎行事

谨慎行事________________

谨慎行事________________

（3）稳中求进

稳中求进________________

稳中求进________________

（4）乐于倾听

乐于倾听________________

乐于倾听________________

第4步 写出论证段——XFY法/正反对比法/演绎法

论证段1 XFY法——决策效果 = 信息全面 × 判断精准 × 执行到位

理性把握风险偏好有助于提升决策效果（X→Y）。在决策过程中，理性的风险意识能够帮助管理者在权衡利弊时保持冷静，避免情绪化，做出更加稳妥的判断（判断精准）；同时，恰当的风险偏好还能为方案预留调整空间，提升应变能力与执行的稳定性（执行到位）。由此可见，合理的风险取向，是确保决策科学可行的重要保障（总结句）。

论证段2 正反对比法——组织发展 = 战略清晰 × 流程规范 × 权责明确 × 激励有效 × 协作顺畅 × 氛围融洽

理性把握风险偏好有助于推动组织稳健发展（X→Y）。当管理者能够清晰认知自身的风险偏好，并在战略制定中保持适度进取、审慎推进，组织往往更容易明确前进方向，形成稳定有序的运行机制，各部门也能在共识基础上高效协作（正面）。反之，若风险偏好失衡，要么一味求快，导致方向失控、执行混乱；要么过于保守，错失发展机遇、抑制组织活力（反面）。可见，只有理性对待风险偏好，才能在不确定中谋稳（总结句）。

论证段3 演绎法——资源利用率 = 配置精准 × 使用规范 × 成本节约

理性把握风险偏好有助于避免资源浪费（X→Y）。根据管理理论，资源利用效率的关键在于科学配置、规范使用与有效控制成本（理论依据）。当管理者能够理性评估风险水平，并据此调整投入的强度，往往就能避免因盲目冒进造成人力、资金的过度配置，同时也防止因过度保守导致资源闲置（怎么做+会如何）。例如，一些创业企业通过风险偏好测试，合理规划融资的节奏，从而有效控制了成本、提升了资源效益（例证）。

从以上3个段落中任选2个作为你的文章的论证段。当然，你也可以根据你在上一步中确定的分论点，自行写出2个论证段。

段落仿写练习1：请以“敢于冒险”为话题，仿写一个论证段。

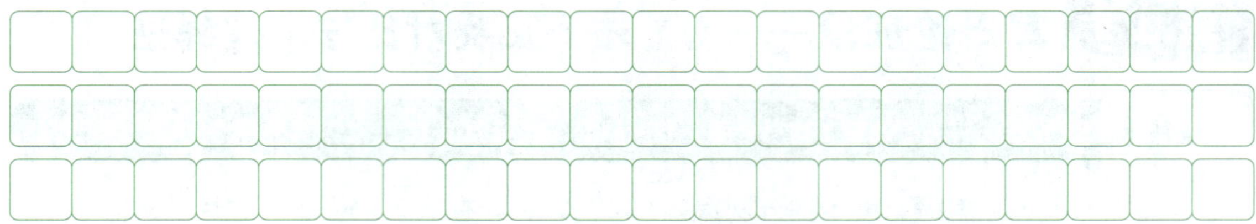

第5步 写出辩证段——问题 / 困难 / 风险

如果材料中本身有问题 / 困难 / 风险，应该优先应用材料。本题的材料中没有问题 / 困难 / 风险，我们可结合主观因素与客观因素进行分析。段落范文如下：

辩证段范文1： **主观 F1（意愿缺乏）+ 主观 F2（思维狭隘）+ 客观 F7（机制缺失）**

不可否认，很多管理者难以理性把握风险偏好。主观方面，一些人缺乏战略思维，无法从全局出发进行理性判断（F2：思维狭隘）；也有人意愿不足，遇事求稳，风险偏好长期失衡（F1：意愿缺乏）。客观方面，组织普遍缺乏科学的风险反馈机制与包容失败的容错平台（F7：机制缺失），一旦失误便过度追责，使管理者更倾向于被动保守。若不解决这些问题，理性风险管理便难以在实践中真正落实。

辩证段范文2： **主观 F2（思维狭隘）+ 客观 F6（环境不稳）**

现实中，风险偏好的把握常因内外因素错配而难以实现理性调节。部分管理者存在路径依赖，面对新问题仍然保持以前的惯性决策，难以适应环境变化（F2：思维狭隘）；同时，外部不确定性上升，突发风险频发，也会影响理性决策的准确性（F6：环境不稳）。如果无法打通思维、资源与环境之间的连接，风险偏好就可能持续失衡，损害组织的稳健发展。

段落仿写练习2：请以“敢于冒险”为话题，仿写一个辩证段。

第6步 写出建议段

建议段要能解决辩证段中提出的问题，故本文的建议段范文如下：

建议段范文1： ——对应辩证段范文1/主客分明式

要让风险偏好真正实现理性调节，需从主观与客观两个层面协同推进。主观方面，管理者应增强战略思维，提升识别风险的能力，避免盲目激进或一味保守（F2：拓展思维）；客观方面，组织应建立科学的风险反馈与容错机制，设立弹性指标与复盘制度，引导管理者理性试错（F7：健全机制）。

建议段范文2： ——对应辩证段范文2/主体划分式

要实现风险偏好的理性调节，需从管理者与组织双方协同推进。一方面，管理者应通过学习训练，打破路径依赖，拓展自己的认知边界，提升应对不确定性的判断能力（F2：拓展思维）；另一方面，组织应完善信息收集机制，增强对外部环境变化的感知力与应对能力，降低决策失准的外部干扰（F6：应对环境）。

段落仿写练习3：请以“敢于冒险”为话题，仿写一个建议段。

第7步 写出结尾段

结尾段范文：

总而言之，风险偏好并无绝对的对错，关键在于因时而动、因势而调（总结全文）。管理者应理性把握自身的行为风格，在谨慎与果敢之间找到平衡点，实现更高效、更稳健的管理（重申论点）。

1 全文参考范文1——以管理者为对象

管理者应理性把握风险偏好

吕建刚

有些人做事小心谨慎，步步为营；有些人敢于冒险，勇于突破（引材料句）。然而，谨慎者可能错失良机，冒进者则可能承担过多风险（过渡句）。因此，管理者应理性把握风险偏好（论点句）。

理性把握风险偏好有助于提升决策效果（X→Y，决策效果=信息全面×判断精准×执行到位）。在决策过程中，理性的风险意识能够促使管理者在权衡利弊时保持冷静，避免情绪化，做出更加稳妥的判断；同时，恰当的风险偏好还能为方案预留调整空间，提升应变能力与执行稳定性。由此可见，合理的风险取向，是确保决策科学可行的重要保障。

理性把握风险偏好有助于推动组织稳健发展（X→Y，组织发展=战略清晰×流程规范×权责明确×激励有效×协作顺畅×氛围融洽）。当管理者能够清晰认知自身的风险偏好，并在战略制定中保持适度进取、审慎推进，组织往往更容易明确前进方向，形成稳定有序的运行机制，各部门也能在共识基础上高效协作。反之，若风险偏好失衡，要么一味求快，导致方向失控、执行混乱；要么过于保守，错失发展机遇、抑制组织活力。

尽管风险偏好的调节至关重要，但现实中依然存在诸多障碍。一些管理者缺乏系统思维，容易在保守与激进之间反复摇摆，难以因情境作出科学的取舍（F2：思维狭隘）；同时，不少组织机制单一，既缺容错空间，也缺风险反馈流程，管理者一旦出错就要“全盘负责”，自然更倾向于选择保守路线（F7：机制缺失）。

要真正实现风险偏好的理性调节，需从资源与机制两方面同步发力（资源机制式）。一方面，组织应完善信息平台与风险预警系统，为管理者提供科学的数据支撑，提升判断的依据质量（F5：投入资源）；另一方面，应优化决策反馈与容错机制，构建动态调整与复盘改进的闭环流程，让“合理试错”成为一种文化氛围（F7：健全机制）。

总之，风险偏好并无绝对的对错，关键在于因时而动、因势而调（总结全文）。管理者应理性把握自身的行为风格，在谨慎与果敢之间找到平衡点，实现更高效、更稳健的管理（重申论点）。

全文共683字

全文参考范文2——以个人为对象

个人应理性把握风险偏好

吕建刚

有些人做事小心谨慎，步步为营；有些人敢于冒险，勇于突破（引材料句）。然而，谨慎者可能错失良机，冒进者则可能承担过多风险（过渡句）。因此，个人应理性把握风险偏好（论点句）。

理性把握风险偏好有助于提升决策水平（X→Y，决策水平 = 信息全面 × 判断精准 × 执行到位）。一方面，理性的风险意识促使个体在做决定前全面评估利弊、整合信息，提升判断的科学性；另一方面，它也帮助个体为后续执行留足调整空间，避免因决策失误导致目标偏离。可见，风险偏好的理性调节，是做出高质量决策的必要前提。

理性把握风险偏好有助于增强个人发展的稳定性（X→Y，个人发展 = 能力提升 × 思维转变 × 经验积累 × 发展机会）。具备理性风险意识的人，往往能更清醒地评估自身能力，避免盲目冒进或过度保守，从而在相对可控的环境中逐步积累经验、提升能力。同时，他们更善于在不确定性中保持冷静思考，及时调整目标，持续改进自己的行为。

不可否认，现实中很多人难以真正做到理性把握风险。一些人缺乏自我评估能力，往往随波逐流或盲目冲动（F2：思维狭隘；F3：能力不足）；同时，生活环境的不确定性与缺乏支持系统，也让许多人在面对选择时陷入迷茫，难以获得信息支撑（F6：环境不稳；F5：资源匮乏）。如果这些问题长期存在，个体就容易走极端，不是错失机遇就是频繁碰壁。

要真正提升风险调节能力，需从思想与行动两个层面同步推进（思想行动式）。思想层面，个体应强化辩证思维，学会权衡利弊，避免一味冲动或过度犹疑（F2：拓展思维）；行动层面，应培养自身的分析能力，适度使用工具，从而提升在复杂情境中的应变能力（F3：提升能力）。思想有引导，行动有方法，才能真正实现理性掌控风险。

总而言之，理性风险偏好是个人成熟的重要标志，也是一种通往稳健发展的心理基础（总结全文）。可见，个人应理性把握风险偏好（重申论点）。

全文共636字

老吕写作33篇 全文打卡练习6

论说文：根据下述材料，写一篇700字左右的论说文，题目自拟。

自律，是一个人内在稳定性的重要体现。有的管理者坚持早起复盘、日清日结，有的则三天打鱼两天晒网。表面看是个人习惯，实则影响深远。一个人对待时间、任务、承诺的态度，往往决定了他能走多远、带团队走多远。

第1步 审题立意

第1步 定主题	
第2步 定态度	
第3步 定对象	
写出标题	

第2步 正文提纲

论证段1 ______

论证段2 ______

辩证段 ______

建议段 ______

第3步 完成全文并打卡

使用作文纸完成全文，参与打卡。

第4步 领取范文，对照修改

在打卡群领取本篇范文，对照范文修改自己的文章。

第 7 篇 机制

扫码听本篇讲解

说明

在现代管理中，机制是管理者行为得以规范、激励与落地的制度保障。管理者的思维、能力最终都需要通过制度设计与流程运行来转化为实际结果。机制不是抽象理念，而是通过规则、流程、反馈、激励、容错等形式，为管理实践提供明确框架与执行路径。

本篇以“**制度建设**”为例展开讲解。其他机制类话题，如**反馈机制、激励机制、监督机制、容错机制、考核机制**等，也可参照本篇进行仿写。

论说文：根据下述材料，写一篇 700 字左右的论说文，题目自拟。

古人云：“无规矩不成方圆。”制度如同一把刻度尺，能让权力有边界、流程有标准、行为有规范。现实中，一些管理者的管理效率之所以低下，往往不是因为管理者不努力，而是因为制度缺失。

第 1 步 进行审题立意，写出标题

第 1 步 定主题	材料直接给出某种观点，故为观点类材料。**观点决定主题（谜底就在谜面上）**：材料中的核心句是“因为制度缺失”。因此，我们可以围绕“制度”展开论证，故我们的立意主题就是“制度建设”。
第 2 步 定态度	**结果决定态度**：“制度缺失”造成了一些管理者的管理效率低下，可见我们应该“注重制度建设”。
第 3 步 定对象	材料中的对象是“管理者”，因此，我们也应该写“管理者”，即：“管理者要注重制度建设”。
写出标题	**万能标题 1**：对象（管理者）+ 态度（应注重）+ 主题（制度建设） **万能标题 2**：主题（注重制度建设）+ 态度（势在必行） **万能标题 3**：措施（注重制度建设）+ 目的（提高管理效率）

第2步 使用3句开头法，写出首段

古人云：“无规矩不成方圆。”制度如同一把刻度尺，能让权力有边界、流程有标准、行为有规范（引材料句）。因此（过渡词），管理者必须重视制度建设（论点句）。

第3步 确定全文结构与分论点

该话题可使用“有好处式”结构：有好处/有必要＋有好处/有必要＋辩证段＋建议段。

在第2章第2节方法论中，我们总结了四大层级的12种利益相关者Y。将“重视制度建设”代入各个Y，得出如下分论点参考表：

层级分类	利益相关者Y	分论点X→Y
事务层	决策效果	重视制度建设有助于提升决策效果
	管理效率	重视制度建设有助于提升管理效率
	资源配置	重视制度建设有助于优化资源配置
	问题解决	重视制度建设有助于提升问题解决能力
个体层	个人成长	重视制度建设有助于推动管理者成长
	团队协作	重视制度建设有助于增强团队协作力
组织层	组织发展	重视制度建设有助于促进组织发展
	绩效结果	重视制度建设有助于提升组织绩效
	文化氛围	重视制度建设有助于培育制度导向文化
	流程规范	重视制度建设有助于完善组织流程
社会层	行业协同	重视制度建设有助于促进行业良性协作
	社会责任	重视制度建设有助于提升组织责任意识

从以上表格中选出2个你记得牢的、会写的，作为你的文章的分论点。

请为以下主题（X）补充分论点：

（1）监督机制

建立监督机制＿＿＿＿＿＿＿＿＿＿＿＿＿＿＿＿

建立监督机制＿＿＿＿＿＿＿＿＿＿＿＿＿＿＿＿

（2）容错机制

建立容错机制＿＿＿＿＿＿＿＿＿＿＿＿＿＿＿＿

建立容错机制＿＿＿＿＿＿＿＿＿＿＿＿＿＿＿＿

第4步 写出论证段——XFY法/正反对比法/演绎法

论证段1 XFY法——管理效率=目标清晰×流程规范×执行到位

重视制度建设有助于提升管理效率（X→Y）。作为组织运行的“操作说明书”，制度为目标制定与落实提供了系统性保障。具体而言，制度通过明确职责边界（目标清晰），使组织成员在统一方向下协同行动；同时，制度通过固化关键流程和细化执行标准（流程规范×执行到位），有效规避人为随意性，确保组织运作的稳定性和可控性。正是这种对目标、流程与执行的三维约束，使制度成为管理秩序的核心基石（总结句）。

论证段2 正反对比法——流程完善度=标准清晰×协作顺畅×反馈及时

重视制度建设有助于完善组织流程（X→Y）。在制度健全的组织中，标准化的工作流程能够精准界定岗位权责，使跨部门协作形成无缝衔接，同时通过制度化的反馈机制能快速修正偏差（正面）。反之，若仅依赖经验管理而缺乏制度约束，随着组织规模扩张，必然会出现流程碎片化、责任模糊化等问题，最终导致协同成本激增（反面）。制度建设不仅是流程优化的催化剂，更是防止组织失序的免疫系统（总结句）。

论证段3 演绎法——解决问题=发现问题×分析问题×解决问题

重视制度建设有助于提升管理者的问题解决能力（X→Y）。任何组织的发展过程中，都会出现各种各样的问题，因此，管理者的核心工作之一是发现问题、分析问题、解决问题（现实需求）。通过制度建设，管理者能快速地定位出现问题的环节，提升问题发现的及时性，同时，也能为管理者提供标准化的数据反馈机制，帮助管理者分析问题成因、选择具有针对性的解决方案（怎么做＋会如何）。例如，许多制造企业通过流程制度重构，建立质量追溯机制，显著提升了问题处置效率（例证）。

从以上3个段落中任选2个作为你的文章的论证段。当然，你也可以根据你在上一步中确定的分论点，自行写出2个论证段。

段落仿写练习1：请以“建立容错机制”为话题，仿写一个论证段。

第5步 写出辩证段——问题/困难/风险

如果材料中本身有问题/困难/风险，应该优先应用材料。本题的材料中没有问题/困难/风险，我们可结合主观因素与客观因素进行分析。段落范文如下：

辩证段范文1： **主观F1（意愿缺乏）+客观F7（机制缺失）**

不可否认，制度建设在现实管理中仍面临不少障碍。一方面，有些管理者缺乏对制度建设的认同感，常常以“经验优先”替代制度的执行（F1：意愿缺乏）。另一方面，制度流程设计滞后，这就难以适配组织变化（F7：机制缺失）。若不及时应对这些障碍，制度建设将沦为空转，甚至成为组织发展的掣肘。

辩证段范文2： **主观F3（能力不足）+客观F5（资源匮乏）**

制度建设虽被广泛强调，但在实践中真正落地并不容易。一些管理者能力不足，缺乏设计制度的技能，制度内容空泛、缺乏可执行性（F3：能力不足）。而且，一些组织的制度制定过程缺乏调研与数据支撑，制度刚出台就容易被现实“架空”（F5：资源匮乏）。若这些问题持续存在，制度不仅难以提供支撑，反而可能成为新的管理负担。

段落仿写练习2：请以“建立容错机制”为话题，仿写一个辩证段。

第6步 写出建议段

建议段要能解决辩证段中提出的问题，故本文的建议段范文如下：

建议段范文1： ——对应辩证段范文1/主客分明式

要推动制度建设真正落地，应从主观认同与制度完善两方面协同发力。主观方面，管理者应增强制度意识，提升规范治理的主动性，主动落实制度要求，不搞“经验思维”（F1：增强意愿）；客观方面，组织应优化制度流程设计，建立问题反馈机制，确保制度与实际运行同步适配（F7：健全机制）。

建议段范文2： ——对应辩证段范文2/能力资源式

要解决制度建设落地难题，必须加强资源投入与制度支持。一方面，应加强管理者的制度设计培训，引导其掌握规范制定与执行逻辑，提升专业水平（F3：提升能力）；另一方面，应加大制度制定中的数据调研与信息支撑力度，确保制度内容科学可行、落地有效（F5：投入资源）。

段落仿写练习3：请以“建立容错机制”为话题，仿写一个建议段。

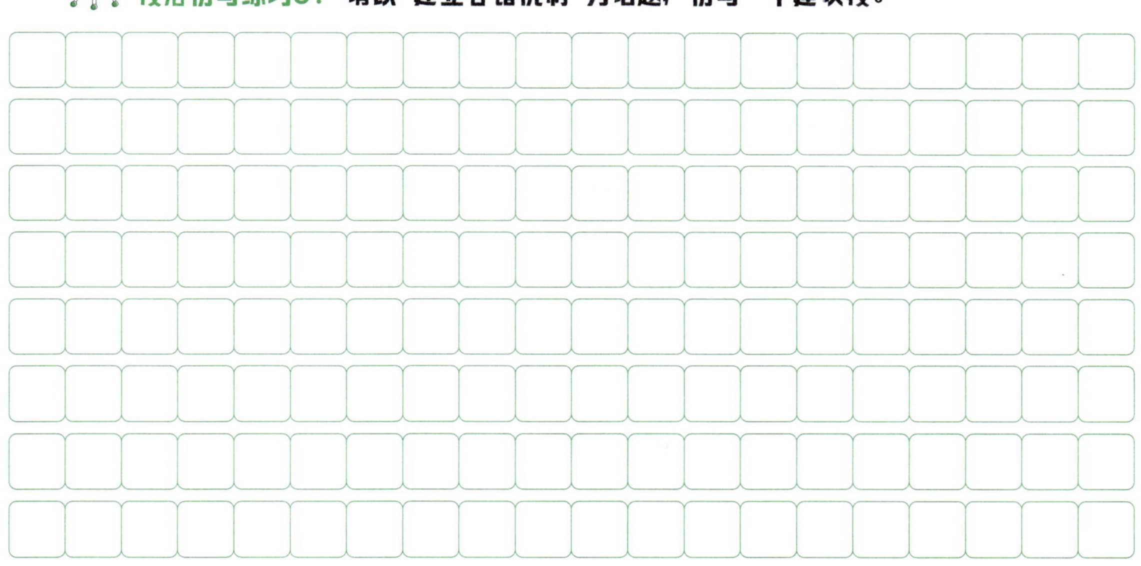

第7步 写出结尾段

结尾段范文：

总之，制度建设不是束缚人的枷锁，而是组织规范运作的底层逻辑（总结全文）。管理者应重视制度建设，让每一项管理行为都有章可循、有据可依（重申论点）。

REFER TO 1 全文参考范文1——以管理者为对象

管理者应重视制度建设

吕建刚

古人云："无规矩不成方圆。"制度如同一把刻度尺，能让权力有边界、流程有标准、行为有规范（引材料句）。因此（过渡词），管理者必须重视制度建设（论点句）。

重视制度建设有助于提升管理效率（X→Y，管理效率＝目标清晰 × 流程规范 × 执行到位）。一方面，制度清晰有助于明确职责分工，使管理者与员工在统一目标的指引下高效行动；另一方面，制度能够规范管理流程、细化执行标准，减少工作的随意性，提高组织运行的规范性。可见，制度建设是管理秩序的保障。

重视制度建设有助于完善组织流程（X→Y，流程完善度＝标准清晰 × 协作顺畅 × 反馈及时）。制度健全的组织往往能建立起标准的工作流程，明确不同岗位的职责边界，从而让不同部门之间的协作更加顺畅（正面）；而如果长期依赖经验进行管理，缺乏制度支撑，随着组织规模的扩大，工作流程就容易混乱，责任也难以厘清（反面）。可见，想让流程更清晰、组织更高效，制度建设是不可或缺的前提。

不可否认，制度建设在现实中仍面临不小障碍。一方面，一些管理者制度意愿不足，缺乏对规范治理的认同感与制度执行的主动性，仍习惯凭经验行事（F1：意愿缺乏）；另一方面，制度流程设计滞后、反馈闭环缺失，难以适配组织变化与外部挑战，导致制度"形存而神灭"（F7：机制缺失）。若不及时应对这些障碍，制度建设将沦为空转，甚至成为组织发展的掣肘。

要真正推动制度落地生效，需从主观意识与客观机制双向发力（主客分明式）。主观方面，管理者应增强制度意识，主动遵循制度、参与制度制定，做到"制度面前无特例"（F1：增强意愿）；客观方面，组织应优化制度设计流程，建立动态调整机制，确保制度既合理又能落地（F7：健全机制）。

总而言之，制度不是束缚行为的枷锁，而是保障组织高效运转的治理基石（总结全文）。管理者唯有重视制度建设，才能以规范促效率、以秩序保发展（重申论点）。

全文共 642 字

2 全文参考范文2——以个人为对象

注意：本篇题目中，材料明确指出“管理者”怎么样。因此，本文的对象应该是“管理者”而不是“个人”。但我还是给你提供一篇以个人为对象的范文，帮助你比较管理者与个人类文章的相同点与差异点。

个人应增强制度意识

吕建刚

制度是行为的边界，是规则的体现。在学习、工作与生活中，凡事有章可循、有规可依，才能避免混乱与争议（引材料句）。因此（过渡词），个人应增强制度意识（论点句）。

增强制度意识有助于提升个人事务处理效率（X→Y，事务处理效率＝目标清晰×流程规范×执行到位）。具备制度意识的个体，往往能够根据既定规则明确目标要求，避免方向模糊，从而提升工作目标的清晰度；同时，制度意识促使他们遵循标准化流程，减少随意操作，进而使事务推进更加有序。可见，制度意识强的人，处理事务更讲规则、更有效率。

增强制度意识有助于促进个人发展（X→Y，个人发展＝能力提升×思维转变×经验积累×发展机会）。制度意识强的人，更注重在规则框架内做事，能够规范执行、按流程推进，从而在实践中不断积累经验，并且提升自己的业务能力；同时，制度意识也能帮助个体从感性决策转向理性思考，提升分析问题和解决问题的方法。可见，增强制度意识，有助于个体走得更稳、走得更远。

不可否认，制度意识的培养也面临不少现实障碍。一方面，一些人缺乏主动遵规的意愿，面对规范更倾向于“能躲就躲、能绕就绕”，制度执行流于形式（F1：意愿缺乏）；另一方面，一些制度设计存在滞后性与不合理性，流程复杂、反馈缺失，让个体在执行中感到困扰与无力（F7：机制缺失）。如果这些问题长期存在，制度意识就难以内化为稳定的行为准则。

要真正增强制度意识，必须软硬结合（软硬兼施式）。一方面，个体应转变“规则束缚人”的观念，树立“制度是保障”的意识，主动学习制度内容并在实践中规范自身行为（F1：增强意愿）；另一方面，组织应优化制度设计，提升流程的合理性，并加强制度培训，让个体“愿意遵守”“懂得执行”（F7：健全机制）。

总之，制度意识不仅体现个人的规范素养，更是社会文明运行的基础保障（总结全文）。每个人都应增强制度意识（重申论点）。

全文共647字

老吕写作33篇 全文打卡练习7

论说文：根据下述材料，写一篇700字左右的论说文，题目自拟。

彼得·德鲁克曾指出，没有反馈的管理，是盲目的管理。现实中，一些管理者高高在上，听不到真实声音，也不愿面对问题反馈，结果决策偏离实际、管理失去方向。而那些重视反馈机制的管理者，则往往能在沟通中发现漏洞，在倾听中实现改进，在调整中走向成功。

第1步 审题立意

第1步 定主题	
第2步 定态度	
第3步 定对象	
写出标题	

第2步 正文提纲

论证段1 ________________________________

论证段2 ________________________________

辩证段 ________________________________

建议段 ________________________________

第3步 完成全文并打卡

使用作文纸完成全文，参与打卡。

第4步 领取范文，对照修改

在打卡群领取本篇范文，对照范文修改自己的文章。

第 8 篇 用人与团队

说明

带团队，是管理者最核心、最具挑战性的任务之一。而“团队带得好不好”，既取决于管理者本人的领导风格与沟通能力如何，也取决于是否建立了一套合理的人才机制与团队文化。

本篇以“**用人**”为例展开论述。其他用人与团队类话题，如**选人、领导、授权、考核、激励、沟通、反馈、团队文化、集体荣誉感建设**等，也可参照本篇进行仿写。

论说文：根据下述材料，写一篇 700 字左右的论说文，题目自拟。

一位企业家说：“管理的本质是用人。用对一个人，胜过做对十件事。”现实中，一些团队之所以低效，并非任务安排不清，而是岗位与人才严重错配；一些组织之所以内耗严重，并非制度不合理，而是选人标准和用人理念出了问题。可见，真正的管理水平，首先体现在会不会用人。

第 1 步 进行审题立意，写出标题

第1步 定主题	材料直接给出某种观点，故为观点类材料。**观点决定主题（谜底就在谜面上）**：材料中的核心句是“真正的管理水平，首先体现在会不会用人”，故我们的立意主题就是“用人”。
第2步 定态度	**结果决定态度**：“用人”对管理者、对组织都是有利的，应该支持，可见我们应该“学会用人”。
第3步 定对象	“用人”这一行为的对象应该是管理者，因此，我们也应该写“管理者”，即：“管理者要学会用人”。
写出标题	**万能标题 1**：对象（管理者）+ 态度（应学会）+ 主题（用人） **万能标题 2**：措施（学会用人）+ 目的（促进发展）

第2步 使用3句开头法，写出首段

有位企业家说："管理的本质是用人。用对一个人，胜过做对十件事。"（引材料句）可见（过渡词），管理者应学会用人（论点句）。

第3步 确定全文结构与分论点

该话题可使用"有好处式"结构：有好处/有必要＋有好处/有必要＋辩证段＋建议段。

在第2章第2节方法论中，我们总结了四大层级的12种利益相关Y。将"学会用人"代入各个Y，得出如下分论点参考表：

层级分类	利益相关者Y	分论点X→Y
事务层	决策效果	学会用人有助于提升决策效果
	管理效率	学会用人有助于提升管理效率
	资源配置	学会用人有助于优化人力资源配置
	问题解决	学会用人有助于提高问题解决效率
个体层	个人成长	学会用人有助于推动管理者的自我成长
	团队协作	学会用人有助于增强团队协作能力
组织层	组织发展	学会用人有助于促进组织稳健发展
	绩效结果	学会用人有助于提升组织绩效水平
	文化氛围	学会用人有助于塑造团队文化
	流程规范	学会用人有助于提升分工合理性

从以上表格中选出2个你记得牢的、会写的，作为你的文章的分论点。

请为以下主题（X）补充分论点：

（1）授权

学会授权________________

学会授权________________

（2）考核

做好考核________________

做好考核________________

（3）激励

做好激励________________

做好激励________________

（4）沟通

做好沟通________________

做好沟通________________

第4步 写出论证段——XFY法/正反对比法/演绎法

论证段1 XFY法——管理效率 = 目标清晰 × 流程规范 × 执行到位

学会用人有助于提升管理效率（X→Y）。当管理者能够根据岗位需求与人才特长进行合理匹配时，团队目标就会更加聚焦，职责分工更为清晰，从而提高组织行动的一致性（目标清晰）；同时，恰当用人还能明确各环节的衔接关系，促使流程运行更加规范（流程规范）；在执行环节，有能力、有意愿的人上岗，更能提高执行速度，减少拖延（执行到位）。可见，人岗相适，是管理顺畅运转的重要前提（总结句）。

论证段2 正反对比法——组织发展 = 战略清晰 × 流程规范 × 权责明确 × 激励有效 × 协作顺畅 × 氛围融洽

学会用人有助于推动组织发展（X→Y）。管理者能够因人施用、量才适岗，不仅能激发员工潜能，形成“人尽其才、才尽其用”的良性激励机制，还能减少重复劳动，使组织内部协作更加顺畅（正面）。相反，如果用人不当，优秀人才被压制、岗位匹配混乱，容易造成内部摩擦，损害组织氛围，阻碍整体发展（反面）。可见，是否善于用人，直接影响组织的运行状态（总结句）。

论证段3 演绎法——个人成长 = 能力提升 × 思维转变 × 经验积累 × 发展机会

学会用人有助于推动管理者的自我成长（X→Y）。根据管理学原理，有效用人不仅是管理者的重要职责，更是促进其自我成长的实践路径（理论依据）。在实际工作中，管理者若能因才施用，就必须不断提升识人用人的判断力，推动自身能力的进步；同时，用人的过程也常常伴随反思，这有助于管理者打破固有思维，拓展管理视角（怎么做＋会如何）。可见，管理者“学会用人”的过程，本身就是一个不断成就他人、锤炼自我的过程（总结句）。

从以上3个段落中任选2个作为你的文章的论证段。当然，你也可以根据你在上一步中确定的分论点，自行写出2个论证段。

段落仿写练习1：请以“做好考核”为话题，仿写一个论证段。

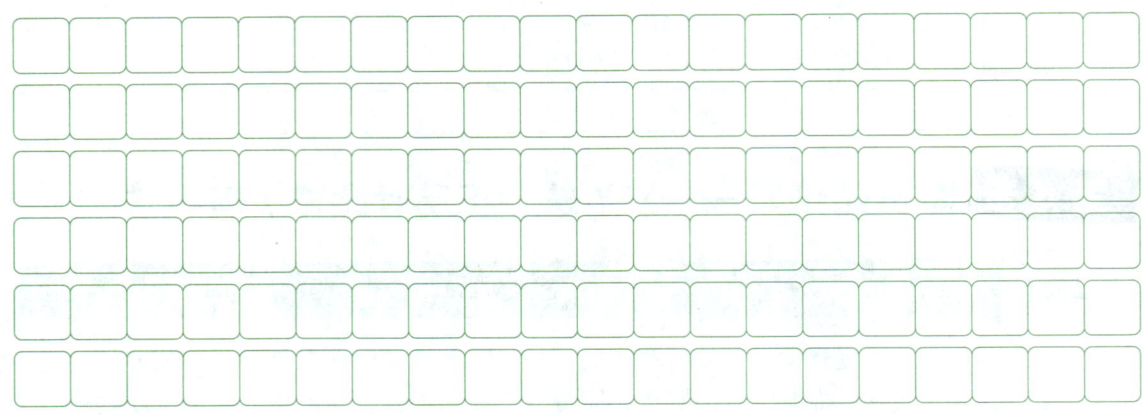

第 5 步 写出辩证段——问题 / 困难 / 风险

如果材料中本身有问题 / 困难 / 风险，应该优先应用材料。本题的材料中没有问题 / 困难 / 风险，我们可结合主观因素与客观因素进行分析。段落范文如下：

辩证段范文 1：主观 F3（能力不足）+ 客观 F7（机制缺失）

不可否认，学会用人在现实中并不容易。主观方面，一些管理者识人能力不足，容易凭好恶判断用人，难以实现人岗匹配（F3：能力不足）；客观方面，组织缺乏科学的人才评估机制，容易导致考核失真、选人偏差（F7：机制缺失）。若这些问题长期存在，优秀人才难以脱颖而出，用人也将陷入主观随意的困境。

辩证段范文 2：主观 F4（行为偏差）+ 客观 F7（机制缺失）

学会用人虽重要，但在实际操作中常面临阻力。由于权力危机感的存在，一些管理者排斥优秀下属，压制人才成长，导致“庸者在位、能者沉默”（F4：行为偏差）；同时，一些组织缺乏系统的人才梯队建设机制，出现“有岗无人”与“青黄不接”的困局（F7：机制缺失）。若不及时纠偏，必将影响组织后续发展。

段落仿写练习2：请以“做好考核”为话题，仿写一个辩证段。

第6步 写出建议段

建议段要能解决辩证段中提出的问题，故本文的建议段范文如下：

建议段范文1： ——对应辩证段范文1/资源机制式

要真正提升用人科学性，需从资源与机制两方面协同推进。一方面，组织应完善人才储备体系，丰富人岗信息，强化人才使用的数据支撑（F5：投入资源）；另一方面，应建立岗位分析机制与标准化选人流程，明确选拔标准、评估方法与用后反馈制度，推动选人流程规范化、透明化（F7：健全机制）。

建议段范文2： ——对应辩证段范文2/主体划分式

要破解用人难题，管理者与组织应共同发力。管理者层面，应摆正心态，放下权力焦虑，主动接纳比自己优秀的人才，形成“识才、爱才、容才”的行为习惯（F4：改进行为）；组织层面，则应健全人才梯队建设机制，完善人才储备与培养路径，避免“青黄不接”的发展隐患（F7：健全机制）。

段落仿写练习3：请以“做好考核”为话题，仿写一个建议段。

第7步 写出结尾段

结尾段范文：

总之，用人不仅是一项管理技巧，更是一项战略能力（总结全文）。管理者应学会用人，让人才成为组织发展的核心驱动力（重申论点）。

全文参考范文

管理者应学会用人

吕建刚

一位企业家说："管理的本质是用人。用对一个人，胜过做对十件事。"（引材料句）可见（过渡词），管理者应学会用人（论点句）。

学会用人有助于提升管理效率（X→Y，管理效率 = 目标清晰 × 流程规范 × 执行到位）。管理者学会用人，能明确各个环节的衔接关系，减少推诿与重复，促使流程运行更加规范；在执行环节，有能力、有意愿的人上岗，更能提高执行速度，减少拖延。可见，人岗相适，是管理顺畅运转的重要前提。

学会用人有助于推动管理者自我成长（X→Y，个人成长 = 意愿强度 × 思维方式 × 能力水平）。根据管理学原理，有效用人不仅是管理者的重要职责，更是促进其自我成长的实践路径。在实际工作中，管理者若想因才施用，就必须不断提升识人用人的判断力，推动自身能力的持续进步；同时，用人的过程也常伴随反思，这有助于管理者打破固有思维，拓展管理视角。可见，管理者"学会用人"的过程，本身就是一个不断成就他人、锤炼自我的过程。

不可否认，用人实践中仍面临多重障碍。一方面，一些管理者识人能力不足，选人常凭主观喜好，难以做到公正客观（F3：能力不足）；另一方面，组织机制不完善，缺乏科学的人才评估标准与岗位分析体系，导致"有才无人用、有岗难配人"的结构性错位（F7：机制缺失）。若不加以解决，人才将难以发挥应有价值，可能反而成为组织发展的短板。

要破解用人困境，必须从资源与机制两方面系统发力（资源机制式）。一方面，组织应完善人才储备系统与信息平台，建设动态人才数据库，为科学用人提供数据支撑（F5：投入资源）；另一方面，应优化岗位匹配与考核制度，规范用人流程与反馈机制，构建"选、用、育、留"一体化制度体系（F7：健全机制）。

总而言之，学会用人不仅是一种管理能力，更是一种战略智慧（总结全文）。管理者唯有不断提升用人水平，才能把"人力资源"真正转化为"人才优势"，为组织发展注入源源不断的活力（重申论点）。

全文共 658 字

说明：本文不适合以"个人"为对象，故只提供一篇范文。

老吕写作33篇 全文打卡练习8

论说文：根据下述材料，写一篇700字左右的论说文，题目自拟。

有人习惯事必躬亲，凡事亲力亲为；也有人愿意充分授权，让团队成员自主完成。两种管理方式各有千秋：前者强调控制力，后者强调信任感。授权过度可能失控，授权不足又易抑制团队活力。一个优秀的管理者，往往懂得在掌控与放手之间把握平衡。

第1步 审题立意

第1步 定主题	
第2步 定态度	
第3步 定对象	
写出标题	

第2步 正文提纲

论证段1 ______________________

论证段2 ______________________

辩证段 ______________________

建议段 ______________________

第3步 完成全文并打卡

使用作文纸完成全文，参与打卡。

第4步 领取范文，对照修改

在打卡群领取本篇范文，对照范文修改自己的文章。

第3章

论说文33篇：企业类

第1节　命题分析与命题预测

第2节　如何写好企业类话题的分论点

第3节　如何让企业类话题的论证有深度

第4节　如何写好企业类话题的辩证段

第5节　如何写企业类话题的建议段

第9篇　企业战略

第10篇　管理职能

第11篇　制度机制

第12篇　能力与执行

第13篇　文化与价值观

第14篇　现代治理

第15篇　生态责任

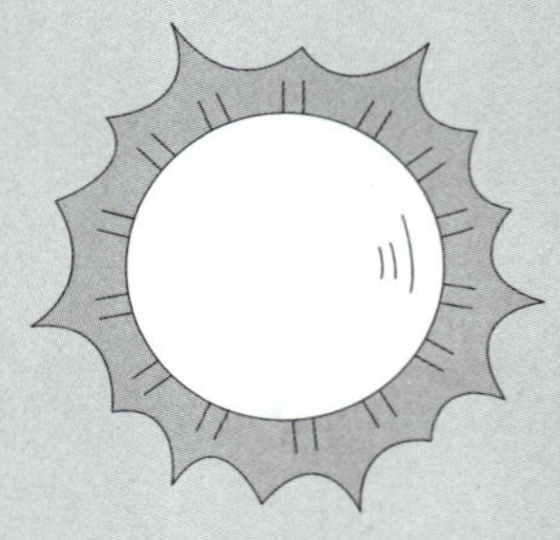

第1节 命题分析与命题预测

1. 什么是企业类话题

无论你有没有管理过企业，你都不用担心企业类话题，企业类话题很容易学。

企业类话题是以企业的生产经营行为为写作对象的论说文。例如2017年管理类联考论说文真题的话题为“一家企业应该生产新产品还是旧产品”，如2013年管理类联考论说文真题的话题为“企业间的合作”。

2. 企业类话题考过哪些真题？

2009年开始，MBA入学考试更名为管理类联考；2021年开始，经济类联考由教育部统一命题。因此，我们统计了2009年至今的管理类联考真题（共17年）和2021年至今的经济类联考真题（共5年），其中企业类的命题分析如下：

	年份与主题	命题概率
管理类联考	2011年：拔尖与冒尖（属于人力资源管理） 2013年：合作（属于运营管理） 2014年：决策与风险（属于决策或风险管理） 2017年：新产品与旧产品的决策（属于决策或战略管理） 2020年：听取意见/细节管理/风险管理（属于风险控制与危机管理） 2022年：不断优化（属于运营管理）	17年共考了6道，命题概率35.3%
经济类联考	2021年：可持续发展（也可写企业，但写社会更好）	5年共考了1道，命题概率20%

说明：

联考中考的都是给材料作文，一些材料中并没有明确的对象，其话题可能既适合管理者、也适合企业，因此，本表中的统计与管理者与个人类有重复。

3. 企业类话题将来可能怎么考？

写作题的本质是“就主题提出行动建议”，因此我们只要掌握企业在经营与管理中常见的行为与问题，就能预测出未来可能的命题方向。我把企业类话题分为7个维度，见下表：

序号	核心问题	主题分类	代表性话题
1	干什么？	企业战略类	战略规划、企业定位、转型升级、市场拓展、品牌战略、数字化转型、多元化战略、聚焦战略、长期主义、国际化路径等
2	怎么干？	管理职能类	计划、组织、协调、控制、领导、沟通等
3	有什么保障？	制度机制类	制度建设、流程设计、容错机制、监督机制、内控体系、用人机制、授权方式、激励考核、反馈机制、协作机制、岗位职责等
4	能不能干好？	执行能力类	执行力、组织力、创新能力、适应能力、资源整合力、反应能力等
5	有没有灵魂？	文化价值类	企业文化、组织氛围、实干精神、工匠精神、极致精神、规则意识、价值导向等
6	能不能升级？	现代治理类	数字化管理、财务管控、合规管理、智能化运营、数据驱动决策、治理现代化等
7	能否共赢发展？	生态责任类	合作共赢、绿色发展、社会责任、行业协同、营商环境建设、政策响应能力等

与管理者类与个人类话题一样，你可能也会担心“话题太多、背不过、写不完”的问题。我建议你：

第 1 步：记住这 7 类主题及其核心问题。

企业类话题万变不离其宗，所有题目都能归入“干什么、怎么干、能不能干好”等 7 类问题中。你只要记住这 7 个分类维度，面对任何题目都能快速定位——这是讲战略方向，还是管理方法？是讲能力建设，还是制度保障？

第 2 步：每类记住两个万能分论点 + 公式。

就像我们在第 2 章中为管理者和个人总结了 12 个分论点一样，企业类话题也会为你总结每类 2 个“通用分论点”——这些分论点不需要你自己创作，我们会全部写好，包括标准公式、三种论证段写法、辩证段与建议段的模板化写法。你只要选准维度，套用对应段落即可。

第 3 步：使用标准结构，一题多用。

当你熟练掌握这 7 类主题与对应分论点后，无论题目出现“企业要不要合作”“如何打造品牌”“为何要进行数字化转型”，你都能在 3 秒内归类定位 +3 分钟内写出结构框架 +30 分钟内完成一篇高质量作文。

最后强调：企业类话题不考你“有没有企业经验”，而是看你是否“能从企业视角提出合理建议”。你只要掌握基本逻辑与写作方法，就能轻松驾驭所有企业类题目。

第2节 如何写好企业类话题的分论点

企业类的话题怎么写分论点？你可能会说：老师呀，我是应届生，我也没管过企业，我不会写呀；也可能会说，我在企业上过班，但我不会把这种经验写在文章里呀。没关系的，不用怕，我来教你，我们能学好。

1. 企业类话题的分论点基本逻辑——理解本质

如前文所述，论说文分论点的基本结构为：

主题 / 行为（X）→利益（Y）

企业类话题的主题（X）通常是“企业的某种经营行为”，比如：转型升级、品牌建设、授权方式、团队协作、执行力提升、制度设计等。

那企业为什么要做这些事？说得通俗点，其实就两个目的：

第一，赚钱。这是企业生存发展的根本。

第二，创造社会效益。这是一个有责任感的企业应当承担的使命。

也就是说，哪怕你实在不会写，记住这两条也能写出一篇像样的作文：

- **X 有助于提升经营利润**
- **X 有助于增强社会效益**

这两条是企业类论说文最万能的分论点，你甚至可以试着把它套在任何一个企业类题目上，它都说得通。

2. 如何写出更多分论点——基本逻辑的拓展

如果你想写出更丰富的分论点，提升文章的逻辑层次与细节深度，我们可以把企业的行为影响划分为四个层级：

层级	解释	核心问题
经营层	企业的经营结果	赚了多少？
事务层	企业做事的效率与执行水平	怎么干？
组织层	企业的内部机制与组织建设	能不能干好？
社会层	企业对行业、社会、外部环境的影响	对外部有没有正面贡献？

通过这“四层视角”，我们可以构建如下万能分论点模板：

层级分类	利益相关者（Y）	分论点举例：X 有助于……
经营层	提高收入	X 有助于提升企业收入
	降低成本	X 有助于降低运营成本
	降低风险	X 有助于控制风险 / 提高风险应对能力
	增强竞争力	X 有助于构建企业竞争优势 / 差异化优势
	拓展市场	X 有助于开拓新市场 / 增加市场份额
	建设品牌	X 有助于打造品牌形象 / 提升品牌影响力
	顾客满意度	X 有助于提升顾客满意度
事务层	提高执行效率	X 有助于提升企业运行效率 / 优化组织流程
	优化资源配置	X 有助于提高企业资源利用率
	解决实际问题	X 有助于解决企业实际问题 / 跳出路径依赖
组织层	组织 / 企业发展	X 有助于促进企业发展
	构建人才体系	X 有助于优化用人机制 / 打造人才梯队 / 构建人才体系
	培育组织文化	X 有助于培育企业文化
社会层	促进行业协作	X 有助于促进行业良性发展
	增强社会责任	X 有助于企业承担社会责任 / 增强企业社会责任意识
	促进经济发展	X 有助于促进经济发展

3. 写作小贴士——这些细节可以提升你的作文分数

3.1 分论点动词可灵活替换

“有助于”可替换为：能促进、能推动、有利于、能够……

“解决问题”类分论点中，“有助于”后面可换为：降低、减少、化解、规避、抑制、控制等。

3.2 表达突显专业感

可结合“战略目标”“组织绩效”“内部协同”等词汇增强逻辑严密性。

3.3 结构建议

可以在每篇文章中，选用 4 大层级中不重复的层级分布，这样会让你的文章的论证更有层次。

第3节 如何让企业类话题的论证有深度

写好分论点后，我们就要展开论证了。是不是感觉自己无话可说，没事，学完本节，你就可以畅谈企业管理了。而且，友情提醒你一下，复试中也可以用本节的逻辑回答面试老师的问题哦。

1. 经营层的万能论证段——把钱赚到

分论点1 主题（X）有助于提升企业收入（Y）——收入=销量X价格

写法1 XFY法

加强品牌建设有助于提升企业收入（X→Y）。一方面，品牌建设提升了产品在市场上的信任度，能有效吸引目标客户群，提高转化率与复购率，从而扩大销量（销量）。另一方面，优质品牌能够支撑更高的价格体系，使企业在同质化竞争中拥有更强的溢价能力，从而提高价格，推动收入增长（价格）。可见，加强品牌建设成为提升企业收入的重要抓手（总结句）。

写法2 正反对比法

加强品牌建设有助于提升企业收入（X→Y）。打造优质品牌能增强消费者的信任度与忠诚度，提高单位产品售价并扩大市场份额，从而促进企业收入的持续增长（正面）。反之，如果忽视品牌塑造，企业产品将长期处于低价竞争区间，不仅难以形成溢价空间，还可能面临价格战的恶性竞争，严重压缩盈利空间（反面）。可见，重视品牌建设是企业实现收入增长的关键途径（总结句）。

写法3 演绎法

加强品牌建设有助于提升企业收入（X→Y）。根据营销管理理论，企业的核心竞争力不仅在于产品本身，更在于品牌在客户心中的价值定位（理论依据）。在实践中，如果企业具备良好的品牌战略意识，并借助媒体传播、客户口碑等手段有效塑造品牌形象，则能够增强产品附加值，吸引更多目标客户，实现“提价不掉量”的营收增长（怎么做+会如何）。例如，小米通过品牌建设实现了其产品的价值跃升，证明了品牌是驱动收入增长的有效引擎（例证）。可见，重视品牌建设是企业实现收入增长的关键途径（总结句）。

老吕写作33篇 段落仿写练习3.1——提高收入

请完成以下段落（本书练习的答案和参考范文可加入33篇打卡群领取。注意，本书的审题立意和段落仿写练习，不要求参与打卡。打卡从第2章第1篇全文打卡练习1开始。）

创新有助于企业提高收入。

分论点 2 主题（X）有利于降低运营成本（Y）——成本=固定成本+变动成本

写法1 XFY法

优化流程设计有助于降低运营成本（X→Y）。一方面，流程优化可以精简重复步骤、减少人力投入，从而降低日常运营中的变动成本（变动成本）；另一方面，通过流程标准化，企业可以减少培训和转岗成本，压缩固定支出（固定成本）。可见，流程设计的精细化与合理化，是企业实现降本增效的重要途径（总结句）。

写法2 正反对比法

优化流程设计有助于降低运营成本（X→Y）。科学的流程设计能够有效压缩重复环节，进而减少人力与场地等固定支出；同时，通过明确责任边界，也能提升执行效率，降低能耗、材料消耗等变动成本（正面）。反之，若流程设计混乱，不仅会造成资源浪费与协作低效，还会使企业在运行中频繁返工、加班补救，增加整体运营负担（反面）。由此可见，流程是否合理，直接影响着企业成本的高低（总结句）。

写法3 演绎法

优化流程设计有助于降低运营成本（X→Y）。根据运营管理理论，成本结构主要由固定成本与变动成本构成，而流程设计正是影响这两类成本的重要变量（理论依据）。合理的流程设计可以减少冗余岗位，从源头压缩人力等固定支出；同时，通过优化作业路径、减少返工，还能降低资源和时间的消耗，从而减少变动成本（怎么做＋会如何）。例如，海尔在推进流程再造中，通过“去中层化”减少管理层级，节省了大量人力成本，从而实现运营成本的大幅下降（例证）。由此可见，流程优化是成本控制的关键抓手。

老吕写作33篇 段落仿写练习3.2——降低成本

请完成以下段落（本书练习的答案和参考范文可加入33篇打卡群领取。注意，本书的审题立意和段落仿写练习，不要求参与打卡。打卡从第2章第1篇全文打卡练习1开始。）

数字化转型有助于企业降低成本。

分论点3 主题（X）有利于降低经营风险（Y）——经营风险＝信息不对称×反应滞后×决策偏差

写法1 XFY法

加强数据管理有助于降低经营风险（X→Y）。一方面，数据管理能打破信息壁垒、整合内外部数据资源，缓解因信息不对称带来的判断失误（信息不对称×反应滞后）；另一方面，数据分析还能辅助企业进行风险预判，从而提升管理者的决策质量（决策偏差）。由此可见，数据管理是提升企业抗风险能力的重要工具（总结句）。

写法2 正反对比法

加强数据管理有助于降低经营风险（X→Y）。重视数据管理的企业，通常能够通过数据采集、整理与分析，掌握更准确的一线信息，减少信息不对称带来的决策风险；同时，数据实时更新还能提升管理层的反应速度，缩短从发现问题到提出应对方案的时间（正面）。反之，若企业忽视数据管理，信息来源零散且滞后，管理者就可能凭经验拍板，导致判断失误，最终加剧内外部风险（反面）。可见，数据管理水平是风险控制的重要基石（总结句）。

写法3 演绎法

加强数据管理有助于降低经营风险（X→Y）。根据企业管理理论，经营风险的有效控制依赖于对内外部信息的充分掌握、快速反应与科学判断（理论依据）。企业若能建立健全的数据体系，便能更早识别潜在的问题，从而制定前瞻性的应对策略（怎么做＋会如何）。例如，阿里巴巴通过建设统一的数据平台，实时监控用户行为，实现了精准营销，显著降低了平台运营中的多类风险（例证）。由此可见，数据管理能力越强，企业就越能在变化中识别风险（总结句）。

老吕写作33篇 段落仿写练习3.3——降低风险

做好战略规划有助于降低经营风险。

分论点4 主题（X）有助于增强竞争力（Y）
——竞争力 = 差异化优势 × 成本领先能力 × 市场聚焦能力

写法1 XFY法

推动产品创新有助于增强企业竞争力（X→Y）。一方面，产品创新有助于企业打造独特的功能和设计体验，形成明显的差异化优势，从而在激烈竞争中脱颖而出（差异化优势）；另一方面，创新过程通常伴随着技术的改良，这有助于降低单位成本，提升整体成本控制能力（成本领先能力）。可见，产品创新成为企业构建可持续竞争优势的核心支撑（总结句）。

写法2 正反对比法

推动产品创新有助于增强企业竞争力（X→Y）。持续的产品创新能帮助企业创造差异化卖点，从而提升品牌独特性与用户黏性；同时，技术改良也能有效压缩成本，增强产品在价格上的竞争力（正面）。反之，若缺乏创新意识，企业产品容易陷入“千篇一律”中，只能靠低价吸引用户，既压缩了利润空间，也难以建立持久优势（反面）。由此可见，创新是增强企业竞争力的必由之路（总结句）。

写法3 演绎法

推动产品创新有助于增强企业竞争力（X→Y）。根据波特的竞争战略理论，企业要构建核心竞争力，需在差异化、成本控制和市场聚焦三方面形成优势（理论依据）。通过持续的产品创新，企业不仅能开发独特功能，增强品牌识别度，还可在流程优化中降低成本（怎么做＋会如何）。例如，小米通过持续打磨产品体验，并深耕“发烧友”用户群体，成功构建起稳固的竞争壁垒（例证）。由此可见，产品创新是提升企业竞争力的多维引擎（总结句）。

老吕写作33篇 段落仿写练习3.4——提升竞争力

注重口碑可以提高企业的竞争力。

分论点 5 主题（X）有助于拓展市场（Y）
——拓展市场 = 新客户获取力 × 市场渗透能力 × 区域延伸能力

写法1 XFY法

多元化战略有助于拓展市场（X→Y）。一方面，通过产品线等各领域的多元布局，企业能满足不同客户群体的多样化需求，吸引更多潜在用户，提升新客户获取力（新客户获取力）；另一方面，多元业务间可以形成协同效应，增强品牌渗透的深度，同时，通过覆盖不同区域，提升企业的市场覆盖广度与持续渗透力（市场渗透能力 × 区域延伸能力）。可见，多元化战略是企业开疆拓土、提升市场规模的有效路径（总结句）。

写法2 正反对比法

多元化战略有助于拓展市场（X→Y）。当企业围绕核心能力展开多元业务，不仅可以扩展客户服务范围，增强用户黏性，也能够进入新的区域市场，提升整体的市场渗透率与区域延伸能力（正面）。反之，如果企业始终局限于单一产品或单一区域，一旦市场需求下滑或竞争加剧，就容易陷入增长瓶颈（反面）。由此可见，多元化战略不仅有助于实现市场突破，也能提升企业在不确定环境下的增长韧性（总结句）。

写法3 演绎法

多元化战略有助于拓展市场（X→Y）。根据安索夫的市场扩展矩阵，市场开发与产品多样化是企业寻求增长的两大基本路径（理论依据）。实施多元化战略，企业可以从“一个产品对一类客户”的单点模式，转变为“多种产品/服务对多类客户”的网络布局，从而在不同市场中建立多个获客通道与业务支点（怎么做 + 会如何）。例如，腾讯早期从通信工具起步，后续通过游戏、支付、广告等多元扩展，拓宽了市场版图（例证）。可见，多元化战略是企业打开市场边界、构建持续增长引擎的重要抓手（总结句）。

老吕写作33篇 段落仿写练习3.5——拓展市场

提高顾客满意度有助于拓展市场。

分论点6 主题（X）有助于建设品牌（Y）
——品牌建设＝用户认知×产品价值×情感连接

写法1 XFY法

承担社会责任有助于建设品牌（X→Y）。一方面，企业积极参与公益事业、环保行动等社会责任活动，能向外界传递鲜明的价值立场，增强用户对品牌的情感连接（情感连接）；另一方面，持续履行社会责任也能树立企业的正面形象，提高公众对品牌的认知度（用户认知）。可见，承担社会责任不仅有温度，更有品牌价值，是企业实现可持续发展的重要路径（总结句）。

写法2 正反对比法

承担社会责任有助于建设品牌（X→Y）。履行社会责任的企业通常在公众心中具有更高的美誉度，有助于与用户建立情感连接，从而增强品牌忠诚度（正面）。反之，若企业忽视社会责任，甚至发生环保违规、员工压榨等事件，将严重损害公众对品牌的信任，导致品牌形象崩塌（反面）。由此可见，企业只有承担起应有的社会责任，品牌才能真正深入人心（总结句）。

写法3 演绎法

承担社会责任有助于建设品牌（X→Y）。根据现代品牌管理理论，品牌代表着企业的公共形象与社会承诺（理论依据）。许多领先企业都将承担社会责任作为品牌战略的一部分，主动参与扶贫、环保、教育等公益事业，构建起有温度、有立场的品牌人格（怎么做+会如何）。例如，伊利集团多年来持续投入母婴营养改善计划和乡村振兴工程，显著增强了品牌的社会认可度与情感亲和力（例证）。由此可见，承担社会责任不仅是企业的道义担当，更是品牌建设的长期资产（总结句）。

分论点7 主题（X）有助于提升顾客满意度（Y）——顾客满意度=产品质量×服务质量×情绪价值

写法1 XFY法

企业建立用户思维有助于提升顾客满意度（X→Y）。具备用户思维的企业，通常会根据顾客的真实需求去持续优化产品功能，从而提升使用体验（产品质量）；在服务过程中，也会更关注顾客反馈，增强服务过程的专业性（服务质量）；同时，通过贴心设计和情感共鸣，构建人与品牌之间的情感联系，提升用户的认同感（情绪价值）。可见，用户思维越扎实，顾客满意度越可持续（总结句）。

写法2 正反对比法

企业建立用户思维有助于提升顾客满意度（X→Y）。具备用户思维的企业，往往能主动优化产品体验，精细打磨服务细节，并在交互过程中传递尊重，从而在功能满足、服务过程和情绪层面全面提升顾客满意度（正面）。反之，如果企业只关注自身经营目标、忽视用户视角，就容易出现产品功能单一、服务冷漠等问题，甚至引发用户情绪反感，造成客户流失（反面）。因此，顾客是否满意，很大程度上取决于企业是否真正站在用户角度思考与行动（总结句）。

写法3 演绎法

企业建立用户思维有助于提升顾客满意度（X→Y）。根据服务管理理论，顾客满意度不仅取决于产品性能与服务，更与客户在整个消费过程中的心理感受密切相关（理论依据）。企业若能将用户视角融入产品设计、服务流程中，既能提升产品的使用体验，又能优化服务质量，最终在细节中打动用户，增强品牌的温度（怎么做＋会如何）。例如，瑞幸咖啡通过“顾客第一”的服务理念，在激烈的市场竞争中持续保持着较高的顾客满意度（例证）。可见，用户思维是提升顾客满意度的关键抓手（总结句）。

老吕写作33篇 段落仿写练习3.7——提升顾客满意度

提高产品质量有助于提升顾客满意度。

2 事务层的万能论证段——把事事管好

分论点 8 主题（X）有助于提升企业运行效率（Y）——企业运行效率＝目标清晰 × 流程规范 × 执行到位

写法 1 XFY 法

企业优化流程设计有助于提升企业运行效率（X→Y）。通过优化流程设计，企业能在源头上明确工作节点与责任归属，使任务方向更清晰（目标清晰）；同时，规范的流程有助于统一操作标准，减少管理的漏洞（流程规范）；在执行层面，流程清晰也能减少等待，提高任务的响应速度（执行到位）。可见，流程设计是否科学，是运行效率能否提升的关键所在（总结句）。

写法 2 正反对比法

企业优化流程设计有助于提升企业运行效率（X→Y）。流程科学的企业，往往目标清楚、流程规范、执行到位，员工能在明确路径下高效地推进工作，任务执行也会更加有条理（正面）。反之，如果流程设计混乱，任务经常“卡壳”、审批无故拖延，就容易出现职责不清、配合不畅、执行无效等问题，严重拉低整体运转效率（反面）。因此，流程设计水平高低，直接决定了组织运行是否高效（总结句）。

写法 3 演绎法

企业优化流程设计有助于提升企业运行效率（X→Y）。根据流程管理理论，企业的运行效率依赖于目标的合理设定、流程的科学安排与执行的高效衔接（理论依据）。企业通过优化流程有助于明确各环节之间的关系，消除冗余步骤，形成清晰的目标导向和标准的操作路径（怎么做＋会如何）。例如，顺丰通过优化“末端配送流程”，明确分拣与配送的时间节点和责任，实现了配送任务的高效执行，有效提升了整体运转效率（例证）。由此可见，流程设计是否到位，决定了企业运行的质量（总结句）。

老吕写作33篇 段落仿写练习3.8——提升企业运营效率

		做	好	激	励	有	助	于	提	升	企	业	运	行	效	率	。		

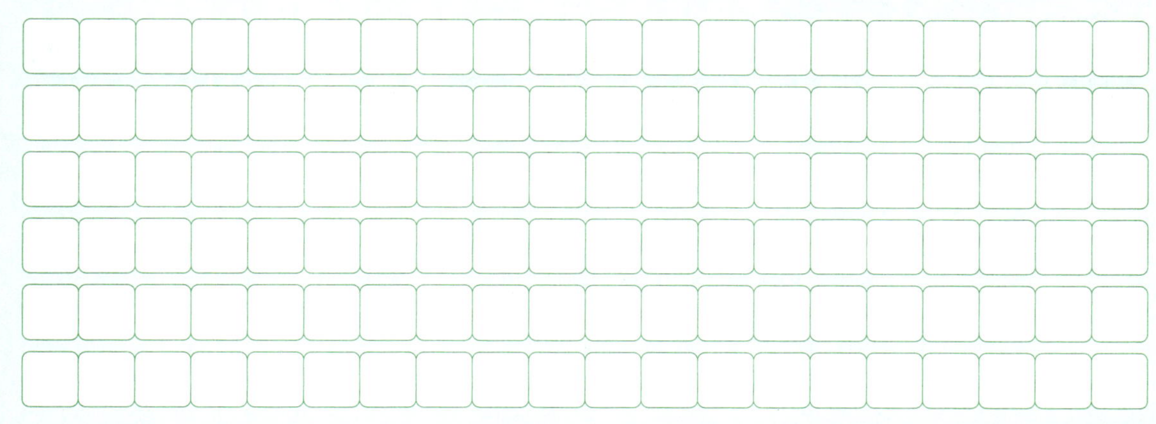

分论点 9 主题（X）有助于提高企业资源利用率

（Y）= 资源利用率 = 配置精准 × 使用规范 × 成本节约

写法1 XFY法

优化流程设计有助于提高企业资源利用率（X→Y）。一方面，流程设计明确了岗位职责，有助于精准调配人力、物料与时间等资源，避免配置冗余（配置精准）；另一方面，科学流程还可减少重复劳动，压缩运营浪费，从而节约了成本（成本节约）。由此可见，优化流程是提升资源利用率的重要路径（总结句）。

写法2 正反对比法

优化流程设计有助于提高企业资源利用率（X→Y）。流程科学可提升资源调配的合理性与操作的标准化程度，避免配置混乱与违规操作，从而节约成本（正面）。反之，流程设计混乱，不仅容易使人、财、物配置不精准，还容易出现资源浪费与成本失控的现象（反面）。可见，流程是否规范，是决定资源能否“用得准、管得严”的关键（总结句）。

写法3 演绎法

优化流程设计有助于提高企业资源利用率（X→Y）。根据运营管理原理，企业流程是资源配置的主要通道（理论依据）。企业通过流程的优化，明确节点职责、统一操作标准、减少资源浪费，能够在提升资源调配精准度与规范性的同时，实现成本利用最大化（怎么做＋会如何）。例如，海底捞通过制定标准化服务流程，有效压缩运营成本，提高了人力与物资的使用效率，推动整体资源利用率显著提升（例证）。

老吕写作33篇 段落仿写练习3.9——提高资源利用率

标准化运营有助于提高企业资源利用率。

分论点10 主题（X）有助于解决企业实际问题（Y）——企业问题解决能力=发现问题×分析问题×解决问题

写法1 XFY法

建立信息反馈机制有助于解决企业实际问题（X→Y）。畅通的反馈机制，有助于一线员工、客户或管理层及时上报运行中的异常，推动问题快速暴露（发现问题）；同时，多元反馈来源也能提供真实丰富的信息支撑，便于管理者全面分析问题成因（分析问题）；此外，反馈机制也可以帮助企业追踪与改进流程，有利于推动措施落实（解决问题）。可见，反馈机制越健全，问题解决能力就越强（总结句）。

写法2 正反对比法

建立信息反馈机制有助于解决企业实际问题（X→Y）。反馈机制完善的企业，往往能第一时间获取来自一线的真实情况，迅速识别潜在风险，并通过部门协作及时提出应对方案，防止小问题演变为系统性隐患（正面）。反之，若企业内部反馈通道阻塞，问题就容易被掩盖甚至反复出现，导致错失最佳处理时机，甚至引发重大损失（反面）。因此，企业要具备良好的问题解决能力，必须以高效反馈为前提（总结句）。

写法3 演绎法

建立信息反馈机制有助于解决企业实际问题（X→Y）。根据组织管理理论，问题解决的关键在于能及时识别症状、有效整合信息并快速制定可行对策（理论依据）。健全的反馈机制，不仅能让各层级员工及时报告实际情况，还能推动组织积累数据、追踪趋势，为问题分析提供充分依据（怎么做＋会如何）。例如，字节跳动通过“飞书”系统实时收集员工意见，有效推动流程优化，显著提升了问题响应速度（例证）。由此可见，反馈机制是提升企业应对问题能力的重要支撑（总结句）。

3. 组织层的万能论证段——把组织/企业管好

分论点11 主题（X）有助于促进企业发展（Y）

——企业发展＝战略清晰×流程规范×权责明确×激励有效×协作顺畅×氛围融洽

写法1 XFY法

优化组织结构有助于促进企业发展（X→Y）。一方面，科学的组织结构能实现职能部门与业务目标的精准对接，推动企业战略层层分解、条理清晰（战略清晰）；另一方面，合理的组织分工有助于规范工作流程，提升跨部门协作效率（流程规范）；此外，科学的组织结构意味着有明确的岗位职责，这样能帮助企业提升执行力，防止不同的部门推诿扯皮（权责明确）。由此可见，组织结构越清晰，发展基础就越扎实（总结句）。

写法2　正反对比法

优化组织结构有助于促进企业发展（X→Y）。组织结构科学的企业，通常能将战略意图快速传导到执行层，配合清晰的流程设计和明确的职责划分，使各项业务稳步推进（正面）。相反，若组织结构混乱，就容易出现战略方向不清、流程推进受阻、职责模糊等问题，导致效率低下，严重阻碍企业发展（反面）。因此，优化组织结构，是企业构建健康发展体系的必由之路（总结句）。

写法3　演绎法

优化组织结构有助于促进企业发展（X→Y）。根据组织行为学理论，组织结构是连接战略与执行、流程与职责的基本载体（理论依据）。优化结构有助于管理者将战略目标细化为具体任务分工；同时，还能推动流程规范与责任明确，从而构建高效运转的组织机制（怎么做＋会如何）。例如，海尔通过“去中心化”的组织改革，实现了对市场的快速响应，为企业持续发展提供了组织保障（例证）。由此可见，组织结构的优化是推动企业发展不可或缺的底层支撑（总结句）。

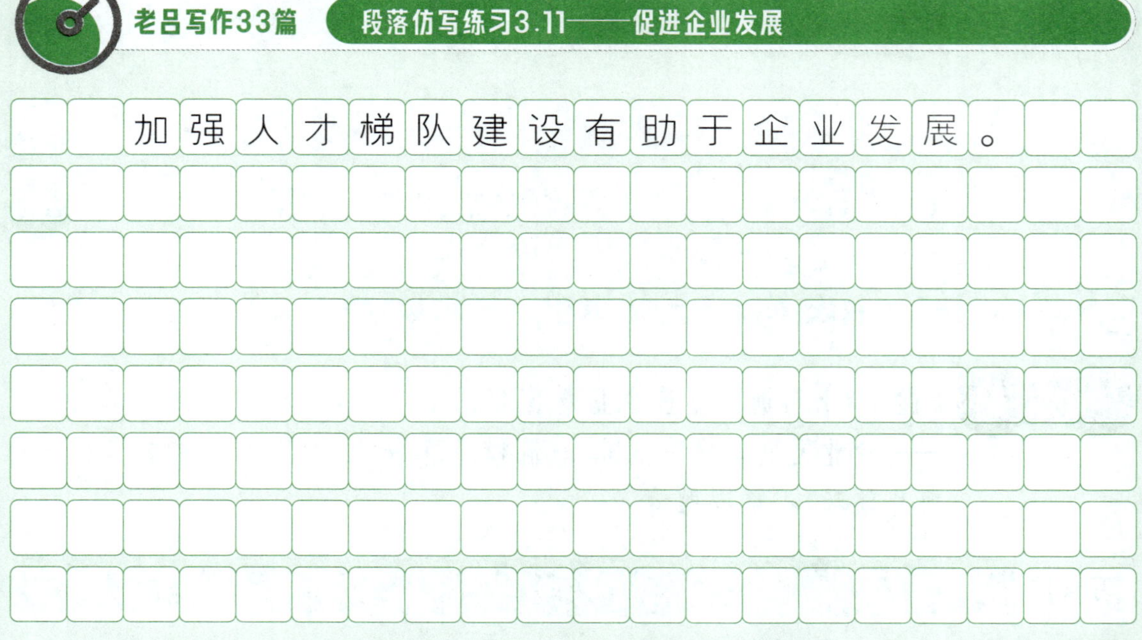

分论点12 主题（X）有助于构建人才体系（Y）
——人才体系＝人才获取×人才培养×人才使用×人才留任

写法1 XFY法

打造学习型组织有助于构建人才体系（X→Y）。一方面，学习型组织倡导持续学习，有利于搭建系统的人才培养机制，使员工在岗位中不断进阶成长，形成可复制的人才发展路径（人才培养）；另一方面，这类组织注重营造正向学习氛围，提升员工对企业的认同感，从而增强人才的留任意愿（人才留任）。可见，打造学习型组织不仅可以提升组织的能力水平，也为构建稳定、高质量的人才体系提供了支撑（总结句）。

写法2 正反对比法

打造学习型组织有助于构建人才体系（X→Y）。学习型组织强调共同成长，能够通过课程培训、导师制度等方式提升人才培养质量，同时营造正向的成长氛围，增强员工对企业的归属感（正面）。反之，如果企业忽视学习氛围营造，易造成员工成长停滞，容易流失优秀人才，组织也可能面临“用人荒”与“人才断层”等结构性困境（反面）。因此，构建学习型组织是企业建立人才强基战略的重要保障（总结句）。

写法3 演绎法

打造学习型组织有助于构建人才体系（X→Y）。根据人力资源管理理论，组织应同时关注人才的引进、培养与留任，形成闭环的人才管理系统（理论依据）。学习型组织通过建立持续学习制度，能够有效提升员工的能力水平；同时也通过成长激励制度，增强员工的长期发展意愿（怎么做＋会如何）。如华为坚持内部学习平台的建设，不仅加快了人才成长的速度，也实现了人才的稳定留任（例证）。由此可见，学习型组织建设是实现企业人才可持续发展的核心路径（总结句）。

老吕写作33篇　段落仿写练习3.12——构建人才体系

建立内部晋升机制有助于构建人才体系。

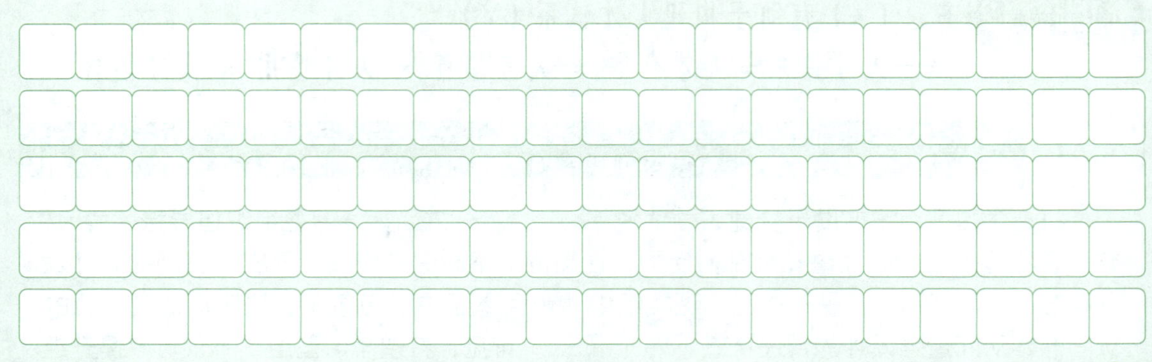

分论点13 主题（X）有助于培育企业文化（Y）
——企业文化=理念一致×行为规范×制度保障

写法1 XFY法

打造学习型组织有助于培育企业文化（X→Y）。一方面，学习型组织强调共同愿景，这有助于统一价值导向（理念一致）；另一方面，通过持续学习与反思，员工行为更易内化为组织规范，推动形成积极向上的职业风貌（行为规范）；同时，企业也会建立知识管理、人才发展等配套机制，为文化培育提供制度支撑（制度保障）。可见，学习型组织是企业文化形成的重要载体（总结句）。

写法2 正反对比法

打造学习型组织有助于培育企业文化（X→Y）。鼓励学习、重视成长的组织，往往能更快达成理念共识，促进员工在实际行动中自觉遵守制度规范，从而形成开放进取的企业文化（正面）。反之，如果企业不重视学习与知识积累，员工理念分散、行为各异，制度也容易流于形式，文化就难以沉淀，组织氛围容易散漫甚至混乱（反面）。因此，学习氛围越浓厚，文化建设就越扎实（总结句）。

写法3 演绎法

打造学习型组织有助于培育企业文化（X→Y）。根据组织文化理论，企业文化的形成离不开理念传递、行为实践与制度保障三位一体的支持系统（理论依据）。学习型组织强调全员参与持续学习，有助于统一价值理念；同时，通过设立反思机制，引导员工在工作中不断规范行为；此外，配套的培训体系，也为文化培育提供了制度保障（怎么做+会如何）。例如，阿里巴巴通过构建“终身学习型”组织，推动价值观融入日常管理，形成了强烈的组织文化认同（例证）。由此可见，学习型组织建设是文化落地的有效路径（总结句）。

4. 社会层的万能论证段——对社会 / 环境好

分论点14 主题（X）有助于促进行业发展（Y）
——行业发展＝良性竞争 × 协作顺畅 × 技术共享

写法1 XFY法

发展核心技术有助于促进行业发展（X→Y）。一方面，核心技术掌握在本土企业手中，有利于打破对外依赖，提升行业整体竞争的规范性（良性竞争）；另一方面，技术研发推动标准统一，有助于上下游协同提效（协作顺畅）；同时，领先企业通过技术平台的共享，也能带动中小企业提升能力，促成行业的整体跃升（技术共享）。可见，核心技术是驱动行业良性演进的重要支撑（总结句）。

写法2 正反对比法

发展核心技术有助于促进行业发展（X→Y）。在具备核心技术的行业中，企业往往拥有更多话语权，竞争更有序，合作更顺畅，技术资源也能在行业内部高效流动，形成“竞合并举”的良性生态（正面）。反之，若核心技术长期依赖外部，企业之间争抢低端市场、重复建设严重，不仅协作困难，整个行业也容易陷入低端竞争（反面）。因此，核心技术掌握得越稳，越有助于促进行业发展（总结句）。

写法3 演绎法

发展核心技术有助于促进行业发展（X→Y）。根据产业演进理论，一个行业的可持续发展依赖于拥有自主技术积累、稳定协作机制和共享生态体系（理论依据）。发展核心技术不仅能提升整个行业的技术门槛，规范市场的竞争秩序；还可通过开放平台，带动上下游高效协作（怎么做＋会如何）。例如，中国高铁企业通过核心技术攻关，实现轨道交通领域的全球领先，并带动整车制造等上下游企业共同发展（例证）。由此可见，发展核心技术，是促进行业良性循环的重要突破口（总结句）。

老吕写作33篇 段落仿写练习3.14——促进行业良性发展

推动行业标准化能促进行业良性发展。

分论点15 主题（X）有助于企业承担社会责任（Y）——企业社会责任＝责任意识×相关行动

写法1 XFY法

建立绿色发展意识有助于企业承担社会责任（X→Y）。一方面，绿色发展意识能促使企业管理层强化环保观念，将生态保护纳入经营理念，形成主动履责的思想自觉（责任意识）；另一方面，它也可以推动企业在产品设计等环节落实节能减排等绿色举措（相关行动）。可见，绿色发展意识既是责任的思想基础，也能转化为行动路径（总结句）。

写法2 正反对比法

建立绿色发展意识有助于企业承担社会责任（X→Y）。具备绿色发展意识的企业，往往能在发展过程中自觉考虑生态影响，主动制定环保方案，从理念到行动积极履行社会责任（正面）。反之，若企业缺乏绿色意识，往往只关注短期收益，容易忽视环境污染问题，甚至可能因环保违规而遭遇公众质疑，使社会形象大打折扣（反面）。因此，是否具备绿色意识，往往决定了企业责任履行的高度与深度（总结句）。

写法3 演绎法

建立绿色发展意识有助于企业承担社会责任（X→Y）。根据可持续发展理论，企业在创造利润的同时，还应兼顾生态平衡与社会和谐（理论依据）。绿色意识能够引导企业重新审视环境影响，使企业在日常运营中将环保要求内化为行为准则；同时，这一意识也能催生绿色产品与绿色供应链，推动企业将环保理念落地为系统行动（怎么做＋会如何）。例如，阿里巴巴提出“碳中和2030”计划，并通过绿色物流，不断降低自身碳足迹，树立了积极履责的绿色形象（例证）。由此可见，绿色发展意识是企业承担环保责任的关键起点（总结句）。

老吕写作33篇 段落仿写练习3.15——促进企业承担社会责任

　　坚持高质量发展有助于促进企业承担社会责任。

分论点 16 主题（X）有助于促进经济发展（Y）

——经济发展 = 带动产业 × 驱动创新 × 吸纳就业

写法1 XFY 法

发展核心技术有助于促进经济发展（X→Y）。一方面，核心技术具备强大的产业延伸属性，能够驱动上下游协同升级，催生新产品与新市场，增强整体产业带动效应（带动产业）；另一方面，核心技术的突破往往伴随新业态的诞生，有助于推动就业结构优化与吸纳能力的提升（创新驱动 × 吸纳就业）。可见，发展核心技术是促进高质量发展的关键抓手（总结句）。

写法2 正反对比法

发展核心技术有助于促进经济发展（X→Y）。具备核心技术的企业往往具备较强的带动能力和创新能力，能够在产业链中形成主导优势，带动相关产业集群发展，同时创造大量高质量就业岗位（正面）。反之，若核心技术依赖外部供应，不仅受制于人，产业体系也难以自主升级，甚至因技术断供影响经济安全（反面）。可见，核心技术是构建现代产业体系的重要引擎（总结句）。

写法3 演绎法

发展核心技术有助于促进经济发展（X→Y）。根据现代经济学原理，经济增长的根本动力在于产业升级、技术进步与就业扩大三者协同发力（理论依据）。核心技术作为产业链的关键支撑，既能打破“卡脖子”依赖，推动本土产业体系重构，提升产业附加值；又能催生新兴业态，为经济注入持续的创新动能（怎么做 + 会如何）。例如，光伏、新能源汽车、人工智能等领域的核心技术突破，正加速形成新的增长极，为我国经济高质量发展提供强劲引擎（例证）。由此可见，核心技术不仅关乎企业竞争力，更是推动国家经济跃升的关键支点（总结句）。

段落仿写练习3.16——促进经济发展

引导企业绿色转型有助于促进经济发展。

第4节 如何写好企业类话题的辩证段

写好正面论证段之后，我们还需要写好辩证段。为什么要写辩证段？简单说，写辩证段有三个好处：

①体现深度：不是一味唱好，而是体现你对企业现实问题的理解。

②结构完整：论点→分论点→反思→建议，论说逻辑更完整。

③增强现实性：反映出企业管理行为落地中可能面临的实际挑战，更具说服力。

需要注意的是，如果材料中有问题/困难/风险，优先写材料中的内容；如果材料中没有问题/困难/风险，我们可以自己结合8大因素进行辩证分析。

1. 企业类辩证段的写作方法——8大因素分析法

在本书第2章中已确定管理者类与个人类话题的“8大因素”，这8大因素对于企业类来说依然适用。你只需要根据企业略作调整即可。

1.1 主观因素（简称“意思能行”）——行为背后的内在驱动

因素	记忆方法	企业中的问题表现	常见问题分析关键词
F1：意愿	想不想做	缺乏战略意愿	企业高层缺乏长期主义、使命导向与战略定力，常常短视逐利、战略反复
F2：思维	懂不懂怎么做	管理层思维狭隘	企业决策层缺乏系统思维与前瞻视角，路径依赖严重，创新意识薄弱
F3：能力	会不会做	管理层能力不足	企业整体或关键岗位缺乏运营、统筹、分析等核心管理能力，执行力差
F4：行为	做没做对	存在行为偏差	企业决策偏激或保守，管理风格僵化，缺乏适配不同阶段的行为灵活性

1.2 客观因素（简称“资环机团”）——组织与外部条件限制

因素	记忆方法	企业中的问题表现	常见问题分析关键词
F5：资源	有没有条件做	企业资源匮乏	企业人力、技术、资金、渠道等资源储备不足，难以支撑业务发展
F6：环境	外部稳不稳	外部环境不稳	面临政策变动、行业竞争、宏观经济冲击等外部不确定性干扰
F7：机制	规则机制有没有	内部机制缺失	制度流程缺失或失效，计划执行缺乏闭环，缺乏科学考核与反馈机制
F8：团队	人靠不靠谱	团队不足	跨部门沟通低效、职责不清、协同机制缺位，造成管理内耗与执行断层

2. 企业类辩证段的写作模板——基于8大因素

尽管（X）有助于实现（Y），但在现实中并非所有企业都能真正落实。一方面，有些企业/有些企业的管理者（主观问题，如F1–F4），导致（负面后果）；另一方面，企业还面临（客观问题，如F5–F8），造成（负面后果）。如果这些主客障碍不能及时解决，（X）便难以发挥应有效能，反而可能成为新的管理难题。

范文示例1：推动制度建设——F1（意愿缺乏）+F7（机制缺失）

尽管推动制度建设有助于提升管理效能，但在现实中，很多企业并未真正重视。部分企业高层缺乏制度优先的战略意愿，仍习惯拍脑袋决策（F1）；而且内部缺乏规范的制度设计与评估机制，流程混乱（F7）。若不正视这些问题，制度建设将沦为空转，甚至成为企业运转的负担。

范文示例2：推进数字化转型——F2（思维狭隘）+F6（环境不稳）

虽然推进数字化转型有助于提升运营效率，但许多企业仍推进困难。企业决策层往往思维保守，只重眼前成效，忽视长期系统的构建（F2）；同时，政策的变动、技术的更迭也增加了转型中的外部不确定性（F6）。若缺乏前瞻思维与环境适配力，数字化转型将难以真正落地。

范文示例3：提升执行力——F3（能力不足）+F5（资源匮乏）

尽管提升执行力有助于推动战略落地，但很多企业仍遭遇困境。一些核心管理人员缺乏统筹能力与一线落地经验，执行层级衔接不畅（F3）；同时，人力与技术资源投入不足，执行保障缺位（F5）。这些问题若长期存在，将导致战略"上热下冷"，严重制约组织效能。

范文示例4：建立反馈机制——F4（行为偏差）+F8（团队不足）

尽管建立反馈机制有助于发现并解决问题，但很多企业的反馈机制形同虚设。一些中层管理者风格刚硬、拒绝下属建议，缺乏对问题反馈的包容度（F4）；加之企业内部协作机制不畅，部门各自为政，导致信息堵塞、问题滞后（F8）。若不改善行为与协作，反馈机制难以发挥效力。

范文示例5：绿色转型——F1（意愿缺乏）+F5（资源匮乏）

虽然实施绿色转型有助于企业履行社会责任，但多数企业落实难度大。一方面，部分企业战略短视，缺乏绿色发展的内在驱动力（F1）；另一方面，在技术、资金与人才等资源上准备不足，缺乏转型所需支撑（F5）。若不正视这些障碍，绿色转型将流于口号。

范文示例6：多元化战略——F2（思维狭隘）+F7（机制缺失）

虽然多元化战略有助于开拓新市场，但很多企业却"雷声大雨点小"。决策层思维僵化，只求“立项数量”而非“战略匹配”，方向频繁调整（F2）；同时，缺乏配套评估与退出机制，使资源被低效项目长期占用（F7）。若缺乏顶层设计与制度保障，企业反而陷入增长陷阱。

范文示例7：提升创新能力——F3（能力不足）+F6（环境不稳）

尽管提升创新能力有助于增强竞争力，但部分企业仍难突破。一方面，研发团队缺乏核心技术攻关能力（F3）；另一方面，市场需求变化频繁，使企业研发方向频繁调整，缺乏连续性（F6）。创新若缺支撑能力与环境保障，易陷入“试错无果”的陷阱。

范文示例8：优化组织结构——F4（行为偏差）+F8（团队不足）

尽管优化组织结构有助于企业高效运行，实际推进中却问题重重。部分高管行为风格过于强势，擅自裁撤或调整组织架构，忽视治理规范与员工承接能力（F4）；同时，原有部门壁垒严重，团队文化冲突频发，难以融合协作（F8）。结构改革若不兼顾行为与团队，易变成新的混乱源。

第5节 如何写企业类话题的建议段

1. 如何写建议段——8大因素对应法

在第4节中，我们通过“意思能行”“资环机团”两大维度分析了主题X在实践中遇到的问题。写建议段时，建议内容就要对应前文中识别出的每一个“问题点”，做到“问题－建议”一一对应。

问题类型	企业中的问题表现	建议段写法	具体措施
F1：意愿不足	企业高层缺乏长期主义、使命导向与战略定力，常常短视逐利、战略反复	增强意愿	企业应提升战略意志与使命导向，统一思想、增强责任感，推动战略执行持续稳定
F2：思维狭隘	企业决策层缺乏系统思维与前瞻视角，路径依赖严重，创新意识薄弱	拓展思维	企业应加强前瞻性学习与行业调研，拓展战略视野，提升系统决策与创新思维能力

续表

问题类型	企业中的问题表现	建议段写法	具体措施
F3：能力不足	企业整体或关键岗位缺乏运营、统筹、分析等核心管理能力，执行力差	提升能力	企业应通过管理培训、人才引进与轮岗实践提升核心能力，夯实组织执行基础
F4：行为偏差	企业决策偏激或保守，管理风格僵化，缺乏适配不同阶段的行为灵活性	改进行为	企业应建立行为校准机制，推进多元视角下的管理行为调整，提升组织灵活性
F5：资源匮乏	资源基础薄弱，难以支撑业务扩展与组织转型	投入资源	企业应优化资源配置、引入外部资源、加强内外部协调，提升资源保障能力
F6：环境不稳	行业不确定性高、外部政策变化频繁、竞争格局剧烈	应对环境	企业应强化外部监测机制，建立预警系统与应对预案，增强适应力与抗风险性
F7：机制缺失	制度缺失、流程割裂、考核反馈断档，执行混乱	健全机制	企业应健全制度、优化流程、优化激励考核、明确权责边界，实现规范化与闭环管理
F8：团队不足	部门协作障碍多、责任边界模糊、信息传导迟缓	打造团队	企业应明确责任分工、建设统一文化、优化团队结构、强化沟通平台、建立协作机制，提升团队凝聚力

以上建议其实是可以任意排列组合的，利如健全机制 + 打造团队，投入资源 + 健全机制，拓展思维 + 改进行为，等等。你可以根据前文问题灵活选择。建议段字数控制在 120~160 字，选取 2~3 个建议点即可；记得呼应前文提出的问题因素，实现“问题 – 建议”闭环。

2. 建议段模板——8 大万能模板

和管理者类与个人类话题一样，以下是我为你搭配的 8 个建议段通用模板，每个模板都配有一个范文示例，便于理解与仿写，你可以根据情况使用。

模板1：主客分明式（基础通用款）

结构逻辑：

从企业管理者的主观因素和企业的客观因素两方面分别给出建议。

写作模板：

要推动（X）真正落地，企业应从主客两方面协同发力。主观方面，应……（针对F1~F4）；客观方面，还应……（针对F5~F8）。只有内外兼修，才能让（X）成为企业发展的可靠支撑。

适用话题：

绝大多数企业类话题均可使用。

范文示例：

要推动制度建设落地生效，企业应从主客两端同步发力。主观方面，应提升管理层的制度意识，强化从“经验决策”转向“流程治理”的主动性（F1：增强意愿）；客观方面，应健全制度体系，完善规则制定、执行、反馈的闭环机制，提升制度与实际运行的适配性（F7：健全机制）。唯有主客协同，制度才能真正落地生根。

模板2：软硬兼施式（适用于文化类/意识类话题）

结构逻辑：

软＝意识认同，硬＝制度执行。

写作模板：

要实现（X）的真正落地，必须软硬兼施。软措施上，企业应……（F1/F3）；硬制度上，应……（F7/F5）。内驱意识与外部制度双轮驱动，方能推动（X）从口号变成共识，从理念变成行动。

适用话题：

企业文化、社会责任、价值观类等。

范文示例：

要落实企业社会责任，必须软硬兼施。软措施上，应强化公共价值导向，引导管理层将“赚钱”与“利他”统一起来，增强责任认同（F1：增强意愿）；硬制度上，应建立责任评估机制，将环保、公益等纳入考核体系，形成有约束力的责任闭环（F7：健全机制），实现理念落地与绩效结合。

模板3：标本兼治式（适用于问题导向类话题）

结构逻辑：

标＝解决当前痛点，本＝挖掘深层原因。

写作模板：

要解决（X）带来的问题，必须标本兼治。短期内，应……（F5/F6）；从根本上，还需……（F2/F7）。唯有从症状入手、对根源下药，才能实现企业的长期稳健发展。

适用话题：

企业困境、问题解决、转型升级类话题。

范文示例：

为破解执行落地难题，企业应标本兼治。短期内，应加大资源投入，提升人力、技术等执行支撑能力，确保有条件干事（F5：投入资源）；从根本上，应优化管理流程与任务反馈机制，打通目标传达到执行反馈的闭环（F7：健全机制）。既解当下之困，又治深层之因，方能实现稳健执行。

模板4：主体划分式（适用于内部结构复杂类话题）

结构逻辑：

从“企业高层”与“各业务部门”分别发力。

适用话题：

组织结构、人才机制、部门协同类话题。

写作模板：

要推动（X）取得实效，应明确各主体职责与发力重点。企业高层应……（F1/F2），发挥引领作用；各业务板块应……（F4/F8），实现上下协同，形成组织合力。

范文示例：

要优化组织结构，企业应明确各层级发力重点。管理者应从战略思维的高度上来思考组织结构问题，并依据企业的发展阶段科学设计组织架构（F2：拓展思维）；各业务部门则应厘清岗位边界、提升协同水平，确保职责清晰、上下顺畅（F8：打造团队）。统一方向与高效执行结合，才能形成组织合力。

模板5：流程控制式（适用于机制类/制度类话题）

结构逻辑：

从“流程前端”与“流程后端”进行优化。

适用话题：

计划制度、流程建设、制度执行等。

写作模板：

要确保（X）有效落地，应加强全流程管理。前端应……（F1/F5），提升准备与执行基础；后端应……（F7/F8），完善监督与反馈机制，确保闭环执行。

范文示例：

为提升制度执行力，企业应强化前后流程管理。前端环节，应完善任务分解机制与资源准备，确保计划有依据、有节奏、有落地条件（F5：投入资源）；后端环节，应健全监督与反馈机制，推动制度“制定—执行—修正”全过程形成闭环（F7：健全机制），避免制度停留在纸面，确保落地生效。

模板6：资源机制式（适用于结构改革/系统建设类话题）

结构逻辑：

资源先行＋机制保障。

写作模板：

要实现（X）的落地，应资源与机制并重。一方面，应……（F5），提供坚实支撑；另一方面，应……（F7），建立匹配的运行制度，保障措施可执行、持续推进。

适用话题：

流程再造、组织转型、企业创新机制等。

范文示例：

推动数字化转型，企业应资源先行、机制保障。一方面，应加大技术平台与人才团队建设，夯实转型所需的底层能力支撑（F5：投入资源）；另一方面，应建立跨部门数据共享机制，确保系统高效运行（F7：健全机制）。两者合力，数字化转型方能从试点走向规模化落地。

模板7：内外应对式（适用于行业波动/外部挑战类话题）

结构逻辑：

企业内部调整＋对外环境响应。

写作模板：

面对（X）带来的挑战，企业应提升内功、强化外应。内部应……（F1/F3），增强自身抵抗力；外部应……（F6/F5），顺应环境变化，实现企业的可持续发展。

适用话题：

风险管理、政策适配、绿色转型等。

范文示例：

面对绿色转型压力，企业需内外协同应对。内部应强化绿色意识培训，推动全员理解并践行绿色理念，提高行动自觉性（F1：增强意愿）；外部应密切关注政策导向，积极争取环保资源支持，提升应对政策波动的适配力（F6：应对环境）。双向协作，方能实现绿色转型的稳步推进。

模板8：团队协同式（适用于文化融合/跨部门协同类话题）

结构逻辑：

文化统一＋协作提升。

写作模板：

要推动（X）在企业内部落地，应从文化认同与协同机制两方面入手。文化上应……（F1/F8），提升团队归属感；机制上应……（F7），增强执行配合力，确保组织高效运转。

适用话题：

组织文化、企业融合、协作机制类话题。

范文示例：

要实现组织文化融合，企业应文化先行、协同跟进。文化层面，应塑造共同价值理念与行为准则，增强员工归属感（F1：增强意愿）；机制层面，应建立跨部门联动流程，提升协作效率（F7：健全机制）。凝聚认同、打通协同，才能构建真正统一的组织文化。

分数之外

——老吕给你的一封信

亲爱的研究生：

你好呀！

感谢你拿起这本《写作 33 篇》。我知道，你现在正为考研作文而焦虑，我也知道你想在考场上拿到高分。帮助你拿高分正是这本书的主要目的。

然而，在这封信里，我想和你聊聊分数之外的东西。因为你学到的不只是模板，而是一套能陪你很久的思维方式。

你有没有注意到，这本书里，我们总在强调“X→Y”，强调“公式结构”，强调“主客因素”“机制资源”，强调“逻辑、结构和落地”……这并不是为了凑字数，也不是为了考场上的“花拳绣腿”。这是我用心总结出的、你未来做任何一份工作都能用上的思维路径。

未来，你可能会成为一名公务员，要写材料、提建议、审政策。你也可能成为企业管理者，需要评估项目、分析风险、推动制度改革。你还可能成为一名创业者，要想清楚自己为什么做这件事，靠什么做成这件事，怎么才能让团队和社会认同你。

而你现在正在练的“X→F→Y”，就是这一切的底层逻辑：

⊙当你学会在面对一个问题时，先判断它的价值（Y），再拆解它能否实现（F），你就有了抓问题本质的能力。

⊙当你能从主观（意愿、思维、能力、行为）和客观（资源、环境、机制、团队）两个方向去分析症结，你就具备了系统性判断力。

⊙当你能从问题出发，提出可执行、可落地的建议，你就具备了真正的管理素养。

写作不过是一张试卷，但你正在学的，是一套思考、表达、解决问题的方法论。

所以，请你认真对待每一段论证，每一个分析句，哪怕你现在还在为字数苦恼、为句式焦虑——坚持下去，这些“写作能力”终将转化为“认知能力”，成为你未来某个工作场景中一锤定音的底气。

我不仅是在教你如何拿高分，更是在教你如何在这个复杂世界里，把自己的逻辑讲清楚，把事情做好。

愿你在一次次“打卡练习”中，不只是成为一个写作更好的你，而是成为一个更会思考、更有逻辑、更懂表达、更能落地的人。

除了拿分之外，这是我写这本书的更重要的目的，也是我最想送给你的礼物。

加油，我相信你。

盼着你上岸的老吕

2025 年夏

对了，一定要把你上岸的消息发给我哦。我的微信是：laolv985

扫码听本篇讲解

第 9 篇 企业战略

说明

企业要发展，方向比努力更重要。而“方向感”源于企业清晰的战略。战略不仅决定企业资源投向、市场定位与产品布局，更决定组织结构、团队构成与制度安排的基础逻辑。

本篇以“**战略规划**”为例展开论述。其他企业战略类话题，如**长期主义、定位、转型升级、数字化转型、差异化战略、战略调整、市场拓展战略、国际化战略、多元化战略、品牌战略、聚焦战略、生态战略、创新驱动战略**等，也可参照本篇进行仿写。

论说文：根据下述材料，写一篇 700 字左右的论说文，题目自拟。

有人说：“一流企业做战略，二流企业做品牌，三流企业做产品。”现实中，不少企业忙于打广告、搞促销、推新品，却始终无法走出同质化内卷的泥潭；而真正脱颖而出的企业，往往早已在战略层面做好了顶层设计，明确了目标路径与核心优势。

第 1 步 进行审题立意，写出标题

第 1 步 定主题	本题的材料中直接给出观点，故为观点类材料。**观点决定主题（谜底就在谜面上）**：材料中的核心句是“一流企业做战略”，可见本文的主题应该是“做好战略”。
第 2 步 定态度	**结果决定态度**：“做好战略”对企业是有利的，应该支持，即：“要做好战略”。
第 3 步 定对象	**对象一致性**：材料的对象是企业，因此，我们也要写企业。即：“企业要做好战略”。
写出标题	万能标题 1：对象（企业）+ 态度（要）+ 主题（做好战略） 万能标题 2：措施（做好战略规划）+ 目的（促进企业发展）

第2步 使用3句开头法，写出首段

有人说："一流企业做战略，二流企业做品牌，三流企业做产品。"（引材料句）这句话提醒我们（过渡句），企业发展要做好清晰的战略布局（论点句）。

第3步 确定全文结构与分论点

该话题可使用"有好处式"结构：有好处/有必要＋有好处/有必要＋辩证段＋建议段。

在第3章第2节的方法论中，我们总结了四大层级的16种利益相关者Y。将"做好战略"代入各个Y，得出如下分论点参考表：

层级分类	利益相关者Y	分论点X→Y
经营层	提高收入	做好战略有助于提升企业收入
	降低成本	做好战略有助于降低运营成本
	降低风险	做好战略有助于提高风险应对能力
	增强竞争力	做好战略有助于构建企业竞争优势
	拓展市场	做好战略有助于开拓新市场/增加市场份额
	建设品牌	做好战略有助于打造品牌形象/提升品牌影响力
	顾客满意度	做好战略有助于提升顾客满意度
事务层	提高执行效率	做好战略有助于提升企业运行效率
	优化资源配置	做好战略有助于提升企业资源利用率
组织层	组织/企业发展	做好战略有助于促进企业长远发展

从以上表格中选出2个你记得牢的、会写的，作为你的文章的分论点。

请为以下主题（X）补充分论点：

（1）定位

做好定位________________

做好定位________________

（2）多元化战略

实施多元化战略________________

实施多元化战略________________

（3）战略调整

做好战略调整________________

做好战略调整________________

（4）企业进行数智化转型

企业进行数智化转型____________________

企业进行数智化转型____________________

第4步 写出论证段——XFY法/正反对比法/演绎法

论证段1 XFY法——企业发展＝战略清晰×流程规范×权责明确×激励有效×协作顺畅×氛围融洽

做好战略有助于促进企业长远发展（X→Y）。科学的战略能够明确企业的发展方向，帮助管理层理清目标重点，引导资源聚焦在最具潜力的关键领域，从而提升整体战略清晰度（战略清晰）。同时，清晰的战略蓝图也有助于统一组织内部的行动，推动部门之间的协同配合，使各环节高效联动，进而提升组织运行的整体效能（协作顺畅）。由此可见，战略是企业实现长期稳健发展的基础保障（总结句）。

论证段2 正反对比法——竞争力＝差异化优势×成本领先能力×市场聚焦能力

做好战略有助于构建企业竞争优势（X→Y）。具备良好战略规划的企业，通常能够在产品、市场与资源配置方面形成差异化优势，降低企业的运营成本，并且准确聚焦目标客户群，从而在竞争中脱颖而出（正面）。反之，如果企业缺乏战略思维，盲目跟风、资源分散，往往陷入“什么都做、什么都做不好”的被动局面，既丧失核心竞争力，也难以抢占市场制高点（反面）。由此可见，战略科学与清晰，有助于建立竞争优势（总结句）。

论证段3 演绎法——资源利用率＝配置精准×使用规范×成本节约

做好战略有助于提升企业资源利用率（X→Y）。根据现代战略管理理论，战略的本质是“选择性配置资源以实现目标最大化”（理论依据）。当企业具备科学战略时，能根据发展重点精准调配人力、资金与时间等资源，避免资源浪费；同时，战略明确还能压缩非核心投入，从而提升整体经营效益（怎么做＋会如何）。例如，小米通过“聚焦中端智能手机”的战略明确了投入重心，实现了资源集中、高效运营的双赢（例证）。由此可见，战略清晰是资源利用效能提升的重要前提（总结句）。

从以上3个段落中任选2个作为你的文章的论证段。当然，你也可以根据你在上一步中确定的分论点，自行写出2个论证段。

段落仿写练习1：请以“实施多元化战略”为话题，仿写一个论证段。

第5步 写出辩证段——问题/困难/风险

如果材料中本身有问题/困难/风险，应该优先应用材料。本题的材料中没有问题/困难/风险，我们可结合主观因素与客观因素进行分析。段落范文如下：

辩证段范文1：主观F2（思维狭隘）+客观F7（机制缺失）

不可否认，做好战略对企业发展至关重要，但现实中不少企业仍战略迷茫。一方面，部分管理者战略思维狭隘，缺乏全局视野，容易盲目模仿（F2：思维狭隘）；另一方面，一些企业内部战略制定机制不健全，缺少调研的支撑与执行监督，战略容易流于纸面（F7：机制缺失）。若不解决这些问题，战略规划难以真正发挥引领作用。

辩证段范文2：主观F4（行为偏差）+客观F6（环境不稳）

然而，有些企业做不好战略规划。一方面，一些企业的管理者过于保守或盲目冒进，导致战略失衡（F4：行为偏差）；另一方面，企业外部环境的剧烈变化，市场动荡、政策频变，使原有战略难以适应，甚至成为前进阻力（F6：环境不稳）。可见，战略要有效落地，必须同时克服内外不确定因素。

段落仿写练习2：请以“实施多元化战略”为话题，仿写一个辩证段。

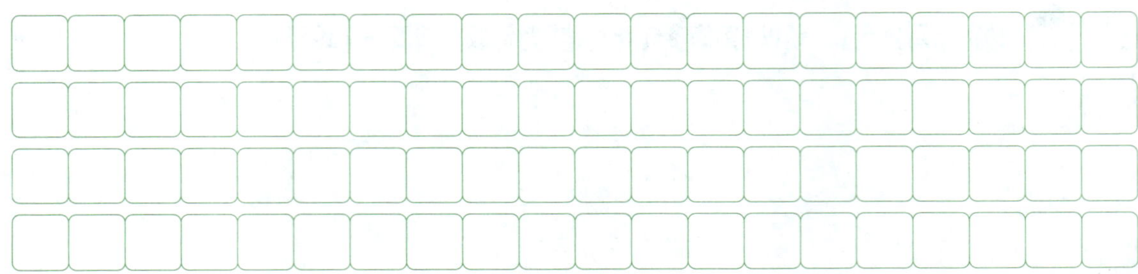

第 6 步 写出建议段

建议段要能解决辩证段中提出的问题，故本文的建议段范文如下：

建议段范文 1：——对应辩证段范文 1/ 主客分明式

要推动战略真正落地，需从主观认知与制度保障两方面协同发力。主观方面，管理者要提升战略思维能力，拓展全局视野，注重结合自身实际进行差异化定位，避免盲目跟风（F2：拓展思维）；客观方面，企业应健全战略制定与执行机制，完善前期调研、方案评估与落地监督等流程，确保战略既有依据又能落地（F7：健全机制）。

建议段范文 2：——对应辩证段范文 2/ 主体划分式

要破解战略落地难题，需在管理者与组织两个层面同步推进。管理者层面，应提升战略行为的平衡性，既避免冒进冲动，也防止过度保守，增强动态调整与统筹能力（F4：改进行为）；组织层面，则应强化对外部环境变化的应变机制，构建灵活应对市场波动与政策变化的预案体系（F6：适应环境）。

段落仿写练习3：请以“实施多元化战略”为话题，仿写一个建议段。

第7步 写出结尾段

结尾段范文：

总之，战略不仅是一份发展蓝图，更是一项核心能力（总结全文）。企业应制定科学清晰的战略规划（重申论点）。

全文参考范文

做好战略规划，把握发展主动

吕建刚

有人说："一流企业做战略，二流企业做品牌，三流企业做产品。"（引材料句）这句话提醒我们（过渡句），企业发展要做好清晰的战略布局（论点句）。

做好战略有助于提升企业资源利用率（X→Y，资源利用率=配置精准×使用规范×成本节约）。根据现代战略管理理论，战略的本质是"选择性配置资源以实现目标最大化"。当企业具备科学战略时，能根据发展重点精准调配人力、资金与时间等资源，避免资源浪费；同时，战略明确还能压缩非核心投入，从而提升整体经营效益。例如，小米通过"聚焦中端智能手机"的战略明确了投入重心，实现了资源集中、高效运营的双赢（例证）。由此可见，战略清晰是资源利用效能提升的重要前提。

做好战略有助于构建企业竞争优势（X→Y，竞争力=差异化优势×成本领先能力×市场聚焦能力）。具备良好战略规划的企业，通常能够在产品、市场与资源配置方面形成差异化优势，降低运营成本，并准确聚焦目标客户群，从而在竞争中脱颖而出。反之，如果企业缺乏战略思维，盲目跟风、资源分散，往往陷入"什么都做、什么都做不好"的困境，既丧失核心竞争力，也难以抢占市场制高点。由此可见，竞争优势的建立，根源在于战略的清晰。

不可否认，战略制定与落地过程中仍面临不小挑战。一方面，部分管理者战略思维狭隘，缺乏全局视野，容易盲目模仿（F2：思维狭隘）；另一方面，部分企业内部战略制定机制不健全，缺少调研的支撑与执行监督，战略容易流于纸面（F7：机制缺失）。若不解决这些问题，再好的战略也难以落地见效。

要推动战略真正落地，需从主观认知与制度保障两方面协同发力（主客分明式）。主观方面，管理者要提升战略思维能力，拓展全局视野，注重结合自身实际进行差异化定位，避免盲目跟风（F2：拓展思维）；客观方面，企业应健全战略制定与执行机制，完善前期调研、方案评估与落地监督等流程，确保战略既有依据又能落地（F7：健全机制）。

总而言之，战略不仅是一份发展蓝图，更是一项核心能力（总结全文）。企业要制定科学清晰的战略规划（重申论点）。

全文共715字

老吕写作33篇 全文打卡练习9

论说文：根据下述材料，写一篇700字左右的论说文，题目自拟。

河边住着三家做生意的动物：老虎卖肉，兔子卖胡萝卜，鸭子卖鱼。大家为了多赚点钱纷纷模仿对方，老虎学兔子卖蔬菜，兔子跟风卖鱼，鸭子也开始试着卖肉，结果顾客越来越少，三家都陷入困境。直到一天，它们都决定回归自身特长，各自专注于自己的产品和顾客，生意才慢慢红火起来。

第1步 审题立意

第1步 定主题	
第2步 定态度	
第3步 定对象	
写出标题	

第2步 正文提纲

论证段1 ____________________

论证段2 ____________________

辩证段 ____________________

建议段 ____________________

第3步 完成全文并打卡

使用作文纸完成全文，参与打卡。

第4步 领取范文，对照修改

在打卡群领取本篇范文，对照范文修改自己的文章。

扫码听本篇讲解

第 10 篇 管理职能

说明

企业发展不仅依赖战略方向的正确选择，更依赖于管理职能的高效运行。所谓管理职能，指的是企业管理者在推动组织目标实现过程中承担的核心职责，主要包括**计划、组织、协调、控制、领导与沟通**等多个方面。这些职能共同构成了企业运作的基本框架与行动逻辑。

本篇以“**做好管理**”为例展开论述。其他管理相关话题，如**做好计划、组织治理、做好协调、做好控制 / 风险控制 / 财务控制、加强领导、做好沟通**等，也可参照本篇进行仿写。

论说文：根据下述材料，写一篇 700 字左右的论说文，题目自拟。

有人说：“战略决定做什么，管理决定做得怎么样。”现实中，不少企业战略方向明晰，却在执行过程中频频受阻，问题往往出在管理上。管理混乱、流程失序、制度缺失、责任不清，这些都可能导致战略落地难、团队效率低，甚至资源浪费、客户流失。

第 1 步 进行审题立意，写出标题

第 1 步 定主题	本题的材料中直接给出观点，故为观点类材料。**观点决定主题（谜底就在谜面上）**：材料中出现转折词“却”，一般强调的是转折词后面的部分，即：“在执行过程中频频受阻，问题往往出在管理上”。因此，本文的主题是“管理”。
第 2 步 定态度	**结果决定态度**：“做好管理”对企业是有利的，应该支持，即：“要做好管理”。
第 3 步 定对象	**对象一致性**：材料的对象是企业，因此，我们也要写企业。即：“企业要做好管理”。
写出标题	万能标题 1：对象（企业）+ 态度（要做好）+ 主题（管理） 万能标题 2：措施（做好管理）+ 目的（促进发展）

第2步 使用3句开头法，写出首段

有人说："战略决定做什么，管理决定做得怎么样。"（引材料句）这句话强调了管理对企业运行的关键影响（过渡句）。可见，企业要想高效运转、稳健发展，就必须做好管理（论点句）。

第3步 确定全文结构与分论点

该话题可使用"有好处式"结构：有好处/有必要＋有好处/有必要＋辩证段＋建议段。

在第3章第2节的方法论中，我们总结了四大层级的16种利益相关者Y。将"做好管理"代入各个Y，得出如下分论点参考表：

层级分类	利益相关者Y	分论点X→Y
经营层	提高收入	做好管理有助于提升企业收入
	降低成本	做好管理有助于降低运营成本
	降低风险	做好管理有助于降低企业经营风险
	增强竞争力	做好管理有助于构建企业竞争优势
	拓展市场	做好管理有助于开拓新市场/增加市场份额
	建设品牌	做好管理有助于打造品牌形象/提升品牌影响力
	顾客满意度	做好管理有助于提升顾客满意度
事务层	提高执行效率	做好管理有助于提升企业运行效率
	优化资源配置	做好管理有助于提高企业资源利用率
组织层	组织/企业发展	做好管理有助于促进企业发展
社会层	行业协同	做好管理有助于促进行业良性发展

从以上表格中选出2个你记得牢的、会写的，作为你的文章的分论点。

请为以下主题（X）补充分论点：

（1）做好计划

做好计划______________________________

做好计划______________________________

（2）做好控制

做好控制______________________________

做好控制______________________________

（3）优化组织

优化组织________________

优化组织________________

（4）做好协调

做好协调________________

做好协调________________

第4步 写出论证段——XFY法／正反对比法／演绎法

论证段1 XFY法——运行效率＝目标清晰×流程规范×执行到位

做好管理有助于提升企业运行效率（X→Y）。一方面，科学管理能够帮助企业厘清发展重点，细化目标任务，避免方向混乱（目标清晰）；另一方面，良好的管理制度能规范各项流程，提升事务推进的系统性（流程规范）；在执行层面，管理机制还能优化操作流程，推动任务的落实（执行到位）。可见，管理水平的高低，直接影响企业的运行效率（总结句）。

论证段2 正反对比法——企业发展＝战略清晰×流程规范×权责明确×激励有效×协作顺畅×氛围融洽

做好管理有助于促进企业发展（X→Y）。管理到位的企业，通常能够围绕清晰的战略目标展开资源配置，确保各项工作方向统一；同时，管理体系中的激励机制，能充分调动员工的积极性，从而推动组织高效运转（正面）。反之，如果企业管理薄弱，不仅容易导致部门推诿、效率低下，也会让企业错失发展良机（反面）。由此可见，管理水平的高低，直接影响企业发展的质量与速度（总结句）。

论证段3 演绎法——经营风险＝信息不对称×反应滞后×决策偏差

做好管理有助于降低企业经营风险（X→Y）。企业经营风险的大小，往往取决于信息掌握是否充分、决策判断是否科学（理论依据）。健全的管理机制有助于打通内部信息渠道，减少跨部门之间的信息壁垒，降低因信息不对称带来的误判风险（怎么做＋会如何）。例如，美的集团通过搭建统一的信息管理平台，有效地规避了市场环境的不确定性所带来的冲击（例证）。可见，管理是否规范，直接关系到企业能否稳健应对外部冲击与内部波动（总结句）。

从以上3个段落中任选2个作为你的文章的论证段。当然，你也可以根据你在上一步中确定的分论点，自行写出2个论证段。

段落仿写练习1：请以“做好协调”为话题，仿写一个论证段。

第5步 写出辩证段——问题/困难/风险

如果材料中本身有问题/困难/风险，应该优先应用材料。本题的材料中存在管理混乱、流程失序、制度缺失、责任不清等问题，我们可结合主观因素与客观因素进行分析。段落范文如下：

辩证段范文1： 主观F2（思维狭隘）+客观F7（机制缺失）

尽管做好管理对企业至关重要，但在现实中，一些企业仍面临管理混乱、制度缺失等突出问题。一方面，部分管理者管理思维落后，习惯依赖经验拍板，缺乏规范意识，导致管理行为随意（F2：思维狭隘）；另一方面，一些企业制度机制不完善，流程设置混乱、职责边界模糊，常出现多头指挥或责任真空的现象（F7：机制缺失）。若不从思维和制度两端发力，管理难题将持续制约企业发展。

辩证段范文2： 主观F4（行为偏差）+客观F8（团队不足）

企业管理乱象频出，背后既有行为偏差，也有组织协同的失衡。一方面，一些管理者执行过程随意性强，职责划分不清、任务安排脱节，导致流程运行失序（F4：行为偏差）；另一方面，一些企业内部沟通协作机制薄弱，部门各自为政、缺乏信息共享，易造成多头指挥、扯皮推诿等管理失控现象（F8：团队不足）。只有纠正行为偏差、优化协作氛围，才能真正让管理落到实处。

段落仿写练习2：请以“做好协调”为话题，仿写一个辩证段。

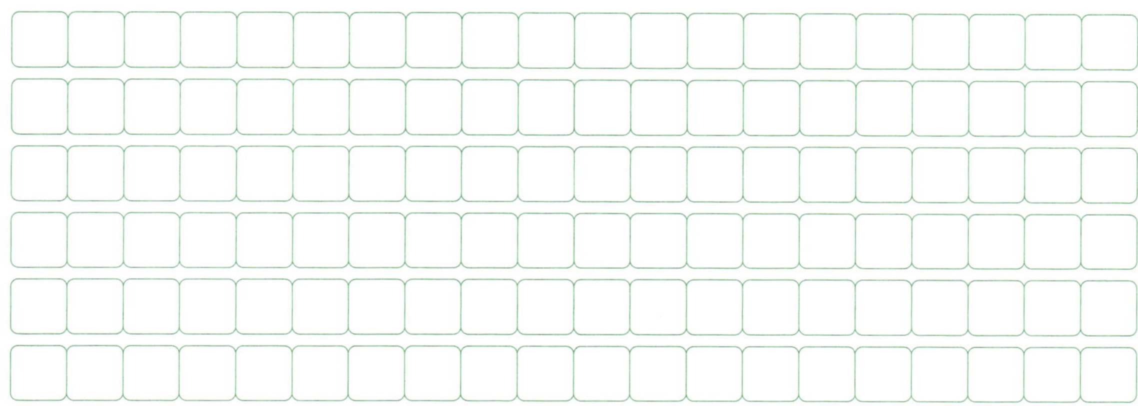

第6步 写出建议段

建议段要能解决辩证段中提出的问题，故本文的建议段范文如下：

建议段范文1：——对应辩证段范文1/软硬兼施式

要推动管理工作真正规范高效，企业需从思维革新与机制建设两方面协同推进。一方面，管理者应摒弃经验主义，树立制度化的管理理念，通过专题培训，提升对现代管理逻辑的理解与运用能力（F2：拓展思维）；另一方面，企业应加快健全管理制度，明确职责边界，建立清晰的执行与反馈机制，确保管理行为有据可依、协调有序（F7：健全机制）。

建议段范文2：——对应辩证段范文2/主体划分式

要破除管理乱象，必须从管理者与组织两个层面协同发力。管理者层面，应强化责任意识与执行规范，杜绝随意决策行为，通过建立工作流程清单和责任闭环机制，提升履职的自觉性（F4：改进行为）；组织层面，则应优化沟通机制，畅通信息传导渠道，避免部门间各自为政，打造统一指挥、协调有序的管理氛围（F8：打造团队）。

段落仿写练习3：请以“做好协调”为话题，仿写一个建议段。

第7步 写出结尾段

结尾段范文：

管理之于企业，如同中枢之于系统，决定着组织运行的效率（总结全文）。企业应该做好管理（重申论点）。

全文参考范文

企业要做好管理

吕建刚　花丽娜

有人说："战略决定做什么，管理决定做得怎么样。"（引材料句）这句话提醒我们（过渡句），企业要做好管理（论点句）。

做好管理有助于提升企业运行效率（X→Y，运行效率＝目标清晰×流程规范×执行到位）。一方面，科学管理能够帮助企业厘清发展重点，细化目标任务，避免方向混乱；另一方面，良好的管理制度能规范各项流程，提升事务推进的系统性；在执行层面，管理机制还能优化操作流程，推动任务的落实。可见，管理水平的高低，直接影响企业的运行效率。

做好管理有助于提升资源利用率（X→Y，资源利用率＝配置精准×使用规范×成本节约）。具备科学管理体系的企业，通常能实现人岗匹配、物尽其用，显著提升资源配置效率；同时，通过制度规范，企业能够避免重复投入，确保每一份资源发挥最大价值；此外，完善的管理机制还能强化成本意识，降低经营损耗。反之，若管理混乱、流程失序，资源再多也难以有效发挥。由此可见，资源利用率的提升，离不开精细高效的管理保障。

不可否认，现实中不少企业管理仍存在短板。一方面，部分管理者思维落后，重经验轻制度，习惯"拍脑袋"做事，缺乏流程意识，导致管理行为随意、指令不清（F2：思维狭隘）；另一方面，一些企业机制不健全，岗位重叠、流程割裂、标准缺失，常常出现多头指挥或责任真空的现象（F7：机制缺失）。若不从思维与机制两端发力，管理难题将长期困扰企业发展。

要破解管理短板，必须从思维更新与机制建设两方面协同发力（软硬兼施式）。一方面，企业应通过培训赋能，帮助管理者转变观念，强化流程意识与制度意识，摒弃"凭经验管理"的惯性思维（F2：拓展思维）；另一方面，应加快构建职责清晰、流程顺畅、标准明确的管理机制，推动责任闭环，防止推诿扯皮（F7：健全机制）。思维有变革，机制有支撑，管理才能真正走向规范高效。

总而言之，管理不是一纸制度，而是一种能力、一套体系（总结全文）。企业要构建高效有序的管理系统，才能实现持续发展（重申论点）。

全文共690字

老吕写作33篇 全文打卡练习10

论说文：根据下述材料，写一篇700字左右的论说文，题目自拟。

有管理学者指出："不受控制的企业，如同失速的飞船，可能偏离轨道，甚至解体坠毁。"现实中，不少企业强调创新与授权，却忽视了控制的力量，导致项目失控、资源浪费、执行走样，甚至引发管理风险。而那些运行良好的组织，往往不是靠管得多，而是靠"控得住"。

第1步 审题立意

第1步 定主题	
第2步 定态度	
第3步 定对象	
写出标题	

第2步 正文提纲

论证段1 ____________________

论证段2 ____________________

辩证段 ____________________

建议段 ____________________

第3步 完成全文并打卡

使用作文纸完成全文，参与打卡。

第4步 领取范文，对照修改

在打卡群领取本篇范文，对照范文修改自己的文章。

第 11 篇 制度机制

扫码听本篇讲解

说明

制度机制是支撑企业高效运转的“骨架”，决定了管理是否规范、执行是否有据、行为是否可控。它不仅包括组织架构、流程规范、考核体系等“显性制度”，也涵盖信息流转、反馈纠偏、激励约束等“隐性机制”。只有制度清晰、机制健全，企业才能实现“职责有界、流程顺畅、执行闭环”，从而支撑战略落地与组织持续发展。

本篇以“**企业要强化反馈机制**”为例展开论述。其他相关话题，如**健全流程规范、健全管理机制、提升监督效力、构建考核闭环、优化授权机制、推动制度创新**等，也可参照本篇进行仿写。

温馨提示：

在本书第 7 篇中，我们以管理者为视角写过“机制”这一话题，强调机制意识与制度设计能力；而在本篇中，我们则以企业为对象聚焦“制度与机制”的系统建设。虽然视角不同，但本质一致，均强调“有章可循、系统规范、执行闭环”。因此，这两个话题在写法与结构上可以互通、迁移，掌握一种方法即可灵活套用，你不必纠结二者的区别。

论说文：根据下述材料，写一篇 700 字左右的论说文，题目自拟。

在企业管理中，反馈机制是沟通协同的重要环节。然而现实中，不少企业缺乏及时有效的反馈路径，员工意见“上不去”，管理问题“下不来”，最终影响企业的运行效率。相反，那些重视反馈的企业，往往更能敏锐发现问题、快速调整策略，实现持续发展。

第 1 步 进行审题立意，写出标题

第 1 步 定主题	材料中直接给出了观点，是观点类材料（**谜底就在谜面上**）：本题的材料中做了一个对比，意在说明“反馈机制是沟通协同的重要环节”，根据这一点题句，可知本文的主题是“强化反馈机制”。
第 2 步 定态度	**结果决定态度：**“强化反馈机制”对企业是有利的，应该支持，即：“要强化反馈机制”。
第 3 步 定对象	**对象一致性：**材料的对象是企业，因此，我们也要写企业。即：“企业要强化反馈机制”。

续表

写出标题	万能标题1：对象（企业）+态度（要强化）+主题（反馈机制） 万能标题2：措施（强化反馈机制）+目的（促进企业发展）

第2步 使用3句开头法，写出首段

在企业管理中，反馈机制是沟通协同的重要环节（引材料句）。现实中，一些企业因反馈不畅，常常出现问题（过渡句）。因此，企业必须强化反馈机制，构建上下畅通、左右协同的信息通道，让管理更及时（论点句）。

第3步 确定全文结构与分论点

该话题可使用"有好处式"结构：有好处/有必要+有好处/有必要+辩证段+建议段。

在第3章第2节的方法论中，我们总结了四大层级的利益相关者Y。将"强化反馈机制"代入各个Y，得出如下分论点参考表：

层级分类	利益相关者Y	分论点X→Y
经营层	提高收入	强化反馈机制有助于提升企业收入
	降低成本	强化反馈机制有助于降低运营成本
	降低风险	强化反馈机制有助于提高风险应对能力
	增强竞争力	强化反馈机制有助于构建企业竞争优势
	顾客满意度	强化反馈机制有助于提升顾客满意度
事务层	提高执行效率	强化反馈机制有助于提升企业运行效率
	优化资源配置	强化反馈机制助于提高企业资源利用率
组织层	组织/企业发展	强化反馈机制有助于推动组织规范化发展
	解决问题	强化反馈机制有助于解决企业实际问题

从以上表格中选出2个你记得牢的、会写的，作为你的文章的分论点。

请为以下主题（X）补充分论点：

（1）优化授权机制

优化授权机制____________________

优化授权机制____________________

（2）健全分工机制

健全分工机制____________________________________

健全分工机制____________________________________

（3）健全管理机制

健全管理机制____________________________________

健全管理机制____________________________________

（4）进行制度创新

进行制度创新____________________________________

进行制度创新____________________________________

第4步 写出论证段——XFY法/正反对比法/演绎法

论证段1 XFY法——顾客满意度 = 产品质量 × 服务质量 × 情绪价值

强化反馈机制有助于提升顾客满意度（X→Y）。一方面，及时收集与处理客户反馈，有助于持续优化产品功能与使用体验，提升产品质量（产品质量）；另一方面，建立完善的服务回访机制，不仅能增强服务的及时性，还能让客户感受到被尊重与被重视，从而增强情绪价值（服务质量 × 情绪价值）。由此可见，反馈机制越健全，客户满意度就越高（总结句）。

论证段2 正反对比法——资源利用率 = 配置精准 × 使用规范 × 成本节约

强化反馈机制有助于提高企业资源利用率（X→Y）。健全的反馈机制能够帮助企业及时掌握资源使用中的问题，从而优化配置路径，避免重复投入，提升资源配置的精准性与使用的规范性（正面）。相反，若缺乏有效反馈，企业往往难以及时发现资源调度中的低效环节，容易出现设备闲置、物料积压或人力错配等问题，既增加了运营成本，也拉低了整体产出效率（反面）。可见，反馈机制是提升资源效能的管理抓手（总结句）。

论证段3 演绎法——解决企业实际问题 = 发现问题 × 分析问题 × 解决问题

强化反馈机制有助于解决企业实际问题（X→Y）。企业在运营过程中不可避免会遇到问题，而解决的关键在于能及时发现、准确分析并有效应对（理论依据）。强化反馈机制，能够让一线员工和业务部门的真实情况被快速汇总至管理层，提升问题发现的及时性；通过系统性数据分析，还能帮助企业厘清问题成因，制定更具针对性的改进方案（怎么做 + 会如何）。例如，海底捞通过闭环反馈制度，持续优化服务流程，显著提升了顾客满意度（例证）。由此可见，反馈机制不仅能发现问题，更能推动问题的闭环解决，是企业管理的重要工具（总结句）。

从以上3个段落中任选2个作为你的文章的论证段。当然，你也可以根据你在上一步中确定的分论点，自行写出2个论证段。

段落仿写练习1：请以“优化授权机制”为话题，仿写一个论证段。

第5步 写出辩证段——问题/困难/风险

如果材料中本身有问题/困难/风险，应该优先应用材料。本题的材料中出现了问题/困难/风险，我们可结合材料进行分析。段落范文如下：

辩证段范文1：主观F3（能力不足）+客观F7（机制缺失）

不可否认，反馈机制对企业具有重要意义，但现实中落实仍面临诸多障碍。主观方面，一些管理者缺乏倾听意识与反馈能力，习惯于单向指令，忽视一线声音的价值（F3：能力不足）；客观方面，不少企业缺乏高效的沟通渠道与信息流转机制，员工意见“上不去”、管理指令“下不来”，导致决策失真与响应滞后（F7：机制缺失）。若不直面这些主客因素，反馈机制便难以真正发挥作用。

辩证段范文2：主观F4（行为偏差）+客观F8（团队不足）

然而，反馈机制在现实中的效能常常被内部执行偏差所削弱。一方面，一些管理者对反馈结果消极对待，听而不问、问而不改，甚至将反馈视为质疑权威，导致反馈流于表面，难以触及核心问题（F4：行为偏差）；另一方面，一些企业内部部门壁垒明显、协同机制薄弱，反馈结果难以跨部门整合，问题解决缺乏协调配合，影响整体响应效率（F8：团队不足）。如不纠正执行偏差、打通协同链路，反馈机制再完备也难以真正发挥作用。

段落仿写练习2：请以“优化授权机制”为话题，仿写一个辩证段。

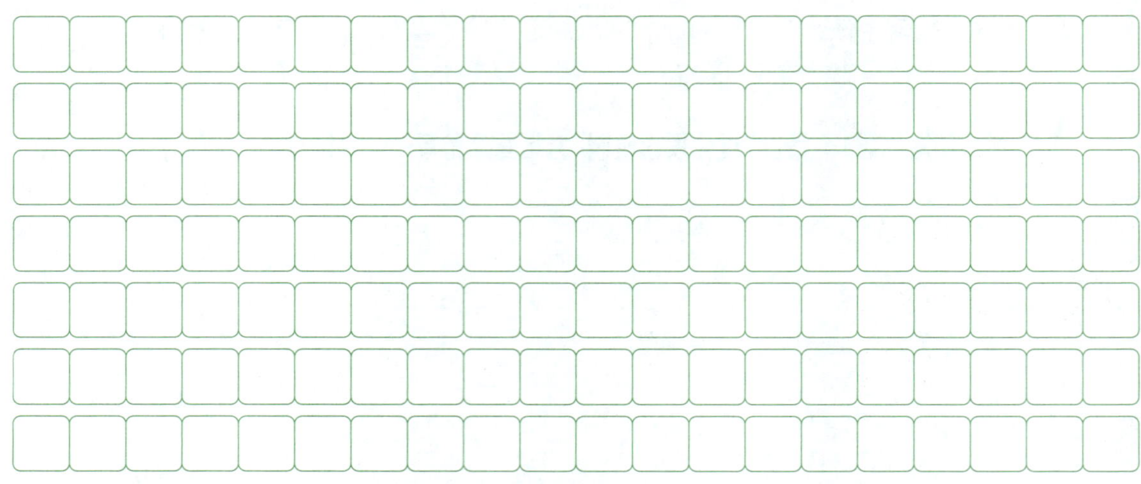

第6步 写出建议段

建议段要能解决辩证段中提出的问题，故本文的建议段范文如下：

建议段范文1： ——对应辩证段范文1/主客分明式

要推动反馈机制真正落地，需从两个方面协同发力。主观方面，应提升管理者的沟通能力与共情意识，鼓励其主动听取一线意见、及时回应关切（F3：提升能力）；客观方面，企业应完善信息反馈流程，畅通上下沟通渠道，推动问题发现与快速闭环（F7：健全机制）。

建议段范文2： ——对应辩证段范文2/主体划分式

为增强反馈机制的实效性，企业应同步纠正执行行为与优化协作体系。一方面，应加强反馈结果的管理应用，推动管理者以开放心态面对反馈，做到“有则改之、无则加勉”，形成积极改进的行为习惯（F4：改进行为）；另一方面，应完善跨部门联动机制，推动问题反馈与协作处理相结合，打破信息壁垒，提升反馈响应的整体效率（F8：打造团队）。

段落仿写练习3：请以“优化授权机制”为话题，仿写一个建议段。

第7步 写出结尾段

结尾段范文：

总之，反馈不是负担，而是进步的起点，是推动企业持续优化的重要通道（总结全文）。只有真正重视反馈、用好反馈、改进反馈，企业才能在不断学习中修正偏差，从而走得更稳、更远（重申论点）。

全文参考范文

企业要强化反馈机制

吕建刚　花丽娜

在企业管理中，反馈机制是沟通协同的重要环节（引材料句）。现实中，一些企业因反馈不畅，常常出现问题（过渡句）。因此，企业必须强化反馈机制，构建上下畅通、左右协同的信息通道，让管理更及时（论点句）。

强化反馈机制有助于提升顾客满意度（X→Y，顾客满意度＝产品质量×服务质量×情绪价值）。一方面，及时收集与处理客户反馈，有助于持续优化产品功能与使用体验，提升产品质量；另一方面，建立完善的服务回访机制，能让客户感受到被尊重与被重视，从而增强情绪价值。由此可见，反馈机制越健全，客户满意度就越高。

强化反馈机制有助于提高资源利用率（X→Y，资源利用率＝配置精准×使用规范×成本节约）。健全的反馈机制能够帮助企业及时掌握资源使用中的问题，从而优化配置路径，避免重复投入，提升资源配置的精准性与使用的规范性。相反，若缺乏有效反馈，企业往往难以及时发现资源调度中的低效环节，容易出现设备闲置等问题，这就会影响整体产出效率。可见，反馈机制是提升资源效能的管理抓手。

然而，反馈机制在现实中落实仍面临诸多障碍。主观方面，一些管理者缺乏倾听意识与反馈能力，习惯于单向指令，忽视一线声音的价值（F3：能力不足）；客观方面，不少企业缺乏高效的沟通渠道与信息流转机制，员工意见“上不去”、管理指令“下不来”，导致决策失真与响应滞后（F7：机制缺失）。

要推动反馈机制真正落地，需从两个方面协同发力（主客分明式）。主观方面，应提升管理者的沟通能力与共情意识，鼓励其主动听取一线意见、及时回应关切（F3：提升能力）；客观方面，企业应完善信息反馈流程，畅通上下沟通渠道，推动问题发现与快速闭环（F7：健全机制）。只有主客协同，反馈机制才能转化为推动组织持续优化的有力抓手。

总之，反馈不是负担，而是进步的起点，是推动企业持续优化的重要通道（总结全文）。只有真正重视反馈、用好反馈、改进反馈，企业才能在不断学习中修正偏差，从而走得更稳、更远（重申论点）。

全文共692字

老吕写作33篇 全文打卡练习11

论说文：根据下述材料，写一篇700字左右的论说文，题目自拟。

一位管理者曾说："企业运转就像接力赛，最怕的是'棒在谁手里'说不清楚。"现实中，一些企业没有健全的分工机制，岗位设置重叠、权责划分模糊，常常出现"多头指挥"或"任务悬空"；还有些企业制度虽在，但执行过程中边界不清、职责错配，导致流程堵塞、效率低下、责任扯皮。可见，明确的分工机制是支撑企业高效运行的制度基石。

第1步　审题立意

第1步 定主题	
第2步 定态度	
第3步 定对象	
写出标题	

第2步　正文提纲

论证段1 ____________________

论证段2 ____________________

辩证段 ____________________

建议段 ____________________

第3步　完成全文并打卡

使用作文纸完成全文，参与打卡。

第4步　领取范文，对照修改

在打卡群领取本篇范文，对照范文修改自己的文章。

第12篇 能力与执行

说明

执行能力是企业将战略意图转化为实际成果的核心保障，是支撑组织运转的“推进力”和“兑现力”。它不仅包含执行力本身，也涵盖组织力、创新能力、适应能力、资源整合力、反应能力等一系列面向执行落地的关键能力。企业唯有具备强大的执行能力，才能确保战略可落地、任务能闭环、应对够及时、资源能统筹。

本篇以“**提升执行能力**”为例展开论述。其他相关话题，如增强组织能力、提升资源统筹能力、优化团队协同能力、创新能力、研发能力等，也可参照本篇进行仿写。

论说文：根据下述材料，写一篇700字左右的论说文，题目自拟。

现实中，一些企业战略制定得非常漂亮，但在执行过程中却频频“掉链子”：上层决策部署快速，中层传导模糊，基层响应迟缓，常常出现“任务部署快、推动速度慢、最终无结果”的现象。而那些执行力强的企业，往往机制紧凑、流程通畅、反应迅速，能够将目标变成行动，把部署落到实处。

第1步 进行审题立意，写出标题

第1步 定主题	本题的材料中直接涉及现实生活中的案例，故为争议案例类材料。**争议决定主题（谜底就在谜面上）**：材料指出，企业执行做得好与不好，会产生两种截然不同的结果。因此，材料中的核心词是“执行力”，可见本文的主题应该是“提升执行力”。
第2步 定态度	**结果决定态度**：“提升执行力”对企业是有利的，应该支持，即：“要提升执行力”。
第3步 定对象	**对象一致性**：材料的对象是企业，因此，我们也要写企业。即：“企业要提升执行力”。
写出标题	**万能标题1**：对象（企业）+ 态度（要）+ 主题（提升执行力） **万能标题2**：措施（提升执行力）+ 目的（促进企业发展）

第2步 使用3句开头法，写出首段

执行力强的企业，能够将目标变成行动，把部署落到实处（引材料句）。这说明（过渡词），仅靠制度设计或战略规划远远不够，企业还必须提升执行力，打通“最后一公里”（论点句）。

第3步 确定全文结构与分论点

该话题可使用“有好处式”结构：有好处/有必要+有好处/有必要+辩证段+建议段。

在第3章第2节的方法论中，我们总结了四大层级的利益相关者Y。将“提升执行力”代入各个Y，得出如下分论点参考表：

层级分类	利益相关者Y	分论点X→Y
经营层	提高收入	提升执行力有助于提升企业收入
	降低成本	提升执行力有助于降低运营成本
	增强竞争力	提升执行力有助于打造企业竞争优势
	拓展市场	提升执行力有助于开拓新市场
	建设品牌	提升执行力有助于保证品牌承诺的兑现
	顾客满意度	提升执行力有助于提升顾客满意度
事务层	提高执行效率	提升执行力有助于提升企业运行效率
	优化资源配置	提升执行力有助于提高企业资源利用率
组织层	组织/企业发展	提升执行力有助于促进企业发展
社会层	社会责任	提升执行力有助于推动企业履责行为落到实处

从以上表格中选出2个你记得牢的、会写的，作为你的文章的分论点。

请为以下主题（X）补充分论点：

（1）增强组织能力

增强组织能力________________

增强组织能力________________

（2）提升资源统筹能力

提升资源统筹能力________________

提升资源统筹能力________________

（3）提升创新能力

提升创新能力________________

提升创新能力________________

（4）提升研发能力

提升研发能力____

提升研发能力____

第4步 写出论证段——XFY法/正反对比法/演绎法

论证段1 XFY法——资源利用率=配置精准×使用规范×成本节约

提升执行力有助于提高企业资源利用率（X→Y）。一方面，执行力强的企业在任务推进中更加高效，岗位职责衔接紧密，有助于减少重复投入，提升资源配置的精准性（配置精准）；另一方面，良好的执行习惯也意味着资源使用过程更加规范，制度与标准更容易落地，从而在源头上节约成本（使用规范×成本节约）。由此可见，执行力强，资源利用才能最大化（总结句）。

论证段2 正反对比法——竞争力=差异化优势×成本领先能力×市场聚焦能力

提升执行力有助于打造企业竞争优势（X→Y）。具备强执行力的企业，能快速落实创新方案、精准落地市场策略，从而更快打造差异化产品与成本优势（正面）。反之，若执行脱节，战略再好也难落地，产品再新也很难推向市场，容易陷入“部署快、推进慢、结果差”的困局，从而失去竞争主动权（反面）。由此可见，竞争优势不仅靠战略设计，更靠一线执行落地（总结句）。

论证段3 演绎法——顾客满意度=产品质量×服务质量×情绪价值

提升执行力有助于提升顾客满意度（X→Y）。根据服务管理理论，顾客满意度不仅取决于产品本身，更依赖于服务质量与情绪价值（理论依据）。具备强执行力的企业，往往能让产品标准得到严格落实，从而保障产品质量；在服务环节，执行有力也意味着问题响应迅速，能够给客户带来良好的服务体验；同时，高效执行传递出专业性，更容易赢得客户的信任与认同（怎么做+会如何）。例如，海底捞凭借高度执行体系，在高峰时段仍能保持服务有序，赢得广泛口碑（例证）。可见，顾客满意，离不开执行到位（总结句）。

从以上3个段落中任选2个作为你的文章的论证段。当然，你也可以根据你在上一步中确定的分论点，自行写出2个论证段。

段落仿写练习1：请以“提升创新能力”为话题，仿写一个论证段。

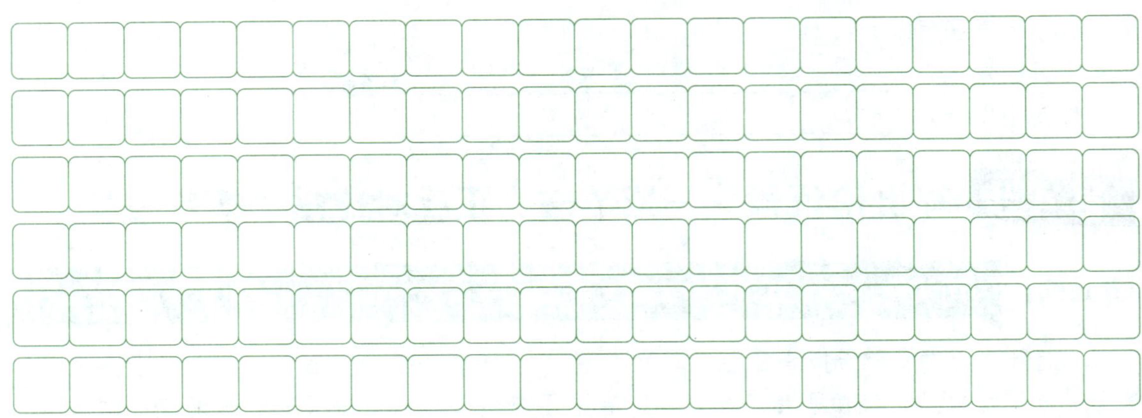

第 5 步 写出辩证段——问题 / 困难 / 风险

如果材料中本身有问题 / 困难 / 风险，应该优先应用材料。本题的材料中出现了问题 / 困难 / 风险，我们可结合材料进行分析。段落范文如下：

辩证段范文 1： **主观 F4（行为偏差）+ 客观 F8（团队不足）**

然而，现实中执行难落地的情况屡见不鲜。主观方面，一些管理者存在“重部署、轻落实”的行为惯性，习惯于纸上作业，缺乏带头攻坚的执行自觉（F4：行为偏差）；客观方面，一些企业内部层级衔接不畅、团队协同不足，中层传导模糊、基层响应迟缓，造成信息断层（F8：团队不足）。若不化解这些主客障碍，“执行打折”的问题将持续拖慢组织进程。

辩证段范文 2： **主观 F3（能力不足）+ 客观 F8（团队不足）**

执行力建设虽重要，但在实践中仍面临能力与协同的双重挑战。一方面，一些中基层管理人员缺乏统筹协调的能力，任务下达后难以稳定推进节奏，常常“虎头蛇尾”（F3：能力不足）；另一方面，一些企业缺乏跨部门协作机制，各部门各自为战，这会严重拖慢执行进程（F8：团队不足）。只有提升能力、打通协同，执行才能真正由口号变为行动。

段落仿写练习2：请以“提升创新能力”为话题，仿写一个辩证段。

第6步 写出建议段

建议段要能解决辩证段中提出的问题，故本文的建议段范文如下：

建议段范文1：——对应辩证段范文1/主客分明式

要真正提升执行力，需从主客两方面系统推进。主观方面，应强化管理者的责任担当与行动自觉，杜绝“只挂号、不办事”的推诿心态（F4：改正行为）；客观方面，还应健全任务分解与协同推进机制，明确各级职责边界，确保层层衔接、步步紧跟（F8：打造团队）。

建议段范文2：——对应辩证段范文2/主体划分式

破解执行力不足的难题，需从管理者与组织两个层面统筹施策。管理者层面，应系统提升任务分解、计划统筹与过程跟踪等能力，确保“有人盯、能盯住”（F3：提升能力）；组织层面，应完善跨部门联动机制，推动信息共享、协作共进，打通各环节间的配合堵点（F8：打造团队）。

段落仿写练习3：请以“提升创新能力”为话题，仿写一个建议段。

第7步 写出结尾段

结尾段范文：

总之，执行力不是简单的动作完成，而是连接目标与成果的关键桥梁（总结全文）。唯有不断强化执行意识、健全执行体系，企业才能真正把“纸上的目标”变成“脚下的行动”（重申论点）。

全文参考范文

企业要提升执行力

吕建刚　花丽娜

执行力强的企业，能够将目标变成行动，把部署落到实处（引材料句）。这说明（过渡词），仅靠制度设计或战略规划远远不够，企业还必须提升执行力，打通“最后一公里”（论点句）。

提升执行力有助于提高企业资源利用率（X→Y，资源利用率=配置精准×使用规范×成本节约）。一方面，执行力强的企业在任务推进中往往更加高效，岗位职责衔接紧密，有助于减少重复投入，从而提升资源配置的精准性；另一方面，良好的执行习惯也意味着资源使用过程更加规范，制度与标准更容易落地，从而在源头上节约成本。由此可见，执行力强，资源利用才能最大化。

提升执行力有助于构建企业竞争优势（X→Y，竞争力=差异化优势×成本领先能力×市场聚焦能力）。具备强执行力的企业，能快速落实创新方案、精准落地市场策略，从而更快打造差异化产品与成本优势。反之，若执行脱节，战略再好也难落地，产品再新也很难推向市场，容易陷入“部署快、推进慢、结果差”的困局，从而失去竞争主动权。由此可见，竞争优势不仅靠战略设计，更靠一线执行落地。

然而，现实中执行难落地的情况屡见不鲜。主观方面，一些管理者存在“重部署、轻落实”的行为惯性，习惯于纸上作业，缺乏带头攻坚的执行自觉（F4：行为偏差）；客观方面，一些企业内部层级衔接不畅、团队协同不足，中层传导模糊、基层响应迟缓，造成信息断层（F8：团队不足）。若不化解这些主客障碍，“执行打折”的问题将持续拖慢组织进程。

要真正提升执行力，需从主客两方面系统推进（主客分明式）。主观方面，应强化管理者的责任担当与行动自觉，杜绝“只挂号、不办事”的推诿心态（F4：改正行为）；客观方面，还应健全任务分解与协同推进机制，明确各级职责边界，确保层层衔接、步步紧跟（F8：打造团队）。只有上下贯通、齐抓共推，执行力才能真正落地生效。

总之，执行力不是简单的动作完成，而是连接目标与成果的关键桥梁（总结全文）。唯有不断强化执行意识、健全执行体系，企业才能真正把“纸上的目标”变成“脚下的行动”（重申论点）。

全文共709字

老吕写作33篇　全文打卡练习12

论说文：根据下述材料，写一篇700字左右的论说文，题目自拟。

有人说："企业不是靠模仿活下去的，而是靠研发走出来的。"

第1步　审题立意

第1步 定主题	
第2步 定态度	
第3步 定对象	
写出标题	

第2步　正文提纲

论证段1 ________________

论证段2 ________________

辩证段 ________________

建议段 ________________

第3步　完成全文并打卡

使用作文纸完成全文，参与打卡。

第4步　领取范文，对照修改

在打卡群领取本篇范文，对照范文修改自己的文章。

第 13 篇 文化与价值观

说明

文化是企业的灵魂，价值观是企业的内在方向感。相比制度、流程、结构等“显性管理”，文化与价值观更像是企业运行的“潜在操作系统”，深刻影响着员工行为选择、企业氛围与长期发展方向。优秀的企业文化，能够激发员工认同感与责任心，构建高效协同的氛围，并在关键时刻凝聚组织力量、穿越周期波动。

本篇以“**建设企业文化**”为例展开论述。其他相关话题，如**组织氛围、实干精神、工匠精神、极致精神、规则意识、价值导向**等，也可参照本篇进行仿写。

论说文：根据下述材料，写一篇 700 字左右的论说文，题目自拟。

企业文化就像空气，看不见、摸不着，却无处不在。然而现实中，一些企业关于文化的制度十分完备，却始终无法落地；也有的企业目标清晰、流程规范，却缺少信念驱动与价值认同。

第 1 步 进行审题立意，写出标题

第 1 步 定主题	本题的材料中直接给出观点，故为观点类材料。**观点决定主题（谜底就在谜面上）**：材料中的核心词是“企业文化”，可见本文的主题应该是“建设企业文化”。
第 2 步 定态度	**结果决定态度**：“建设企业文化”对企业是有利的，应该支持，即：“要建设企业文化”。
第 3 步 定对象	**对象一致性**：材料的对象是企业，因此，我们也要写企业。即：“企业要建设好企业文化”。
写出标题	**万能标题 1**：对象 + 态度 + 主题 企业 要 建设好企业文化 企业 要 重视企业文化建设 **万能标题 2**：主题 + 态度 建设企业文化 势在必行 **万能标题 3**：措施 + 目的 建设企业文化 促进企业发展

第2步 使用3句开头法，写出首段

企业文化就像空气，看不见、摸不着，却无处不在（引材料句）。企业要实现长期发展，必须重视企业文化建设，将文化真正融入管理体系之中（论点句）。

第3步 确定全文结构与分论点

该话题可使用“有好处式”结构：有好处/有必要+有好处/有必要+辩证段+建议段。

在第3章第2节的方法论中，我们总结了四大层级的利益相关者Y。将“建设企业文化”代入各个Y，得出如下分论点参考表：

层级分类	利益相关者Y	分论点X→Y
经营层	降低成本	建设企业文化有助于降低沟通成本
	增强竞争力	建设企业文化有助于增强企业软实力
	建设品牌	建设企业文化有助于提升品牌形象
	顾客满意度	建设企业文化有助于增强客户满意度
组织层	组织/企业发展	建设企业文化有助于促进企业发展
社会层	社会责任	建设企业文化有助于传播价值导向

从以上表格中选出2个你记得牢的、会写的，作为你的文章的分论点。

请为以下主题（X）补充分论点：

（1）组织氛围

培养组织氛围________________

培养组织氛围________________

（2）引导价值导向

引导价值导向________________

引导价值导向________________

（3）发扬实干精神

发扬实干精神________________

发扬实干精神________________

（4）发扬工匠精神

发扬工匠精神________________

发扬工匠精神________________

第4步 写出论证段——XFY法/正反对比法/演绎法

论证段1 XFY法——顾客满意度 = 产品质量 × 服务质量 × 情绪价值

建设企业文化有助于提升顾客满意度（X→Y）。一方面，价值导向明确的企业文化更有可能引导员工注重产品品质，从源头上保障产品质量（产品质量）；另一方面，良好的文化氛围还能激发员工的服务热情，有助于提升服务的专业性与亲和力，进而增强顾客的情绪认同（服务质量 × 情绪价值）。由此可见，优秀的企业文化是赢得客户满意与忠诚的重要支撑（总结句）。

论证段2 正反对比法——品牌建设 = 用户认知 × 产品价值 × 情感连接

建设企业文化有助于建设企业品牌（X→Y）。企业文化能够明确品牌的价值主张，通过持续表达理念和讲好企业故事，能帮助用户形成清晰的品牌认知，逐步建立情感连接（正面）。反之，如果缺乏清晰的文化引导，即便产品本身具有竞争力，品牌传播也可能出现方向混乱，最终让用户产生模糊甚至负面的印象（反面）。可见，企业文化虽无形，却是支撑品牌长期成长的重要力量（总结句）。

论证段3 演绎法——企业发展 = 战略清晰 × 流程规范 × 权责明确 × 激励有效 × 协作顺畅 × 氛围融洽

建设企业文化有助于推动企业发展（X→Y）。根据组织管理理论，企业文化不仅是一种价值引导，更是一种协调机制（理论依据）。明确的文化理念有助于统一全体成员的价值取向，使战略目标更清晰；在此基础上，文化还能促进不同部门之间的沟通默契和协作习惯，减少冲突与摩擦（怎么做 + 会如何）。例如，华为长期强调“以客户为中心”的核心价值观，统一了员工对战略目标的认知（例证）。可见，文化建设不仅塑造精神面貌，更为组织发展构建了稳定的软性支撑（总结句）。

从以上3个段落中任选2个作为你的文章的论证段。当然，你也可以根据你在上一步中确定的分论点，自行写出2个论证段。

段落仿写练习1：请以“培养组织氛围”为话题，仿写一个论证段。

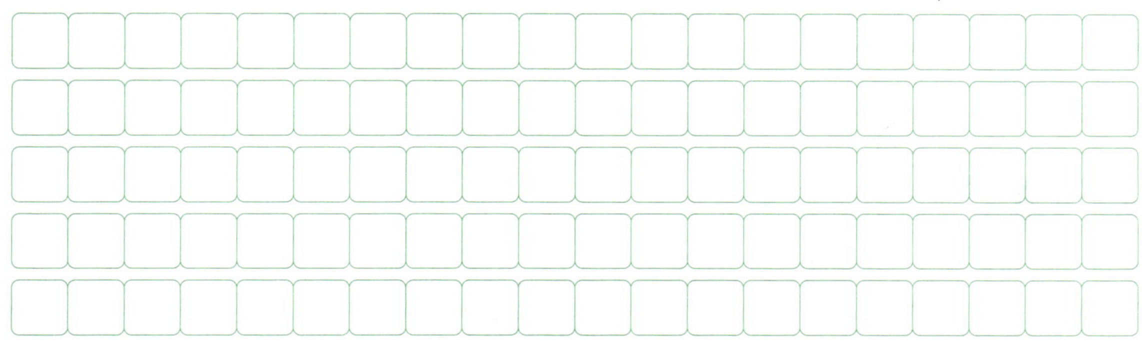

第5步 写出辩证段——问题/困难/风险

如果材料中本身有问题/困难/风险，应该优先应用材料。本题的材料中出现了问题/困难/风险，我们可结合材料进行分析。段落范文如下：

辩证段范文1：主观F2（思维狭隘）+客观F7（机制缺失）

但是在现实中，企业文化常常“写在墙上、停在纸上”。主观方面，一些管理者对文化建设理解狭隘，仅将其视为口号宣传，而非战略支撑，忽视了价值观在日常管理中的引导作用（F2：思维狭隘）；客观方面，部分企业缺少将文化理念转化为行为标准和制度规范的配套机制，导致文化与管理“两张皮”（F7：机制缺失）。若不正视这些障碍，文化建设便难以真正落地，难以发挥其凝心聚力的长远价值。

辩证段范文2：主观F1（意愿缺乏）+客观F8（团队不足）

文化建设之所以难见实效，既有个体冷漠，也有组织分裂。一方面，一些管理者对文化传播缺乏主动性，认为文化无关绩效、无关实际，只当作“宣传口号”应付了事（F1：意愿缺乏）；另一方面，一些企业缺乏跨层级、跨部门的文化共建机制，不同组织单元各说各话，理念传播脱节、行动认同断链（F8：团队不足）。文化不能只靠文件传递，更需要多方共建与上下共鸣。

段落仿写练习2：请以“培养组织氛围”为话题，仿写一个辩证段。

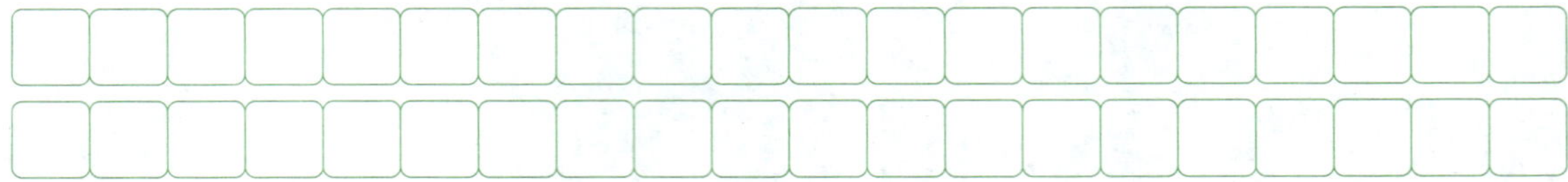

第6步 写出建议段

建议段要能解决辩证段中提出的问题，故本文的建议段范文如下：

建议段范文1：——对应辩证段范文1/思维机制式

要推动企业文化真正落地，应从主客两端协同发力。主观方面，管理者应转变观念，真正将文化建设视为战略工程，融入日常管理与行为导向（F2：拓展思维）；客观方面，还应建立完善的制度支撑机制，将核心价值观细化为岗位规范、奖惩标准与培训体系（F7：健全机制）。

建议段范文2：——对应辩证段范文2/主体划分式

要推动企业文化真正落地，应从管理者引导与组织协同两方面共同发力。一方面，管理者应强化文化责任感，将理念传播融入日常管理实践，做到言行一致、以上率下，增强员工的文化认同（F1：增强意愿）；另一方面，企业应建立跨部门、跨层级的文化共建机制，推动理念在组织内部上下贯通、横向融合，打造人人参与、协同共鸣的文化氛围（F8：打造团队）。

段落仿写练习3：请以“培养组织氛围”为话题，仿写一个建议段。

第7步 写出结尾段

结尾段范文：

总之，企业文化不是装饰性的标语，而是引领方向的根本力量（总结全文）。唯有真正重视文化、建设文化、践行文化，才能让企业在快速变化中守住初心、走得更远。（重申论点）。

REFER TO 全文参考范文

建设企业文化势在必行

吕建刚　花丽娜

企业文化就像空气，看不见、摸不着，却无处不在（引材料句）。企业要实现长期发展，必须重视企业文化建设，将文化真正融入管理体系之中（论点句）。

建设企业文化有助于提升顾客满意度（X→Y，顾客满意度＝产品质量×服务质量×情绪价值）。一方面，价值导向明确的企业文化更有可能引导员工注重产品品质，从源头上保障产品质量；另一方面，良好的文化氛围还能激发员工的服务热情，提升服务的专业性与亲和力，进而增强顾客的情绪认同。由此可见，优秀的企业文化是赢得客户满意与忠诚的重要支撑。

建设企业文化有助于建设企业品牌（X→Y，品牌建设＝用户认知×产品价值×情感连接）。企业文化能够明确品牌的价值主张，通过持续表达理念和讲好企业故事，能帮助用户形成清晰的品牌认知，逐步建立情感连接。反之，如果缺乏清晰的文化引导，即便产品本身具有竞争力，品牌传播也可能出现方向混乱，最终让用户产生模糊甚至负面的印象。可见，企业文化虽无形，却是支撑品牌长期成长的重要力量。

但是在现实中，企业文化常常“写在墙上、停在纸上”。主观方面，一些管理者对文化建设理解狭隘，仅将其视为口号宣传，而非战略支撑，忽视了价值观在日常管理中的引导作用（F2：思维狭隘）；客观方面，部分企业缺少将文化理念转化为行为标准和制度规范的配套机制，导致文化与管理“两张皮”（F7：机制缺失）。若不正视这些障碍，文化建设便难以真正落地，难以发挥其凝心聚力的长远价值。

要推动企业文化真正落地，应从主客两端协同发力（主客分明式）。主观方面，管理者应转变观念，真正将文化建设视为战略工程，融入日常管理与行为导向（F2：拓展思维）；客观方面，还应建立完善的制度支撑机制，将核心价值观细化为岗位规范、奖惩标准与培训体系（F7：健全机制）。

总之，企业文化不是装饰性的标语，而是引领方向的根本力量（总结全文）。唯有真正重视文化、建设文化、践行文化，才能让企业在快速变化中守住初心、走得更远（重申论点）。

全文共697字

老吕写作33篇 全文打卡练习13

论说文：根据下述材料，写一篇700字左右的论说文，题目自拟。

有人说："人的行为受激励驱动，更受价值观引导。"现实中，一些企业重视流程规范、考核机制，却忽视了对员工价值导向的塑造，结果员工重结果轻过程、重短期轻长远，导致行为失准、文化失衡；也有的组织激励强度不小，但由于价值导向混乱，员工只为"分数"而非"目标"而战，最终内卷严重、士气低落。

第1步 审题立意

第1步 定主题	
第2步 定态度	
第3步 定对象	
写出标题	

第2步 正文提纲

论证段1 ______________________

论证段2 ______________________

辩证段 ______________________

建议段 ______________________

第3步 完成全文并打卡

使用作文纸完成全文，参与打卡。

第4步 领取范文，对照修改

在打卡群领取本篇范文，对照范文修改自己的文章。

第 14 篇 现代治理

说明

进入数字时代，企业所面对的环境越发复杂多变，传统的经验式、粗放型管理方式已难以适应新形势下的高质量发展要求。现代治理，强调以数据驱动决策、以规则规范管理、以技术赋能流程，推动企业实现决策科学化、管理精细化、运营智能化，是企业从“能生存”走向“能进化”的治理升级路径。

本篇以“**提升现代治理能力**”为例展开论述。其他相关话题，如**数字化管理、智能化运营、规范化流程、合规管理、财务控制、数据驱动决策**等，也可参照本篇进行仿写。

论说文：根据下述材料，写一篇 700 字左右的论说文，题目自拟。

现实中，一些企业仍依赖传统经验管理，制度松散、流程模糊、决策随意，常常出现“靠人管人、凭经验拍板”的现象，组织运行效率低、风险难以控制；而那些实现治理现代化的企业，往往注重制度建设、流程再造、数据管理与技术赋能，形成了高效、规范、智能的治理体系。

第 1 步 进行审题立意，写出标题

第 1 步 定主题	本题的材料中直接涉及现实生活中的案例，故为争议案例类材料。**争议决定主题（谜底就在谜面上）**本题的材料作了一个对比，依赖传统经验管理的企业运行效率低，而实现治理现代化的企业形成了高效、规范、智能的治理体系。因此，材料中的核心词是“现代治理能力”，可见本文的主题应该是“提升现代治理能力”。
第 2 步 定态度	**结果决定态度：**“提升现代治理能力”对企业是有利的，应该支持，即：“要提升现代治理能力”。
第 3 步 定对象	**对象一致性：**材料的对象是企业，因此，我们也要写企业。即：“企业要提升现代治理能力”。
写出标题	**万能标题 1：** 对象（企业）+ 态度（要）+ 主题（提升现代治理能力） **万能标题 2：** 措施（提升现代治理能力）+ 目的（促进企业发展）

第2步 使用3句开头法，写出首段

依赖传统经验管理的企业运行效率低，而实现治理现代化的企业形成了高效、规范、智能的治理体系（引材料句）。可见（过渡句），企业要提升现代治理能力（论点句）。

第3步 确定全文结构与分论点

该话题可使用“有好处式”结构：有好处/有必要+有好处/有必要+辩证段+建议段。

在第3章第2节的方法论中，我们总结了四大层级的利益相关者Y。将“提升现代治理能力”代入各个Y，得出如下分论点参考表：

层级分类	利益相关者Y	分论点X→Y
经营层	提高收入	提升现代治理能力有助于提升企业收入
	降低成本	提升现代治理能力有助于降低运营成本
	降低风险	提升现代治理能力有助于降低企业经营风险
	增强竞争力	提升现代治理能力有助于增强企业竞争优势
	拓展市场	提升现代治理能力有助于开拓新市场/增加市场份额
	建设品牌	提升现代治理能力有助于提升品牌影响力
	顾客满意度	提升现代治理能力有助于提升顾客满意度
事务层	提高执行效率	提升现代治理能力有助于提升企业运行效率
	优化资源配置	提升现代治理能力有助于提高企业资源利用率
组织层	组织/企业发展	提升现代治理能力有助于促进企业发展
社会层	行业发展	提升现代治理能力有助于推动行业治理结构标准化

从以上表格中选出2个你记得牢的、会写的，作为你的文章的分论点。

请为以下主题（X）补充分论点：

（1）数字化管理

做好数字化管理________________

做好数字化管理________________

（2）智能化运营

做好智能化运营________________

做好智能化运营________________

（3）做好合规管理

做好合规管理________________

做好合规管理______

（4）数据驱动决策

数据驱动决策______

数据驱动决策______

第4步 写出论证段——XFY法/正反对比法/演绎法

论证段1 XFY法——企业收入=销量×价格

提升现代治理能力有助于提升企业收入（X→Y）。一方面，治理现代化能够推动流程规范与服务提效，提升客户满意度与复购率，从而带动销量增长（销量）；另一方面，规范治理有助于建立稳健的质量体系，增强品牌公信力，进而支撑企业获取更高溢价（价格）。可见，治理水平越高，企业收入增长的基础就越坚实（总结句）。

论证段2 正反对比法——经营风险=信息不对称×反应滞后×决策偏差

提升现代治理能力有助于降低企业经营风险（X→Y）。现代化治理强调数据支持和流程规范，这能够有效减少信息不对称，并且提升企业的反应速度与决策科学性（正面）。反之，若治理体系松散，制度执行不严，企业往往难以及时掌握真实情况，决策也容易依赖经验或个人判断，导致应对失误甚至酿成重大损失（反面）。由此可见，治理现代化是企业稳健经营的重要保障（总结句）。

论证段3 演绎法——市场拓展力=新客户获取力×市场渗透能力×区域延伸能力

提升现代治理能力有助于拓展市场（X→Y）。根据市场战略理论，企业能否成功拓展市场取决于是否具备强大的客户响应机制、产品供给能力与区域协同能力（理论依据）。治理现代化能够推动企业流程标准化、决策科学化，从而实现对多区域市场的稳定复制（怎么做+会如何）。例如，连锁品牌名创优品通过统一管理与数字系统支持，在全球复制其门店模式，迅速占领新兴市场（例证）。可见，治理越现代，市场边界就越广阔（总结句）。

从以上3个段落中任选2个作为你的文章的论证段。当然，你也可以根据你在上一步中确定的分论点，自行写出2个论证段。

段落仿写练习1：请以“做好智能化运营”为话题，仿写一个论证段。

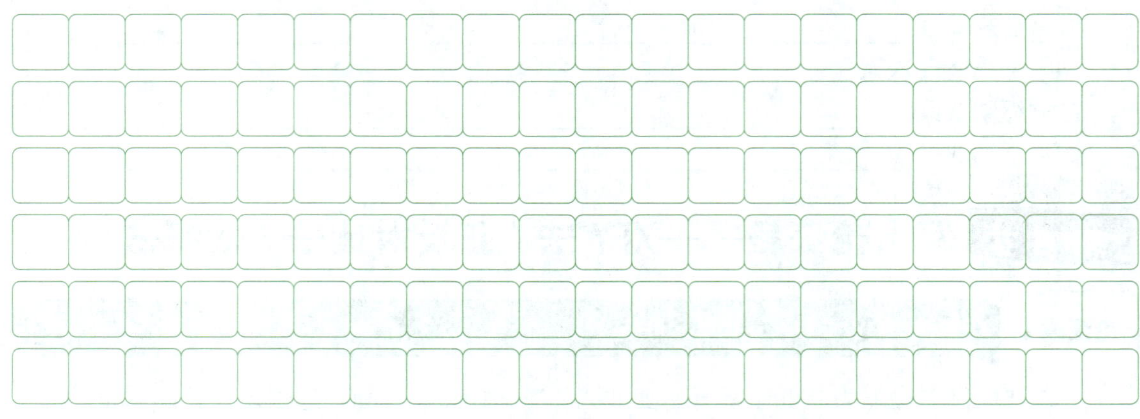

第5步 写出辩证段——问题/困难/风险

如果材料中本身有问题/困难/风险，应该优先应用材料。本题的材料中出现了问题/困难/风险，我们可结合材料进行分析。段落范文如下：

辩证段范文1：主观F2（思维狭隘）+客观F6（环境不稳）

但在现实中，其推进仍面临重重阻力。一方面，一些管理者治理理念落后，仍固守“拍脑袋决策”“靠人管人”的经验路径，缺乏数据意识（F2：思维狭隘）；另一方面，一些企业所处行业不确定性高，政策频变、市场波动剧烈，导致制度常变，治理改革缺乏持久土壤（F6：环境不稳）。若不突破观念限制、稳定外部条件，治理现代化将难以扎实落地。

辩证段范文2：主观F4（行为偏差）+客观F5（资源匮乏）

但是，治理现代化在实施过程中容易出现问题。一方面，一些企业内部“制度上墙、执行落空”，管理者重布置轻落实，执行流于形式、行为偏差频出（F4：行为偏差）；另一方面，有的企业推进现代化治理所需的系统工具、数据平台与专业人力投入不足，导致现代化建设缺乏技术支撑与执行抓手（F5：资源匮乏）。

段落仿写练习2：请以“做好智能化运营”为话题，仿写一个辩证段。

第6步 写出建议段

建议段要能解决辩证段中提出的问题，故本文的建议段范文如下：

建议段范文1：——对应辩证段范文1/思维环境式

要提升现代治理能力，既要转变认知，也要改善环境。一方面，应强化企业高层的数据意识，通过案例教学，帮助管理者摆脱经验依赖、更新治理观念（F2：拓展思维）；另一方面，还要关注企业外部环境的变化性，建立多部门联动机制，提升对政策变化与市场波动的快速响应能力（F6：应对环境）。

建议段范文2：——对应辩证段范文2/标本兼治式

要破解治理“形有而神缺”的难题，必须标本兼治。一方面，应建立制度执行力考核机制，压实管理者责任，纠正“重布置轻落实”的习惯，推动行为向制度对齐（F4：改进行为）；另一方面，还应加大治理数字化平台与人才体系建设的投入，强化资源供给，提升制度落地的技术支撑力（F5：投入资源）。

段落仿写练习3：请以“做好智能化运营”为话题，仿写一个建议段。

第7步 写出结尾段

结尾段范文：

总之，唯有提升现代治理能力，才能真正摆脱“经验管人”的旧模式，构建高效、规范、智能的现代治理体系，为企业在复杂环境中稳健前行提供坚实支撑（重申论点）。

全文参考范文

企业要提升现代治理能力

吕建刚　花丽娜

依赖传统经验管理的企业运行效率低，而实现治理现代化的企业形成了高效、规范、智能的治理体系（引材料句）。可见（过渡词），企业要提升现代治理能力（论点句）。

提升现代治理能力有助于提升企业收入（X→Y，收入 = 销量 × 价格）。一方面，治理现代化能够推动流程规范与服务提效，提升客户满意度与复购率，从而带动销量增长；另一方面，规范治理有助于建立稳健的质量体系，增强品牌公信力，进而支撑企业获取更高溢价。可见，治理水平越高，企业收入增长的基础就越坚实。

提升现代治理能力有助于降低企业经营风险（X→Y，经营风险 = 信息不对称 × 反应滞后 × 决策偏差）。现代化治理强调数据支持和流程规范，这能够有效减少信息不对称，并且提升企业的反应速度与决策科学性。反之，若治理体系松散，制度执行不严，企业往往难以及时掌握真实情况，决策也容易依赖经验或个人判断，导致应对失误甚至酿成重大损失。由此可见，治理现代化是企业稳健经营的重要保障。

但在现实中，其推进仍面临重重阻力。一方面，一些管理者治理理念落后，仍固守“拍脑袋决策”“靠人管人”的经验路径，缺乏现代数据意识（F2：思维狭隘）；另一方面，一些企业所处行业不确定性高，政策频变、市场波动剧烈，导致制度常变，治理改革缺乏持久土壤（F6：环境不稳）。若不突破观念限制、稳定外部条件，治理现代化将难以扎实落地。

因此，要提升现代治理能力，既要转变认知，也要改善环境（思维环境式）。一方面，应强化企业高层的数据意识，通过案例教学，帮助管理者摆脱经验依赖、更新治理观念（F2：拓展思维）；另一方面，还要关注企业外部环境的变化，建立多部门联动机制，提升对政策变化与市场波动的快速响应能力（F6：应对环境）。

总之，唯有提升现代治理能力，才能真正摆脱“经验管人”的旧模式，构建高效、规范、智能的现代治理体系，为企业在复杂环境中稳健前行提供坚实支撑（重申论点）。

全文共 684 字

老吕写作33篇 全文打卡练习14

论说文：根据下述材料，写一篇700字左右的论说文，题目自拟。

有人将企业比作一艘航行在复杂海域的巨轮，而数据，则是这艘巨轮的“雷达系统”。没有雷达，航行只能靠经验与目测，面对暗礁与风暴，反应迟缓、风险倍增；有了雷达，企业便能实时感知外部变化、内部状态，精准识别风险与机会。

第1步 审题立意

第1步 定主题	
第2步 定态度	
第3步 定对象	
写出标题	

第2步 正文提纲

论证段1 ________________

论证段2 ________________

辩证段 ________________

建议段 ________________

第3步 完成全文并打卡

使用作文纸完成全文，参与打卡。

第4步 领取范文，对照修改

在打卡群领取本篇范文，对照范文修改自己的文章。

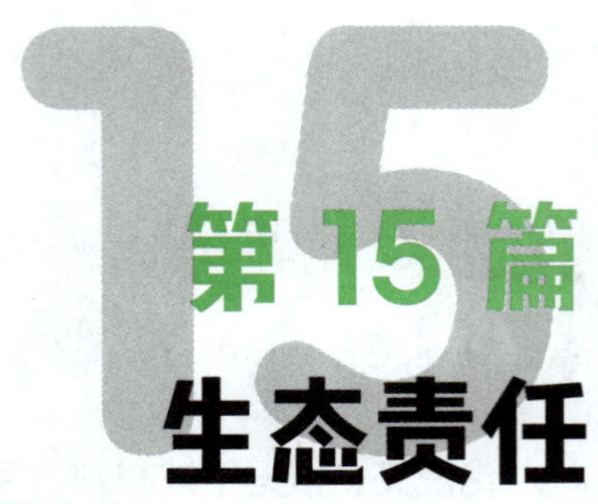

第 15 篇 生态责任

说明

现代企业不只是市场竞争的参与者，更是生态系统的构建者与社会责任的承担者。企业的生态责任，既包括对自然环境的可持续保护，也包括对行业生态的良性维护、对社会公众的积极回应。一个有责任感的企业，往往不仅关注利润，更注重长期价值与共同体发展。

本篇以“**承担社会责任**”为例展开论述。其他相关话题，如**绿色发展、行业协同、营商环境建设、公共治理参与、可持续发展理念、积极参与合作**等，也可参照本篇进行仿写。

论说文：根据下述材料，写一篇 700 字左右的论说文，题目自拟。

在一次论坛上，有人提问：“企业的首要责任是创造利润，为什么还要承担社会责任？”一位企业家答道：“利润是企业的生存线，责任是企业的生命线。”

第 1 步 进行审题立意，写出标题

第 1 步 定主题	本题的材料中直接给出观点，故为观点类材料。**观点决定主题（谜底就在谜面上）**：材料中的核心句是“责任是企业的生命线”，可见本文的主题应该是“承担社会责任”。
第 2 步 定态度	**结果决定态度**：“承担社会责任”对企业是有利的，应该支持，即：“要承担社会责任”。
第 3 步 定对象	**对象一致性**：材料的对象是企业，因此，我们也要写企业。即：“企业要承担社会责任”。
写出标题	**万能标题 1**：对象（企业）+ 态度（要）+ 主题（承担社会责任） **万能标题 2**：措施（承担社会责任）+ 目的（促进企业发展）

第2步 使用3句开头法，写出首段

有人说："利润是企业的生存线，责任是企业的生命线。"（引材料句）这句话提醒我们（过渡句），企业发展不能只看眼前利益，也要承担社会责任（论点句）。

第3步 确定全文结构与分论点

该话题可使用"有好处式"结构：有好处 / 有必要 + 有好处 / 有必要 + 辩证段 + 建议段。

在第3章第2节的方法论中，我们总结了四大层级的利益相关者 Y。将"承担社会责任"代入各个 Y，得出如下分论点参考表：

层级分类	利益相关者 Y	分论点 X → Y
经营层	建设品牌	承担社会责任有助于建设企业品牌 / 提升品牌影响力
	顾客满意度	承担社会责任有助于提升顾客满意度
组织层	组织 / 企业发展	承担社会责任有助于推动企业发展
社会层	行业发展	承担社会责任有助于促进行业发展
	社会责任	承担社会责任有助于增强企业对社会的正向贡献

从以上表格中选出2个你记得牢的、会写的，作为你的文章的分论点。

请为以下主题（X）补充分论点：

（1）绿色发展

注重绿色发展________________

注重绿色发展________________

（2）参与行业协同

参与行业协同________________

参与行业协同________________

（3）参与公共治理

参与公共治理________________

参与公共治理________________

（4）合作

积极参与合作________________

积极参与合作________________

第4步 写出论证段——XFY法/正反对比法/演绎法

论证段1 XFY法——行业发展＝良性竞争×协作顺畅×技术共享

承担社会责任有助于促进行业发展（X→Y）。社会责任的履行不仅体现企业自身的规范意识，更能通过行为示范带动行业形成更有序的市场竞争（良性竞争）；同时，积极履责的企业往往更重视与上下游的协作与共赢，在协同治理中表现出更强的开放心态（协作顺畅）。由此可见，企业履责不仅利己，更是促进行业整体跃升的重要推动力（总结句）。

论证段2 正反对比法——企业发展＝战略清晰×流程规范×权责明确×激励有效×协作顺畅×氛围融洽

承担社会责任有助于推动企业发展（X→Y）。有责任意识的企业，往往在战略制定上更注重长远与可持续，在管理中更注重流程规范，也更愿意建立与其他企业的协作文化，从而保障发展有序推进（正面）。反之，若企业漠视社会责任，易陷入逐利短视的困境，导致战略浮躁、管理失衡、文化功利，易造成发展失稳（反面）。可见，责任意识是一种长效发展的内在驱动力（总结句）。

论证段3 演绎法——品牌建设＝用户认知×产品价值×情感连接

承担社会责任有助于建设企业品牌（X→Y）。根据品牌管理理论，品牌的塑造不仅依赖产品本身，更依赖于公众认知、价值体验与情感连接（理论依据）。当企业积极履行社会责任时，能通过公益实践等行动提升社会形象，增强用户认知；同时，通过持续履责传递价值立场，强化品牌情感共鸣（怎么做＋会如何）。例如，伊利通过公益项目与可持续发展承诺，不仅提升了产品形象，也加深了消费者的情感认同（例证）。可见，责任履行是品牌长期保持生命力的重要支撑（总结句）。

从以上3个段落中任选2个作为你的文章的论证段。当然，你也可以根据你在上一步中确定的分论点，自行写出2个论证段。

段落仿写练习1：请以“注重绿色发展”为话题，仿写一个论证段。

第5步 写出辩证段——问题 / 困难 / 风险

如果材料中本身有问题 / 困难 / 风险，应该优先应用材料。本题的材料中没有问题 / 困难 / 风险，我们可结合主观因素与客观因素进行分析。段落范文如下：

辩证段范文1： **主观F1（意愿缺乏）+ 客观F7（机制缺失）**

但在现实中，责任实践往往流于表面。一方面，一些企业管理者社会责任意识淡薄，依然停留在“利润至上”的狭隘思维，缺乏主动承担社会责任的意愿（F1：意愿缺乏）；另一方面，一些企业内部缺少系统化的责任机制，使得责任行动缺乏规范，容易沦为“秀场工程”（F7：机制缺失）。若不强化意愿与健全机制，社会责任便难以真正落到实处。

辩证段范文2： **主观F3（能力不足）+ 客观F5（资源匮乏）**

社会责任不仅需要有心，更需要有力。一方面，一些企业管理者缺乏将社会责任理念转化为可执行项目的能力，导致责任工作停留在口号层面，无法系统推进（F3：能力不足）；另一方面，一些企业在社会责任方面投入的资源不足，缺乏专项资金、专业团队与传播渠道支撑，导致责任项目难以规模化运作（F5：资源匮乏）。缺能力、少资源，责任感再强，也难以形成真正的社会影响力。

段落仿写练习2： **请以“注重绿色发展”为话题，仿写一个辩证段。**

第6步 写出建议段

建议段要能解决辩证段中提出的问题，故本文的建议段范文如下：

建议段范文1：——对应辩证段范文1/意愿机制式

要推动企业真正履行社会责任，需要协同发力。一方面，应通过系统培训，强化管理者对承担社会责任重要性的认知，激发主动担当的内生动力（F1：增强意愿）；另一方面，应将承担社会责任融入企业战略规划中，完善目标设定、执行反馈与责任考核机制，确保责任落实有制度支撑（F7：健全机制）。

建议段范文2：——对应辩证段范文2/思想行动式

要破解社会责任“喊口号、难落地”的困境，要做到以下两点：思想上，应加强对各层级管理者的系统培训，提升将责任理念转化为可执行方案的实际能力（F3：提升能力）；行动上，应加大在社会责任领域的人才、资金与平台投入，完善责任履行的支撑资源与传播渠道（F5：投入资源）。

段落仿写练习3：请以“注重绿色发展”为话题，仿写一个建议段。

第7步 写出结尾段

结尾段范文：

总之，承担社会责任不是企业发展的负担，而是赢得未来竞争力的源泉（总结全文）。唯有将责任意识融入战略，将责任行动落到实处，企业才能在创造经济价值的同时，实现更大的社会价值（重申论点）。

全文参考范文

企业要承担社会责任

吕建刚　花丽娜

有人说：“利润是企业的生存线，责任是企业的生命线。”（引材料句）这句话提醒我们（过渡句），企业发展不能只看眼前利益，而应承担社会责任（论点句）。

承担社会责任有助于推动企业发展（X→Y，企业发展=战略清晰×流程规范×权责明确×激励有效×协作顺畅×氛围融洽）。有责任意识的企业，往往在战略制定上更注重长远与可持续，在管理中强调制度流程规范，也更愿意建立与其他企业的协作文化，从而保障发展有序推进。反之，若企业漠视社会责任，易陷入逐利短视，导致战略浮躁、管理失衡、文化功利，最终发展失稳。可见，责任意识是一种长效发展的内在驱动力。

承担社会责任有助于促进行业发展（X→Y，行业发展=良性竞争×协作顺畅×技术共享）。社会责任的履行不仅体现企业自身的规范意识，更能通过行为示范带动行业形成更有序的市场竞争；同时，积极履责的企业往往更重视与上下游的协作与共赢，在协同治理中表现出更强的开放心态。由此可见，企业履责不仅利己，更是促进行业整体跃升的重要推动力。

不可否认，现实中不少企业履责仍有困难。一方面，部分管理者责任意识淡薄，仍抱有“利润至上”的狭隘思维（F1：意愿缺乏）；另一方面，一些企业内部缺乏系统化的社会责任机制，导致责任行动碎片化、流于形式（F7：机制缺失）。若不突破意愿与机制短板，社会责任便难以真正落地。

要推动企业真正履行社会责任，需要协同发力（意愿机制式）。一方面，应通过系统培训，强化管理者对承担社会责任重要性的认知，激发主动担当的内生动力（F1：增强意愿）；另一方面，还应将社会责任融入企业战略规划中，完善目标设定、执行反馈与责任考核机制，确保责任落实有制度支撑（F7：健全机制）。

总之，承担社会责任不是企业发展的负担，而是赢得未来竞争力的源泉（总结全文）。唯有将责任意识融入战略，将责任行动落到实处，企业才能在创造经济价值的同时，实现更大的社会价值（重申论点）。

全文共660字

老吕写作33篇 全文打卡练习15

论说文：根据下述材料，写一篇700字左右的论说文，题目自拟。

有人说，企业不是一座孤岛，而是生态系统中的一环。现实中，一些企业单打独斗、封闭发展，结果资源浪费、抗风险能力差；还有一些企业注重合作，往往通过上下游协同、同行联动、跨界共建，赢得了更大的发展空间。

第1步 审题立意

第1步 定主题	
第2步 定态度	
第3步 定对象	
写出标题	

第2步 正文提纲

论证段1 ______________________________

论证段2 ______________________________

辩证段 ______________________________

建议段 ______________________________

第3步 完成全文并打卡

使用作文纸完成全文，参与打卡。

第4步 领取范文，对照修改

在打卡群领取本篇范文，对照范文修改自己的文章。

第4章

论说文33篇：社会/经济类

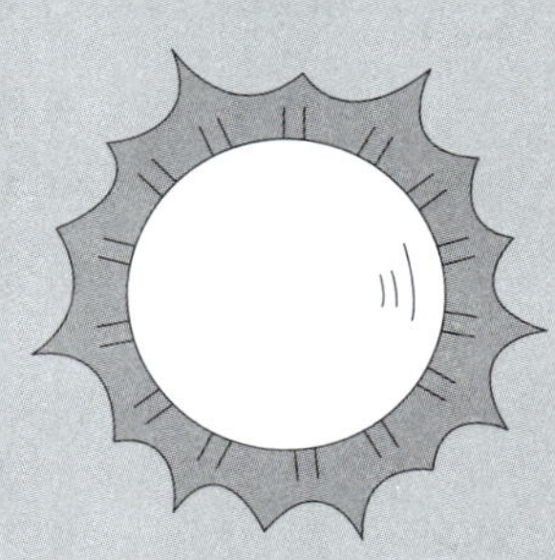

第1节 命题分析与命题预测

1. 什么是社会 / 经济类话题

社会 / 经济类话题是指以公共事务、社会现象或宏观经济议题为讨论对象的论说文。这类题目通常聚焦“人类命运共同体的运行逻辑”，强调对公平、发展、责任、制度、合作等现实问题的理性分析。

常见的题材包括：老龄化与社会保障、人工智能与人类劳动、环境保护与可持续发展、公共服务的公平性、社会认同与文化多样性等。它要求考生跳脱个人或组织的立场，站在“社会整体”的角度，理解问题的多元维度，并提出具有公共价值的观点和方案。

这类话题的命题形式更加贴近现实热点，既考查思辨能力，也体现考生对社会责任与时代议题的理解与回应。

我知道你最怕的就是社会 / 经济类话题，它确实比较难，但是不用怕，学完这一章你会对社会治理和经济发展有深刻的理解。

2. 社会 / 经济类话题考过哪些真题？

2009 年至今的管理类联考真题（共 17 年）和 2021 年至今的经济类联考真题（共 5 年）中，社会 / 经济类的命题统计如下：

	年份与主题	命题概率
管理类联考	2016 年：多样性与一致性 2018 年：人工智能 2025 年：社会认同	17 年共考了 3 道，命题概率 17.6%
经济类联考	2021 年：可持续发展（也可以写企业，但写社会更好） 2022 年：老年人免费乘车 2023 年：社会事务的合作	5 年共考了 3 道，命题概率 60%

3. 社会 / 经济类话题将来可能怎么考？

社会 / 经济类写作题目的本质，是“围绕公共议题提出理性思考与行动建议”。只要我们掌握社会运行中的主要矛盾与结构性问题，就能有效预测未来的命题方向。

以下是社会 / 经济类话题可能涉及的 7 大主题分类，对应核心问题、代表性话题分析如下：

序号	核心问题	主题分类	代表性话题
1	增长靠什么?	经济增长类	创新驱动、产业升级、区域协调、数字经济、就业促进等
2	能否持久发展?	绿色转型类	环境保护、低碳经济、绿色能源、循环利用、生态文明等
3	怎么实现公平?	公共服务类	教育公平、社会保障、养老服务、住房供给、交通出行等
4	社会如何运转?	治理机制类	基层治理、部门协同、政策执行、制度创新、应急管理等
5	技术带来什么影响?	科技伦理类	人工智能、算法公平、数据安全、平台责任、技术失业等
6	多元如何共处?	文化认同类	文化多样性、代际冲突、城乡融合、身份认同、舆论极化等
7	社会为何有活力?	社会价值类	公共精神、责任意识、规则意识、服务意识、志愿精神等

4. 如何系统攻克社会/经济类话题?

遇到社会/经济类题目，你可能感到“太大”“太空”“无从下笔”。确实，这类话题关注的是公共议题与社会整体，而不是具体的管理行为或个体选择，容易出现思路发散、语言空泛、观点浅薄的问题。

为此，我建议你采用如下三步策略，系统破解写作难点：

第1步：记住这7类主题及其核心问题

社会/经济类话题看似千变万化，实则都能归入“增长靠什么、能否持久发展、怎么实现公平”等7大核心问题中。你只要记住这7个分类维度，就能快速判断任何一道题目的写作方向：

这是讨论经济结构的转型，还是环境治理的路径?

是围绕社会公平展开，还是强调技术的挑战?

题目落点是价值引导，还是协同治理?

明确分类之后，立意就有了方向，结构也更好把控。

第2步：每类掌握两个“通用分论点+写作公式”

就像我们在管理者类和个人类、企业类话题中设置了标准分论点一样，社会/经济类话题我们也会为你每类准备好两个万能分论点，每个都配套写作公式+三种论证段写法+模板化辩证段与建议段。

这些分论点和公式你不需要自己构造，我都会帮你写好，你只需要选准主题，套用模板即可。

第3步：掌握通用结构，实现一题多用

当你熟练掌握7类主题与固定分论点后，无论题目是“人工智能的影响”，还是“如何提升社会认同感”，你都能在3秒内识别主题归类，3分钟内搭建结构框架，30分钟内写出一篇有逻辑、有深度、有现实感的高质量作文。

最后强调：

社会/经济类写作不考你是不是专家，而是考你是否能从公共视角出发，提出有逻辑、有温度的思考与建议。只要掌握方法，哪怕是宏大话题，你也能轻松拆解、快速成文。

第2节 如何写好社会/经济类话题的分论点

你可能会说：老师，我平时不太关心这些社会议题，也没研究过什么制度设计、民生政策，感觉没什么可写的；也可能会说，我看得懂题，但不知道怎么写具体观点、分论点，总觉得太空太大。别担心，不用怕，我来教你，我们能学好。

1. 社会/经济类话题的分论点基本逻辑——理解本质

如前文所述，论说文的分论点的基本结构为：

主题/行为（X）→利益（Y）

社会/经济类话题的主题（X），通常是某项公共政策、社会现象、治理举措或价值理念，比如：老年人免费乘车、人工智能普及、提升社会认同、代际对话机制、加强环保约束、弘扬规则意识等。

那我们为什么要推动这些社会行动？其实归根到底也就两个目的：

第一，提升人民福祉。这是社会治理的直接目标，让人们生活更便利、更公平、更幸福。

第二，推动社会发展。这是宏观层面的价值追求，促进国家繁荣、社会稳定、时代进步。

也就是说，哪怕你实在不知道怎么展开，只要记住这两个万能分论点，也能写出一篇合格的社会/经济类作文。

2. 如何写出更多分论点——基本逻辑的拓展

如果你想让作文更有逻辑层次与内容深度，你可以借助社会运行的“四个层级视角”来分析主题的影响：

层级	解释	核心问题
个体层	对普通人的直接影响	老百姓是否更幸福？生活是否有改善？
事务层	对具体社会事务的改进	社会服务是否更高效？公共问题是否得到解决？
社会层	对社会结构与群体关系的影响	社会是否更和谐？文化认同是否增强？经济是否更有活力？
国家层	对国家发展与战略目标的贡献	是否助力国家治理？是否提升国家竞争力？

通过这个“四层视角”，我们可以构建如下万能分论点模板：

层级分类	利益相关者（Y）	分论点示例：X 有助于……
个体层	幸福感	X 有助于提升群众幸福感
	就业机会	X 有助于拓展个体就业机会 / 促进就业
	个人发展	X 有助于促进个人发展
事务层	服务效率	X 有助于提升公共服务效率
	资源配置	X 有助于优化资源配置
	问题解决	X 有助于解决社会问题
社会层	社会收益	X 有助于提高社会总收益
	社会成本	X 有助于降低社会总成本
	公众满意度	X 有助于增强公众满意度
	社会和谐 / 公平	X 有助于促进社会和谐 / 公平
	价值共识	X 有助于形成价值共识
	文化自信	X 有助于增强文化自信
国家层	产业结构	X 有助于升级产业结构
	经济发展	X 有助于促进经济发展
	高质量发展	X 有助于实现高质量发展
	国际竞争力	X 有助于提升国际竞争力

第3节 如何让社会/经济类话题的论证有深度

写好分论点后，咱们就要展开论证了。是不是感觉自己无话可说，没事的，学完本节，你就可以畅谈社会和经济了。

1. 个体层的万能论证段——让个人更好

分论点1 主题（X）有助于提升群众幸福感（Y）

——幸福感 = 收入高 + 过得好 + 有保障 + 有发展 + 生活便利

写法1 XFY法

发展数字经济有助于提升群众幸福感（X→Y）。一方面，数字经济拓展了就业渠道，催生了灵活就业，为群众提供了更丰富的收入来源（收入高）；另一方面，数字技术广泛应用于政务、医疗、教育等场景，提升了公共服务效率，让群众日常生活更舒适顺畅（过得好、生活便利）；同时，数字平台普及了在线教育与技能培训，能帮助个体获取发展机会（有发展）。可见，提升群众幸福感离不开数字经济（总结句）。

写法2 正反对比法

发展数字经济有助于提升群众幸福感（X→Y）。数字经济催生了多样化的就业形式，优化了办事流程，让群众“挣钱更灵活、生活更轻松”（正面）。反之，若数字基础薄弱，那么公众服务就要依靠线下排队，不仅服务效率低，还增加了群众的生活负担，这就会损害群众的生活幸福感（反面）。

写法3 演绎法

发展数字经济有助于提升群众幸福感（X→Y）。根据社会治理现代化逻辑，幸福感既与生活改善相关，也与发展机会相关（理论依据）。数字经济推动政务、医疗、教育等服务智能化，让生活更加便捷。例如，浙江构建“数字生活圈”，让群众实现“掌上办事、家门服务”，让群众幸福感显著增强（例证）。而且还能拓宽远程就业与线上创业通道，从而提升群众收入（怎么做＋会如何），这样就进一步提高了群众的幸福感。

老吕写作33篇 段落仿写练习4.1——提升群众幸福感

请完成以下段落（本书练习的答案和参考范文可加入33篇打卡群领取。注意，本书的审题立意和段落仿写练习，不要求参与打卡。打卡从第2章第1篇全文打卡练习1开始。）

　　发展教育有助于提升群众幸福感。

分论点2 主题（X）有利于促进就业（Y）——就业机会=岗位数量×匹配效率×稳定保障

写法1 XFY法

发展数字经济有利于促进就业（X→Y）。一方面，它推动平台经济、信息服务、短视频等新业态发展，催生了大量的新岗位（岗位数量）；另一方面，数字平台整合招聘信息、技能培训和人才数据，提升人岗匹配效率，从而缓解结构性失业难题（匹配效率）；同时，一些数字平台已构建评价、合约、社保等机制，能增强灵活就业者的权益保障（稳定保障）。可见，数字经济能为稳定就业提供新路径（总结句）。

写法2 正反对比法

发展数字经济有利于促进就业（X→Y）。数字经济催生出线上客服、短视频运营、即时配送等岗位，让更多人获得灵活就业与远程工作机会；同时，数字平台提高了招聘与求职效率，降低了匹配成本，缓解了传统市场的供需错位（正面）。反之，若忽视数字经济建设，就业市场将可能面临岗位总量不足与匹配效率低下的双重压力（反面）。可见，数字经济是破解就业难题的关键力量（总结句）。

写法3 演绎法

发展数字经济有利于促进就业（X→Y）。根据劳动力市场机制理论，就业水平取决于岗位总量、匹配效率与劳动保障的协同提升（理论依据）。现实中，数字经济发展带动了内容创作、电商运营、直播带货等新兴职业，拓宽了就业容量；同时，智能招聘平台提升了用工匹配效率，缓解了“有人找不到工作、岗位却没人干”的矛盾（怎么做＋会如何）。例如，“美团骑手”“淘宝主播”等群体，正成为就业扩容的重要支撑（例证）。

老吕写作33篇 段落仿写练习4.2——促进就业

请完成以下段落（本书练习的答案和参考范文可加入33篇打卡群领取。注意，本书的审题立意和段落仿写练习，不要求参与打卡。打卡从第2章第1篇全文打卡练习1开始。）

发展教育有助于促进就业。

分论点3 主题（X）有助于促进个人发展（Y）——个人发展＝能力提升×思维转变×经验积累×发展机会

写法1 XFY法

构建学习型社会有助于促进个人发展（X→Y）。一方面，它通过制度保障终身教育，鼓励个体在不同阶段持续学习，带来了个体能力的提升（能力提升）；另一方面，社区讲座、线上课程、公共图书馆等学习资源普及，为不同群体提供了多样化的成长平台（发展机会）。可见，构建学习型社会能够助力个体的持续成长（总结句）。

写法2 正反对比法

构建学习型社会有助于促进个人发展（X→Y）。学习型社会为个体提供更多的学习机会，带来个体的能力提升（正面）。反之，若缺乏终身学习机制，教育资源只集中于校园和青年阶段，许多人一旦错过“黄金期”便难以重新起步，容易陷入成长停滞的困境（反面）。可见，建设学习型社会是畅通个体发展通道的重要保障（总结句）。

写法3 演绎法

构建学习型社会有助于促进个人发展（X→Y）。根据终身教育理论，个体成长是贯穿全生命周期的持续过程（理论依据）。现实中，学习型社会为不同群体提供制度化学习渠道与广泛的资源支持，既提升了个人能力，也拓展了再就业、转型升级等发展路径（怎么做+会如何）。例如，多个城市设立“社区大学”，吸引中年职工和退休人群参与再学习，重塑其成长目标（例证）。可见，学习型社会是促进个人发展的长效机制（总结句）。

老吕写作33篇 段落仿写练习4.3——促进个人发展

加强职业技能培训有助于促进个人发展。

2. 事务层的万能论证段——把事管好

分论点 4 主题（X）有助于提升公共服务效率（Y）
——公共服务效率＝目标清晰 × 流程规范 × 执行到位

写法1 XFY 法

发展数字科技有助于提升公共服务效率（X→Y）。一方面，数字技术有助于精准识别公众需求，实现服务对象与服务内容的高效匹配，使服务目标更加清晰（目标清晰）；另一方面，数字化流程管理能规范业务操作，提升部门协同与响应效率（流程规范 × 执行到位）。可见，数字科技为公共服务的提速、提质、提效提供了技术支撑（总结句）。

写法2 正反对比法

发展数字科技有助于提升公共服务效率（X→Y）。具备数字科技能力的服务机构，能通过大数据分析明确群众诉求、通过智能系统规范流程、通过信息平台提升执行效率，从而让公共服务更有方向、更有标准、更有结果（正面）。反之，若服务体系仍依赖人工处理，就容易出现“排队久、流程乱、效率低”等问题，从而导致群众满意度不高（反面）。可见，公共服务要高效，离不开数字科技的赋能（总结句）。

写法3 演绎法

发展数字科技有助于提升公共服务效率（X→Y）。根据公共管理理论，高效服务体系需要建立在明确目标导向、规范流程设计与高效执行机制的基础上（理论依据）。数字科技能通过数据分析锁定服务关键点，提高政策设计的精准度；借助流程引擎推动标准化管理，减少重复操作；并通过智能平台实现服务在线响应、自动反馈与持续优化（怎么做＋会如何）。例如，“粤省事”“浙里办”等政务服务平台，通过一站式办理流程，大幅提升了群众办事效率与满意度（例证）。由此可见，数字科技已成为现代公共服务提效的关键支点（总结句）。

老吕写作33篇 段落仿写练习4.4——提升公共服务效率

优化办事流程能提高公共服务效率。

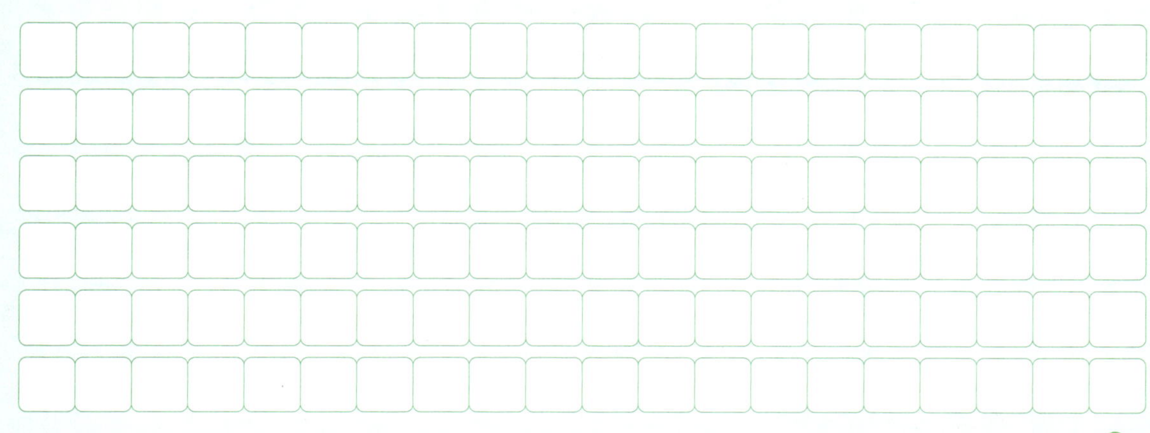

分论点5 主题（X）有助于优化资源配置（Y）——资源利用率＝配置精准×使用规范×成本节约

写法1 XFY法

发展新质生产力有助于优化资源配置（X→Y）。一方面，新质生产力依托科技创新，引导资源流向高技术产业，使有限的资源集中用于更具成长性的关键领域（配置精准）；另一方面，它强调数字化管理、标准化流程，推动各类资源在使用过程中更加有序、精准（使用规范）；同时，通过技术进步降低生产成本、减少资源浪费，也显著提升了资源投入产出比（成本节约）。可见，新质生产力能有效推动资源利用效率稳步提升（总结句）。

写法2 正反对比法

发展新质生产力有助于优化资源配置（X→Y）。通过推动科技驱动、智能制造，新质生产力能促进资源向效率更高、附加值更强的领域聚集，提升资源的配置效率与使用效能（正面）。反之，若仍依赖传统模式、粗放投入，不仅易造成资源错配、浪费严重，还可能陷入“高投入、低产出”的发展困境（反面）。可见，发展新质生产力是实现资源优化配置的重要方向（总结句）。

写法3 演绎法

发展新质生产力有助于优化资源配置（X→Y）。根据现代产业组织理论，高质量发展要求资源要素精准、高效、节约地投入到关键赛道（理论依据）。新质生产力通过大数据、人工智能、云计算等手段，能实现资源的精准匹配与动态调度（怎么做＋会如何）。例如，宁德时代等高端制造企业通过技术创新整合全球资源，显著提升了生产效率（例证）。由此可见，新质生产力是推动资源配置优化的重要引擎（总结句）。

老吕写作33篇 段落仿写练习4.5——优化资源配置

发展数字技术有助于优化资源配置。

分论点6 主题（X）有助于解决社会问题（Y）——解决社会问题＝发现问题×分析问题×解决问题

写法1 XFY法

完善社会保障体系有助于解决社会问题（X→Y）。健全的保障体系能够为政府提供大量数据支持，有助于及时发现困难群体的真实需求（发现问题）；同时，系统化的管理机制可以对问题根源进行深入分析，识别问题关键（分析问题）；更重要的是，社会保障作为制度性干预手段，能为群众提供资金支持、服务供给等帮扶，有效回应民生诉求（解决问题）。由此可见，社会保障体系是解决社会问题的重要支撑（总结句）。

写法2 正反对比法

完善社会保障体系有助于解决社会问题（X→Y）。当保障机制健全，政府能借助信息平台快速发现群众诉求，通过对问题根源的专业分析，有效提供医疗、养老、救助等服务，从而有效解决社会问题（正面）。反之，若保障体系薄弱，很多社会问题就无法被及时发现，更难以提供针对性解决方案，容易引发社会矛盾（反面）。由此可见，社会保障体系越完善，社会问题的响应与治理就越有力（总结句）。

写法 3　演绎法

完善社会保障体系有助于解决社会问题（X→Y）。根据社会治理理论，社会问题的有效治理依赖于三个关键环节：及时发现、科学分析与精准干预（理论依据）。社会保障体系覆盖医疗、就业、养老等民生领域，不仅能动态掌握群众需求，及时发现问题，还能通过数据整合，推动问题的综合应对（怎么做＋会如何）。例如，山东在推进城乡居民大病保险改革时，建立了因病致困群体的快速识别机制，实现了对困难家庭的定向救助（例证）。由此可见，健全的保障体系是推动社会问题闭环治理的关键制度支撑（总结句）。

3. 社会层的万能论证段——对全社会好

分论点 7　主题（X）有助于提高社会总收益（Y）

——社会总收益＝经济产出 × 公共效益 × 长远价值

写法 1　XFY 法

发展绿色产业有助于提高社会总收益（X→Y）。一方面，绿色产业作为新增长点，能帮助带动节能环保、新能源等上下游产业链发展，从而提升整体经济产出（经济产出）；

另一方面，它通过清洁能源替代、污染治理与生态修复，改善环境质量，有利于居民健康（公共效益）；同时，绿色发展理念有助于构建低碳、可持续的经济结构，为国家赢得未来竞争优势（长远价值）。三方面协同，显著提升社会整体收益。

写法2 正反对比法

发展绿色产业有助于提高社会总收益（X→Y）。它不仅拓宽了经济发展空间，还带来生态修复、资源节约和产业升级等一系列外部正效应（正面）。反之，若继续依赖高污染、高耗能产业，虽能带来短期增长，却易引发环境恶化、治理成本上升等隐患（反面）。可见，发展绿色产业既促发展，又利民生，是实现社会收益最大化的必由之路（总结句）。

写法3 演绎法

发展绿色产业有助于提高社会总收益（X→Y）。根据可持续发展理论，社会收益不仅体现在产出总量上，更取决于资源效率与生态承载力（理论依据）。现实中，绿色产业通过发展清洁能源、推广循环经济、推动低碳制造，能提升经济活动的绿色含量，从而带动经济转型升级（怎么做＋会如何）。例如，海南加快清洁能源岛建设，不仅促进区域经济增长，也有效改善了生态环境（例证）。可见，绿色产业是社会收益提升的重要支柱（总结句）。

老吕写作33篇 段落仿写练习4.7——提高社会总收益

推进教育公平有助于提升社会总收益。

分论点 8 主题（X）有助于降低社会总成本（Y）——社会总成本 = 显性成本 + 隐性成本 + 外部成本[①]

写法1 XFY 法

发展绿色产业有助于降低社会总成本（X→Y）。一方面，绿色产业通过节能减排与技术升级，既能降低能源消耗，也能减少污染治理的直接财政支出（显性成本）；另一方面，它能减少因环境污染造成的群体健康风险，从而降低潜在的医疗支出；而且，绿色发展缓解生态退化、减少极端天气事件带来的潜在风险，避免长远损失（外部成本 + 隐性成本）。可见，发展绿色产业是降低社会总成本的重要手段（总结句）。

写法2 正反对比法

发展绿色产业有助于降低社会总成本（X→Y）。绿色产业通过技术革新，能降低工业运行中的能源开支，同时缓解环境治理的财政压力（正面）。反之，若继续依赖高污染、高能耗路径，不仅浪费资源、污染环境，还将积压大量生态债务，带来未来更大的治理支出（反面）。可见，推动绿色产业，是降低社会运行代价的关键之举（总结句）。

写法3 演绎法

发展绿色产业有助于降低社会总成本（X→Y）。社会成本不仅包括可被直接计算的显性成本，还包括难以计算的隐性成本和外部成本（理论依据）。绿色产业倡导节能、降耗、可循环，不仅在生产环节减少资源投入等直接成本，还通过清洁替代降低环境污染等外部成本（怎么做 + 会如何）。例如，广东建设绿色制造园区，不仅提升了产业效益，也缓解了生态修复压力（例证）。可见，绿色产业是实现社会降本增效的长效机制（总结句）。

老吕写作33篇 段落仿写练习4.8——降低社会总成本

发展高新技术有助于降低社会总成本。

① 显性成本是“账面上的花钱”，看得见；隐性成本是“效率上的浪费”，难统计；外部成本是“别人替你买单”，但全社会都受损。

分论点 9 主题（X）有助于增强公众满意度（Y）
——公众满意度＝服务质量 × 获取便捷度 × 情绪认同感

写法1 XFY法

发展大数据技术有助于增强公众满意度（X→Y）。一方面，大数据有助于精准分析群众需求，推动服务资源科学配置，从而提升服务响应的精准度（服务质量）；另一方面，数据整合推动事项“一网通办”、流程智能引导、材料自动复用，能够大幅提升群众办事便利性（获取便捷度）；同时，大数据还强化了政策反馈机制，这能让群众感受到“诉求有回应、问题可追踪”，增强了群众的信任感（情绪认同感）。三者协同，全面提升公众满意度。

写法2 正反对比法

发展大数据技术有助于增强公众满意度（X→Y）。借助数据驱动，政府可更精准识别群众需求、主动发现问题、优化资源配置，使服务更高效、过程更顺畅、体验更舒适（正面）。反之，若缺乏数据支撑，服务模式将停留在“人找服务”的被动阶段，群众诉求难以及时响应，满意度也难以提升（反面）。可见，推动大数据建设是提升群众满意度的关键举措（总结句）。

写法3 演绎法

发展大数据技术有助于增强公众满意度（X→Y）。满意度取决于服务质量、获取便捷性与公众的情绪认同（理论依据）。大数据让政务服务更加一体化运行，减少群众“来回跑”“反复交”的无效流程，能提升群众的便捷体验（怎么做＋会如何）。例如，北京依托数据平台升级“12345”热线，实现智能分派与限时办理，显著提升了群众满意度（例证）。由此可见，大数据是提升公众满意度的重要引擎（总结句）。

老吕写作33篇 段落仿写练习4.9——增强公众满意度

搞好社会保障有助于增强公众满意度。

分论点10 主题（X）有助于促进社会和谐/公平（Y）——社会和谐/公平=权益保障×机会均等×群体认同

写法1 XFY法

建立文化自信有助于促进社会和谐（X→Y）。文化自信有助于增强社会共识，缓解“文化焦虑”“身份割裂”等心理障碍，增强群体之间的尊重与理解（群体认同）；它还能激发积极向上的精神力量，为构建有序、公正的社会秩序提供内在支撑（权益保障）。同时，文化自信也有助于包容差异，鼓励多元表达，为不同群体平等参与社会生活创造条件（机会均等）。三方面共同作用，有助于营造稳定、融洽、充满活力的社会环境。

写法2 正反对比法

建立文化自信有助于促进社会和谐（X→Y）。打造文化自信，有利于在全社会形成对主流价值观的认同，社会各群体之间也更愿意彼此包容，从而促进社会和谐（正面）。反之，如果文化自信缺失，就难以构建相对统一的价值观和主流思想，社会思潮复杂多样，那么利益冲突必然会加剧（反面）。因此，社会越是多元复杂，越需要以文化自信为核心构建和谐（总结句）。

写法3 演绎法

建立文化自信有助于促进社会和谐（X→Y）。根据社会心理学理论，社会和谐需要文化层面的价值共识（理论依据）。文化自信能为不同群体提供共同的价值坐标，引导公众从文化视角理解制度、接受差异，从而增强对社会规则的认同感（怎么做+会如何）。例如，在中华优秀传统文化传播中，“礼义廉耻”不仅成为个人规范，也内化为公众行为准则，有效提升了公民守法意识与社会协同氛围（例证）。由此可见，文化自信是维系社会和谐的精神纽带（总结句）。

老吕写作33篇 段落仿写练习4.10——促进社会和谐/公平

强化法制保障有助于促进社会和谐。

分论点11 主题（X）有助于形成价值共识（Y）——价值共识=主流认同×情感共鸣×行为趋同

写法1 XFY法

弘扬中华优秀传统文化有助于形成价值共识（X→Y）。一方面，优秀传统文化中蕴含的家国情怀、尊师重道等理念，为当代社会提供了明确的价值坐标，增强了大众对核心价值的认同感（主流认同）。另一方面，通过诗词典故、节庆礼俗等文化载体，优秀传统文化唤起了人们对共同历史的情感记忆，增进了群体之间的情感联系（情感共鸣）。可见，优秀传统文化既塑理念、也聚人心，是凝聚社会共识的重要精神纽带（总结句）。

写法2 正反对比法

弘扬中华优秀传统文化有助于形成价值共识（X→Y）。优秀传统文化强调道义与仁爱，能够为多元社会提供统一的价值坐标，引导人们认同主流理念、建立情感联系、趋同行为标准（正面）。相反，若忽视优秀传统文化的传承，社会成员容易陷入认同缺失的状态，出现“说不到一块、做不到一起”的情况（反面）。可见，只有坚定文化根基，价值共识才能落地生根（总结句）。

写法3 演绎法

弘扬中华优秀传统文化有助于形成价值共识（X→Y）。根据文化整合理论，价值共识的形成依赖于共享的理念认同、情感基础与行为准则（理论依据）。优秀传统文化不仅提供了稳定的价值体系，还通过语言、习俗与仪式等形式增强文化认同感（怎么做+会如何）。例如，“清明节”既是一种情感表达方式，也体现了对祖先的尊重与传承，能够跨年龄与区域激发群体的行为认同（例证）。由此可见，弘扬优秀传统文化，不是守旧，而是为社会共识构建注入持续动能（总结句）。

老吕写作33篇 段落仿写练习4.11——形成价值共识

加强道德教育有助于形成价值共识。

分论点12 主题（X）有助于增强文化自信（Y）——文化自信=历史认同×现实价值×未来想象

写法1 XFY法

弘扬中华优秀传统文化有助于增强文化自信（X→Y）。一方面，优秀传统文化所蕴含的思想智慧，展现了中华民族几千年的文明积淀，能够激发人们对民族历史的认同感（历史认同）；另一方面，它通过诗词歌赋、节日礼俗等形式融入当代生活，不仅塑造品格，也赋能教育、文旅产业等多个领域（现实价值）。二者协同，有助于全面增强全社会的文化自信（总结句）。

写法2 正反对比法

弘扬中华优秀传统文化有助于增强文化自信（X→Y）。中华优秀传统文化蕴含着丰富的历史经验，能够增强人们对民族历史的认同，也能为现实生活提供行为规范，进而激发对未来发展的信心（正面）。反之，若忽视优秀传统文化，社会容易出现精神空虚，甚至盲目崇拜外来文化，削弱对本民族的身份认同与发展信念（反面）。可见，优秀传统文化既是文化自信的根，也是精神延续的源（总结句）。

写法3 演绎法

弘扬中华优秀传统文化有助于增强文化自信（X→Y）。根据文化认同理论，文化自信源于对民族历史的理解、对当代文化的共情与参与（理论依据）。现实中，优秀传统文化通过经典诵读、非遗传承、节庆仪式等形式，帮助人们深入了解中国文化的根脉，强化民族身份（怎么做+会如何）。例如，纪录片《我在故宫修文物》就引发了青年对传统工艺的热爱与共鸣（例证）。由此可见，弘扬优秀传统文化是增强文化自信的根本之策（总结句）。

老吕写作33篇 段落仿写练习4.12——增强文化自信

发展文化产业有利于增强文化自信。

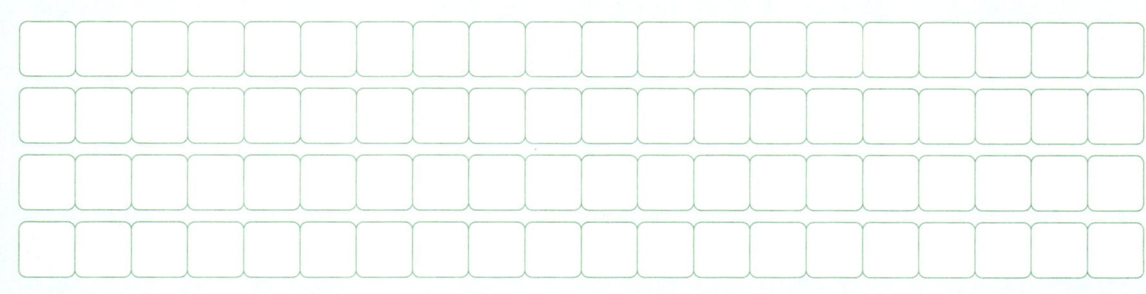

4. 国家层的万能论证段——对国家好

分论点13 主题（X）有助于升级产业结构（Y）
——产业结构优化=高端比重提升 × 科技含量增强 × 能源消耗减少

写法1 XFY法

发展新质生产力有助于升级产业结构（X→Y）。新质生产力强调高技术、高附加值，能带动制造业、信息业不断向高端迈进，提升整体产业的层级（高端比重提升）；同时，它能够加快传统产业的技术改造，提升核心环节的智能化水平，增强整体科技含量（科技含量增强）；此外，新质生产力倡导绿色低碳发展，有助于推动生产过程节能降耗，降低单位产出的能源消耗（能源消耗减少）。由此可见，发展新质生产力，是推动产业结构从“量的积累”迈向“质的跃升”的关键路径（总结句）。

写法2 正反对比法

发展新质生产力有助于升级产业结构（X→Y）。新质生产力强调高技术、高附加值，能够有效推动产业链向高端跃升，实现结构的整体优化（正面）。反之，若仍依赖传统的资源消耗型增长模式，不仅产业层次难以提升，还容易造成产能过剩与环境压力，阻碍高质量发展（反面）。可见，能否发展新质生产力，直接决定着产业结构升级的成效与速度（总结句）。

写法3 演绎法

发展新质生产力有助于升级产业结构（X→Y）。根据现代产业经济学原理，产业结构升级的核心在于提升高附加值产业占比、推动技术进步与资源节约（理论依据）。新质生产力以数字化、智能化、绿色化为特征，能够推动资源从传统行业向新兴领域高效流动，带动我国从“制造大国”向“智造强国”转变（怎么做+会如何）。例如，广东加快培育半导体、新能源等战略性新兴产业，有效带动了产业向高端、绿色方向演进（例证）。由此可见，新质生产力是推动产业结构持续优化的关键引擎（总结句）。

老吕写作33篇 段落仿写练习4.13——升级产业结构

分论点14 主题（X）有助于促进经济发展（Y）——经济发展=带动产业×驱动创新×吸纳就业

写法 | XFY法

建设统一大市场有助于促进经济发展（X→Y）。统一大市场能够打通区域壁垒，从而推动产业链、供应链、价值链的高效整合，带动更多产业协同发展（带动产业）；同时，统一大市场扩大了市场容量，提升了资源配置效率，有助于创新要素在更大范围内自由流通，激发企业研发活力（驱动创新）；此外，统一大市场推动产业集聚，也将释放更多就业岗位，吸纳各类人力资源进入市场体系（吸纳就业）。由此可见，统一大市场既是畅通循环的基础，也是高质量发展的引擎（总结句）。

写法2 正反对比法

建设统一大市场有助于促进经济发展（X→Y）。统一大市场能够打破地区分割，释放产业协同效应，推动资源在更大范围内优化配置，从而提升产业效率与创新能力（正面）。反之，若市场长期处于分割状态，不仅容易造成重复建设、资源浪费，也会抬高交易成本，最终制约经济的整体活力（反面）。因此，统一大市场建设越深入，经济发展的基础就越稳固（总结句）。

写法3 演绎法

建设统一大市场有助于促进经济发展（X→Y）。根据经济发展原理，推动经济增长的关键在于激活产业链条、释放创新动能，并提供充足稳定的就业机会（理论依据）。统一大市场通过破除区域壁垒，能够有效整合上下游资源，推动产业协同；同时，统一规则与透明机制也为技术创新提供了广阔空间（怎么做+会如何）。例如，长三角一体化政策实施后，多地共享产业资源与政策红利，有力推动了区域整体经济提速（例证）。由此可见，统一大市场是实现高质量经济增长的重要平台支撑（总结句）。

老吕写作33篇 段落仿写练习4.14——促进经济发展

研发核心技术有助于促进经济发展。

分论点15 主题（X）有助于促进高质量发展（Y）
——高质量发展＝经济发展×技术进步×环境友好

写法1 XFY法

发展新兴产业有助于促进高质量发展（X→Y）。新兴产业通常处于技术前沿，具有高附加值，有助于培育新的经济增长点，提升整体经济活力（经济发展）；同时，新兴产业以数字化、智能化、绿色化为主要方向，有利于推动关键核心技术突破，增强自主创新能力（技术进步）；此外，与传统高能耗产业相比，许多新兴产业强调低碳、高效、可循环，更符合绿色发展理念（环境友好）。由此可见，发展新兴产业，是实现高质量发展的战略支撑（总结句）。

写法2 正反对比法

发展新兴产业有助于促进高质量发展（X→Y）。新兴产业具有强创新性和高成长性，能有效驱动产业结构优化升级，带动经济向中高端迈进；同时，其技术密集型特征也推动科技成果转化，提升整体创新能力（正面）。反之，如果长期依赖传统产业，不仅容易陷入资源依赖与低端竞争，还可能加剧环境污染、制约长期发展潜力（反面）。因此，加快新兴产业发展，是推动高质量发展的关键路径（总结句）。

写法3 演绎法

发展新兴产业有助于促进高质量发展（X→Y）。根据发展经济学理论，高质量发展强调经济效益、技术含量与生态可持续的协调统一（理论依据）。新兴产业通过培育新技术、新模式和新业态，为经济注入新动能；同时，它推动传统产业数字化转型与绿色升级，加快技术迭代进程（怎么做＋会如何）。例如，宁德时代通过在新能源电池领域的持续创新，带动了新能源汽车全产业链的发展（例证）。由此可见，新兴产业是实现高质量发展的重要支柱（总结句）。

老吕写作33篇 段落仿写练习4.15——促进高质量发展

发展绿色产业有助于促进高质量发展。

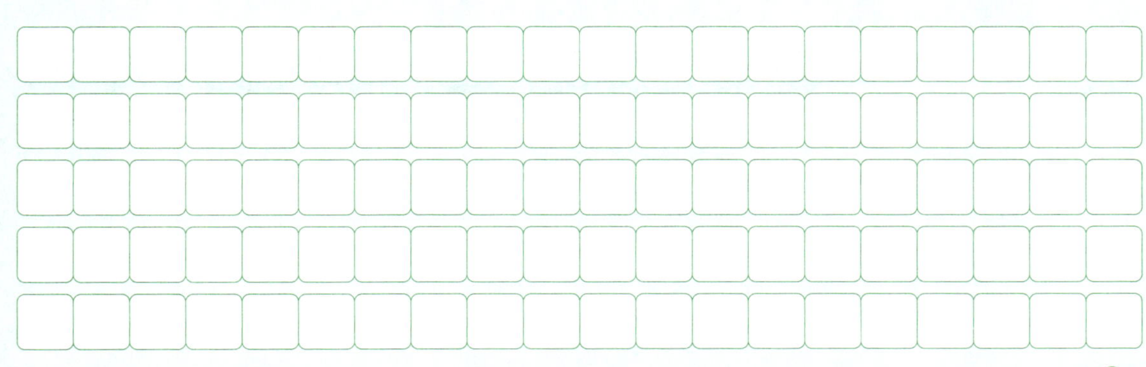

分论点16 主题（X）有助于提升国际竞争力（Y）
——国际竞争力=技术领先 × 产业升级 × 品牌价值 × 文化吸引

写法1 XFY法

品牌出海有助于提升国际竞争力（X→Y）。一方面，品牌出海推动企业在产品技术、服务标准等方面不断对标国际，引领产业转型升级，提升技术含量（技术领先 × 产业升级）；另一方面，通过文化融合与品牌故事输出，企业能够在海外市场建立品牌认知，从而增强品牌影响力与文化吸引力（品牌价值 × 文化吸引）。由此可见，品牌出海不仅是市场拓展，更是企业走向国际竞争前沿的重要路径（总结句）。

写法2 正反对比法

品牌出海有助于提升国际竞争力（X→Y）。当企业积极拓展海外市场，往往会推动技术创新，从而在全球产业链中实现技术升级，并通过品牌传播带动文化认同，增强国家软实力（正面）。反之，若企业长期局限于本土市场，缺乏品牌出海的战略视野，不仅难以打开国际市场，也难以在全球价值链中建立竞争优势（反面）。因此，要在国际舞台上站稳脚跟，必须走好品牌出海这一步（总结句）。

写法3 演绎法

品牌出海有助于提升国际竞争力（X→Y）。根据国家形象传播理论，一个国家的国际竞争力不仅体现在技术与产业能力上，也体现在品牌影响力与文化输出力上（理论依据）。通过品牌出海，企业不仅将产品带到世界，更把价值理念与文化元素融入品牌传播中，提升国家形象与文化吸引力（怎么做+会如何）。例如，李宁在海外推出“中国李宁”系列，通过国潮设计结合品牌故事，赢得了海外年轻群体的认可与追捧（例证）。可见，品牌出海是构建综合国力的重要组成部分（总结句）。

老吕写作33篇 段落仿写练习4.16——提高国际竞争力

　　发展核心科技有助于提升我国的国际竞争力。

第4节 如何写好社会/经济类话题的辩证段

在社会/经济类写作中，即使我们认可某种制度、政策或发展路径的价值，也必须意识到其落地过程并不总是一帆风顺。因此，咱们需要写好辩证段。它能展现出：

对现实复杂性的把握能力；

对政策执行难点的敏感性；

对问题根源的分析能力；

对未来改进方向的思考能力。

简言之，辩证段不是“唱反调”，而是用结构化方式说明：即使X很重要，但现实中Y难以实现，其障碍何在？应该如何解决？

1. 社会/经济类辩证段的写作方法——8大因素分析法

社会/经济类辩证段同样适用“意思能行，资环机团”8大要素，但主语从“管理者/

企业”转为“社会/公众/政府/制度环境”。我们可按如下角度展开障碍分析：

（1）主观因素（简称“意思能行”）——行为背后的内在驱动

因素	记忆方法	问题表现	常见问题分析关键词
F1：意愿	想不想做	意愿缺乏	动力不足、意愿缺乏、漠视问题、意识淡薄
F2：思维	懂不懂怎么做	思维狭隘/观念滞后	思维惯性、理念落后
F3：能力	会不会做	能力不足	管理能力弱、专业力量不足、执行力差
F4：行为	做没做对	行为偏差	推动不力、应对迟缓、落实走样

（2）客观因素（简称“资环机团”）——组织与外部条件限制

因素	记忆方法	问题表现	常见问题分析关键词
F5：资源	有没有条件做	资源匮乏	财政压力、人才短缺、基础薄弱，技术瓶颈
F6：环境	外部稳不稳	环境不稳	社会不确定性大、政策不连贯、外部冲击
F7：机制	规则机制清不清	机制缺失	法规不健全、标准缺失、流程繁杂
F8：团队	人靠不靠谱	团队不足	部门壁垒、协调不畅、责任不清

2. 社会/经济类辩证段的写作模板——基于8大因素

尽管（X）有助于实现（Y），但在现实中仍难全面落地。一方面，部分公众/治理主体/政策制定者存在（主观问题，如F1–F4），导致（负面后果）；另一方面，现实环境中还存在（客观问题，如F5–F8），带来（负面后果）。如果这些障碍不能及时破除，（X）就难以真正转化为实际成效，反而可能造成新一轮社会治理压力。

范文示例1：发展绿色产业——F1（意愿缺乏）+F5（资源匮乏）

尽管发展绿色产业有助于提高社会总收益，但现实中仍面临不少障碍。一方面，一些地方政府与企业发展理念偏旧，缺乏推动绿色转型的内生动力（F1：意愿缺乏）；另一方面，绿色产业起步阶段投入大、周期长，而部分地区财政承压、技术储备不足，难以支撑系统建设（F5：资源匮乏）。若这些问题得不到有效破解，绿色发展将难以取得实效。

范文示例2：推进教育公平——F2（思维狭隘）+F7（机制缺失）

然而，推进教育公平在现实中仍面临多重挑战。一方面，一些地方仍存在“重点优先”的惯性思维，忽视对薄弱学校和农村地区的均衡投入，导致资源分配理念落后（F2：思维狭隘）；另一方面我国的招生规则、资金投放、师资配置等教育机制方面仍有不足（F7：机制缺失）。若这些问题不加以解决，教育公平将难以实现。

范文示例 3：健全社会保障——F3（能力不足）+F6（环境不稳）

不过，社会保障体系建设还在一些地方推进缓慢。一方面，一些基层治理者专业素养不高、政策理解不足，导致政策落实效果差（F3：能力不足）；另一方面，经济结构转型、人口老龄化等现实压力叠加，使保障需求多元复杂，给系统建设带来巨大挑战（F6：环境不稳）。若缺乏专业支撑与风险应对能力，社会保障体系将面临挑战。

范文示例 4：推广数字政务——F4（行为偏差）+F5（资源匮乏）

尽管推广数字政务有助于提升公共服务效率，但现实中落地效果参差不齐。一方面，一些基层部门仍存在观望态度，推行进度慢、系统不联通、流程未优化，导致改革推进力不足（F4：行为偏差）；另一方面，部分地区财力有限、技术落后，信息基础设施建设薄弱，难以为数字化转型提供有力支撑（F5：资源匮乏）。若不加快改革步伐、补齐资源短板，数字政务将难以从“看起来先进”转向“真正好用”。

范文示例 5：普及职业教育——F1（意愿不足）+F2（思维狭隘）

普及职业教育在现实中仍面临认同难题。一方面，一些家庭与学生受传统学历观念影响，普遍存在“重普轻职”的选择倾向，缺乏就读意愿（F1：意愿不足）；另一方面，社会对技能型人才的认可度仍然不足，职业教育被贴上“次等教育”的标签，影响其吸引力与发展空间（F2：思维狭隘）。若不改善观念土壤，职教改革将难以打破“低认可—低投入—低回报”的恶性循环。

范文示例 6：发展数字经济——F3（能力不足）+F7（机制缺失）

然而，发展数字经济仍面临诸多障碍。一方面，一些地方缺乏复合型数字人才储备，传统产业转型意愿强但技术基础薄弱，难以支撑实际落地（F3：能力不足）；另一方面，政策层面缺乏统一的行业标准，平台治理、数据保护、劳工权益等机制尚未完善（F7：机制缺失）。若不能同步提升能力与制度供给，数字经济的发展空间将受到严重制约。

范文示例 7：推动垃圾分类——F4（行为偏差）+F8（团队不足）

然而，推动垃圾分类仍面临很多现实困难。一方面，一些城市宣传热、执行冷，居民知晓但不愿做，管理主体响应迟缓、执行随意（F4：行为偏差）；另一方面，多个部门职责交叉，缺乏高效协同与信息互通，导致前端投放、中端运输与末端处理衔接不畅（F8：团队不足）。若不加强行动推动与系统协同，垃圾分类易沦为“纸上行动”。

范文示例 8：推动文化传播——F2（思维狭隘）+F6（环境不稳）

尽管推动文化传播有助于增强文化自信，但现实中仍存在不少阻力。一方面，一些机构对传统文化传播缺乏创新意识，仍停留在“灌输式”“符号化”展示层面，难以激发公众共鸣（F2：思维狭隘）；另一方面，网络信息环境复杂多元，快节奏内容挤压深度表达，主流文化传播面临边缘化风险（F6：环境不稳）。若不更新理念、适应媒介生态，文化传播难以真正“破圈”。

第5节 如何写社会/经济类话题的建议段

扫码听本节讲解

1. 如何写建议段——8大因素对应法

在第4节中，我们通过“意思能行”“资环机团”两大维度分析了主题X在实践中遇到的问题。写建议段时，建议内容就要对应前文中识别出的每一个“问题点”，做到“问题－建议”一一对应。

问题类型	社会中的问题表现	建议段写法	具体措施
F1：意愿不足	政策制定者或公众缺乏认同感与使命意识，行动积极性不足	增强意愿	应加强价值引导与理念宣传，增强公众参与意识和责任感，提高政策执行内驱力
F2：思维狭隘/观念滞后	一些群体仍存旧有观念、路径依赖严重，难以适应社会变革	拓展思维/提升观念	应加强政策宣讲与思想教育，推动公众更新认知模式，树立现代治理与发展理念
F3：能力不足	基层干部、执行机构或公众能力不足，影响政策落地质量	提升能力	应加强职业培训、技能普及和公共服务人员能力建设，提升执行与服务水平
F4：行为偏差	政策推进“上热下冷”，基层执行层响应慢、落实差	改进行为	应完善责任考核机制与任务督导体系，强化执行纪律，推动主动落实
F5：资源匮乏	财力、人才、技术等资源供给不足，难支撑政策全面推进	投入资源	应加大财政支持、统筹配置人才与基础设施资源，夯实行动保障基础
F6：环境不稳	社会舆论复杂、民情多变、政策环境不确定性高	应对环境	应健全舆情引导与信息回应机制，增强政策透明度，提高治理系统适应性与弹性
F7：机制缺失	制度不完善、流程不顺畅、反馈机制不健全	健全机制	应建立健全制度体系，完善政策制定、执行、反馈的全流程闭环，提升治理效能
F8：团队不足	部门间推诿扯皮、职责不清、上下联动与数据共享不足	打造团队	应厘清职责分工、建立协作机制、优化跨部门信息共享体系，提升整体协同力

以上建议其实是可以任意排列组合的，例如健全机制＋打造团队，投入资源＋健全机制，拓展思维＋改进行为，等等。你可以根据前文问题灵活选择。建议段字数控制在120~160字，选取2~3个建议点即可；记得呼应前文提出的问题因素，实现“问题－建议”闭环。

2. 建议段模板——8大万能模板

与管理者类、企业类话题一样，以下有8个我帮你搭配出来的通用模板，你可以根据情况使用。

模板1：主客分明式（基础通用款）

结构逻辑：

从“治理主体的主观障碍”和“治理体系的客观约束”两方面发力。

写作模板：

要推动（X）真正落地，应从主客两端协同发力。主观方面，相关主体应……（F1-F4）；客观方面，治理体系还应……（F5-F8）。唯有内外兼修，才能确保（X）取得实效、惠及群众。

适用话题：

几乎所有社会/经济类主题通用，如：教育公平、公共服务、绿色转型、数字治理、社会保障等。

范文示例：

要推动垃圾分类真正落地，应从主客两端同步发力。主观方面，公众需增强环保意识，转变“与己无关”的消极态度，主动参与日常分类（F1：增强意愿）；客观方面，政府应完善分类投放设施与回收体系，提升群众践行环保的便利度（F5：投入资源）。唯有认知到位、保障齐全，垃圾分类才能走入生活、行稳致远。

模板2：软硬兼施式（适用于文化类/意识类话题）

结构逻辑：

软＝意识引导，硬＝制度落实。

写作模板：

要推动（X）真正落地，必须软硬兼施。意识层面，应……（F1）；制度层面，应……（F5/F7）。理念引导与制度执行齐头并进，才能让（X）从倡导走向实践。

适用话题：

公共意识类：规则意识、环保意识、责任意识、志愿服务、节约理念等。

文化类：价值认同、文化自信、文明建设等。

范文示例：

要落实企业社会责任，必须软硬兼施、双轮驱动。软措施上，应强化公共价值导向，引导管理层将“赚钱”与“利他”统一起来，增强责任认同（F1：增强意愿）；硬制度上，应建立责任评估与信息公开机制，将环保、公益等纳入考核体系，形成有约束力的责任闭环（F7：健全机制），实现理念落地与绩效结合。

模板3：标本兼治式（适用于问题导向类话题）

结构逻辑：

标＝缓解当前痛点；本＝挖掘深层障碍。

写作模板：

要破解（X）中存在的问题，必须标本兼治。短期应……（F4/F5），快速缓解问题；长期还应……（F2/F7），从深层机制入手，实现可持续解决。

适用话题：

问题类话题，如就业问题、教育不均、基层治理难题、养老压力、青年成长焦虑、结构性社会问题、治理困境等。

范文示例：

要缓解青年就业压力，必须标本兼治。短期应扩大岗位供给、加强就业指导，帮助青年群体快速对接市场需求（F5：投入资源）；长期还应深化教育改革，更新职业认知，推动人才供需结构性调整（F2：拓展思维）。唯有对症下药、持续发力，青年就业困境才有望真正化解。

模板4：主体划分式（适用于多级治理类话题）

结构逻辑：

决策层＋基层执行层各负其责。

写作模板：

要实现（X）的有效推进，应明确不同主体职责。决策层应……（F2/F7），把握方向；基层单位应……（F3/F4），抓好落实，确保政策落地有声。

适用话题：

自上而下的政策执行类话题，如：数字政务、公共治理体系、教育普及、社会保障体系建设等。

范文示例：

要推动基层政务服务提质增效，需明确各级职责分工。决策层应制定统一标准，优化政策供给与制度支持（F7：健全机制）；基层单位则应加强业务能力建设，提升服务态度与办事效率（F3：提升能力）。上抓方向、下抓执行，才能真正打通服务群众“最后一公里”。

模板5：流程控制式（适用于机制类/制度类话题）

结构逻辑：

流程前端准备＋流程后端监督。

写作模板：

要确保（X）有效落地，应加强全流程治理。前端应……（F1/F5），夯实执行基础；后端应……（F7/F8），健全监督反馈机制，确保政策落实形成闭环。

适用话题：

政策执行、公共服务流程、社会保障制度、数字政务建设等。

范文示例：

为确保政策真正落地，治理体系应强化前后流程协同。前端应提升政策设计的科学性与资源调配的精准性，确保执行有章可循、有力可依（F5：投入资源）；后端应完善监管问责机制，推动“制定—执行—评估”形成闭环（F7：健全机制）。前后贯通，方能提升治理效能与群众满意度。

模板6：资源机制式（适用于改革/系统建设类话题）

结构逻辑：

资源投入＋制度支撑。

写作模板：

要推动（X）落地见效，应统筹资源配置与制度设计。一方面，应……（F5）；另一方面，应……（F7）。只有资源先行、机制托底，治理行动才能可持续。

适用话题：

医疗卫生体系改革、职业教育改革、社会保障系统建设、数字基础设施建设、乡村振兴等。

范文示例：

推进公共服务均衡发展，应资源托底、机制护航。一方面，应加大财政与人力资源配置，重点向薄弱地区和重点人群倾斜（F5：投入资源）；另一方面，应建立统筹协调机制与服务质量评估体系，确保制度运行科学高效（F7：健全机制）。双向发力，方能推动服务提质增效、普惠共享。

模板7：内外协同式（适用于外部环境挑战类话题）

结构逻辑：

对内能力调整＋对外环境响应。

写作模板：

面对（X）带来的挑战，社会治理应内外兼修。内部应……（F1/F3），增强自身能力与主动性；外部应……（F6/F5），强化环境监测与外部资源协调，实现稳健应对。

适用话题：

就业压力、老龄化挑战、环境污染、绿色转型、数字风险治理等。

范文示例：

面对老龄化加剧的现实挑战，治理体系应主动应对、协同适配。内部应强化养老观念引导与服务人才的培养，增强基层服务供给能力（F3：提升能力）；外部应完善人口监测机制与应急响应预案，提升政策的适配力与制度的灵活性（F6：应对环境）。双线并进，方能构建适老友好的社会环境。

模板8：文化机制式（适用于多元协作/基层共治类话题）

结构逻辑：

文化共识+机制建设。

写作模板：

要推动（X）在社会治理中有效落实，应在文化建设与制度建设两方面同步发力。文化上应……（F1/F8），培育认同基础；机制上应……（F7），完善协作路径，形成共治合力。

适用话题：

社区治理、城乡融合、政社协作、基层共治、部门协同机制建设等。

范文示例：

要推动社区共治走深走实，文化引领与制度护航应并重。文化上，应倡导“共建共享”理念，增强居民的参与积极性，营造人人参与的良好氛围（F1：增强意愿）；机制上，应建立多方协作机制，打通群众意见表达与政策反馈通道（F7：健全机制）。软硬结合，才能凝聚治理合力，提升治理效能。

第16篇 经济增长

说明

推动经济增长，是国家治理的核心目标之一。它不仅关乎人民的就业与收入，更是提升国家实力与社会福祉的根本保障。而"经济能不能增长、增长是否可持续"，既取决于产业结构是否优化、技术是否先进，也取决于市场机制是否高效、要素配置是否合理。

本篇以"**发展新兴产业**"为例展开论述。其他经济增长类话题，如**创新驱动、产业升级、区域协调、数字经济、就业促进等**，也可参照本篇思路进行仿写。

论说文：根据下述材料，写一篇700字左右的论说文，题目自拟。

在全球科技革命与产业变革加速推进的背景下，新兴产业如人工智能、绿色能源、数字经济等，已成为引领经济增长、推动转型升级的重要力量，发展新兴产业已成为各国争相布局的战略方向。现实中，部分地区在新兴产业布局上取得积极进展，创新活力持续释放；但也有一些地方路径依赖明显，仍沉溺于传统产业的老路，错失发展先机。可见，谁能抢占新兴产业的制高点，谁就能赢得未来发展的主动权。

第1步 进行审题立意，写出标题

第1步 定主题	材料直接给出某种观点，故为观点类材料。**观点决定主题（谜底就在谜面上）**：材料中的核心句是"新兴产业已成为引领经济增长、推动转型升级的重要力量"，故我们的立意主题就是"发展新兴产业"。
第2步 定态度	**结果决定态度**："发展新兴产业"对社会是有利的，应该支持，可见我们"要发展新兴产业"。
第3步 定对象	"发展新兴产业"这一行为的对象应该是社会，因此，我们也应该写"社会"，即："社会要发展新兴产业"。不过，此类话题在标题上可以不写对象，使用"主题＋态度"式、"措施＋目的"式标题读起来会更通顺。
写出标题	**万能标题1**：主题（发展新兴产业）＋态度（势在必行） **万能标题2**：措施（发展新兴产业）＋目的（赢得未来主动权）

第2步 使用3句开头法，写出首段

新兴产业是引领经济增长、挂动转型升级的重要力量。可见，谁能抢占新兴产业的制高点，谁就能赢得未来发展的主动权（引材料句）。因此（过渡词），发展新兴产业势在必行（论点句）。

第3步 确定全文结构与分论点

该话题可使用“有好处式”结构：有好处/有必要＋有好处/有必要＋辩证段＋建议段。

在第4章第2节方法论中，我们总结了四大层级的利益相关者Y。将“发展新兴产业”代入各个Y，得出如下分论点参考表：

层级分类	利益相关者（Y）	分论点 X→Y
个体层	就业机会	发展新兴产业有助于拓展个体就业机会/促进就业
事务层	服务效率	发展新兴产业有助于提升公共服务效率
	资源配置	发展新兴产业有助于优化资源配置
社会层	社会收益	发展新兴产业有助于提高社会总收益
	社会成本	发展新兴产业有助于降低社会总成本
	社会问题	发展新兴产业有助于解决社会问题
国家层	产业结构	发展新兴产业有助于升级产业结构
	经济发展	发展新兴产业有助于促进经济发展
	高质量发展	发展新兴产业有助于实现高质量发展
	国际竞争力	发展新兴产业有助于提高国际竞争力

从以上表格中选出2个你记得牢的、会写的，作为你的文章的分论点。

请为以下主题（X）补充分论点：

（1）创新驱动

实施创新驱动发展______

实施创新驱动发展______

（2）产业升级

促进产业升级______

促进产业升级______

（3）区域协调

做好区域协调______

做好区域协调______

（4）数字经济

发展数字经济____________________

发展数字经济____________________

第4步 写出论证段——XFY法/正反对比法/演绎法

论证段1 XFY法——国际竞争力 = 技术领先 × 产业升级 × 品牌价值 × 文化吸引

发展新兴产业有助于提高国际竞争力（X→Y）。一方面，推动新兴产业发展有助于实现从“跟跑”到“领跑”的技术跃升，增强技术领先优势（技术领先）；另一方面，这些产业通常能够带动原有产业结构的优化，推动产业整体迈向智能化、绿色化（产业升级）。此外，新兴产业所承载的新理念，也有助于塑造国家开放、进步的形象，增强文化吸引力（文化吸引）。由此可见，发展新兴产业是提升国家综合竞争力的重要路径（总结句）。

论证段2 正反对比法——产业结构优化 = 高端比重提升 × 科技含量增强 × 能源消耗减少

发展新兴产业有助于升级产业结构（X→Y）。新兴产业依托科技创新，不断推动传统产业向高端化、智能化、绿色化方向转型，因此，整体产业层级和竞争力也会随之提升（正面）。相反，若继续依赖低附加值、资源密集型产业，不仅难以提升核心竞争力，还会加剧资源消耗，制约经济转型（反面）。由此可见，发展新兴产业，是实现产业升级的关键突破口（总结句）。

论证段3 演绎法——经济发展 = 带动产业 × 驱动创新 × 吸纳就业

发展新兴产业有助于促进经济发展（X→Y）。根据产业经济学原理，经济增长不仅依赖资源投入，更依赖产业结构的优化升级与持续创新能力的提升（理论依据）。新兴产业往往技术密集、附加值高，具备强劲的带动能力，不仅能激活上下游配套产业，形成产业集群效应，增加就业岗位，还能推动技术研发与创新，提升整体经济的活力（怎么做+会如何）。例如，中国新能源车产业的快速发展，带动了电池、芯片等多个领域的联动突破，为经济注入了持续增长的新动能（例证）。由此可见，发展新兴产业是推动经济高质量发展的重要引擎（总结句）。

从以上3个段落中任选2个作为你的文章的论证段。当然，你也可以根据你在上一步中确定的分论点，自行写出2个论证段。

段落仿写练习1：请以“实施创新驱动发展”为话题，仿写一个论证段。

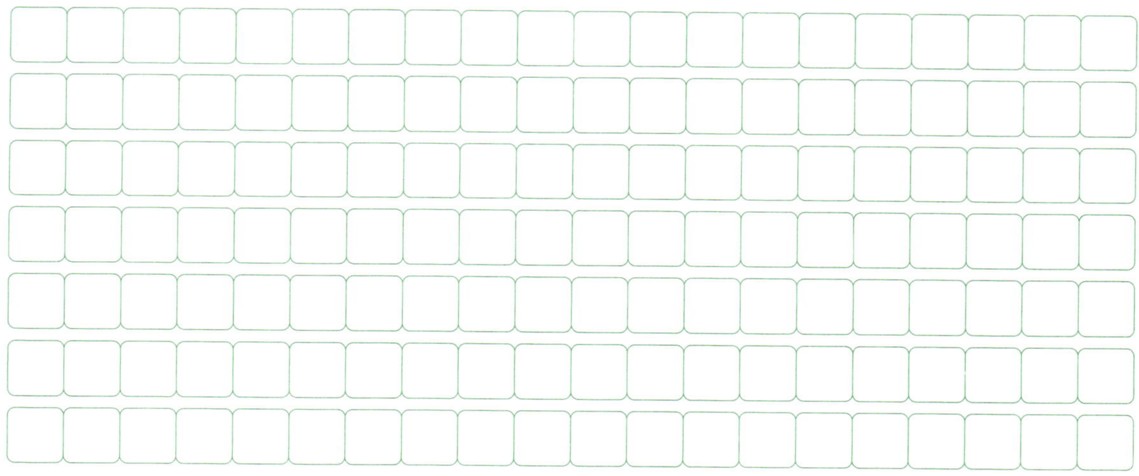

第5步 写出辩证段——问题/困难/风险

如果材料中本身有问题/困难/风险，应该优先应用材料。本题的材料中出现了问题/困难/风险，我们可结合主观因素与客观因素进行分析。段落范文如下：

辩证段范文1：主观F2（思维狭隘）+客观F5（资源匮乏）

不可否认，发展新兴产业在现实中面临诸多挑战。主观方面，一些地方管理者仍固守传统产业路径，缺乏转型创新的战略思维，难以主动谋划新兴产业布局（F2：思维狭隘）；客观方面，部分地区资金、技术、人才等关键资源储备不足，制约了新兴产业的成长（F5：资源匮乏）。若这些问题长期存在，必将错失产业升级的黄金窗口期，削弱区域竞争力。

辩证段范文2：主观F3（能力不足）+客观F7（机制缺失）

不可否认，要真正推动新兴产业发展并非易事。主观方面，一些地方决策者缺乏识别未来产业方向和整合创新资源的专业能力，难以精准引导产业布局（F3：能力不足）；客观方面，区域内缺乏完善的新兴产业支持机制，如创新政策激励、风险投资引导，导致发展动力不足（F7：机制缺失）。如果不及时补齐这些短板，新兴产业将难以形成规模效应，错失全球竞争新机遇。

段落仿写练习2：请以“实施创新驱动发展”为话题，仿写一个辩证段。

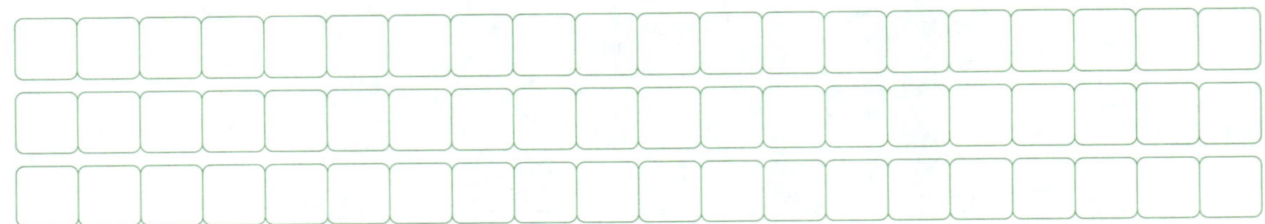

第6步 写出建议段

建议段要能解决辩证段中提出的问题，故本文的建议段范文如下：

建议段范文1：——对应辩证段范文1/思维资源式

要打破传统路径依赖，推动新兴产业布局，需从思维拓展与资源保障双向发力。一方面，相关领域的管理者应更新认知，强化创新意识，主动拥抱新技术、新模式，提升对新兴产业发展的敏感性（F2：拓展思维）；另一方面，各地政府与企业应加大资金、技术、人才等核心资源投入，构建完善的创新资源供给体系（F5：投入资源）。

建议段范文2：——对应辩证段范文2/能力机制式

要加快新兴产业规模化发展，需同步提升能力素质与完善支持机制。一方面，地方管理者应加强专业能力建设，系统学习新兴产业知识，提升资源整合与产业引导的实操水平（F3：提升能力）；另一方面，区域发展需健全产业孵化、政策激励等支持机制，为新兴产业提供全周期、全链条保障（F7：健全机制）。

段落仿写练习3：请以“实施创新驱动发展”为话题，仿写一个建议段。

第7步 写出结尾段

结尾段范文：

发展新兴产业，是推动经济转型、提升竞争力的必由之路（总结全文）。唯有抢抓机遇、系统布局，方能在未来竞争中赢得主动（重申论点）。

全文参考范文

发展新兴产业，赢得未来主动权

吕建刚　花丽娜

新兴产业是引领经济增长、推动转型升级的重要力量。可见，谁能抢占新兴产业的制高点，谁就能赢得未来发展的主动权（引材料句）。因此（过渡词），发展新兴产业势在必行（论点句）。

发展新兴产业有助于升级产业结构（X→Y，产业结构优化 = 高端比重提升 × 科技含量增强 × 能源消耗减少）。新兴产业依托科技创新，不断推动传统产业向高端化、智能化、绿色化方向转型，因此，整体产业层级和竞争力也会随之提升。相反，若继续依赖低附加值、资源密集型产业，不仅难以提升核心竞争力，还会加剧资源消耗，制约经济转型。由此可见，发展新兴产业，是实现产业升级的关键突破口。

发展新兴产业有助于促进经济发展（X→Y，经济发展 = 带动产业 × 驱动创新 × 吸纳就业）。根据产业经济学原理，经济增长不仅依赖资源投入，更依赖产业结构的优化升级与持续创新能力的提升。新兴产业往往技术密集、附加值高，具备强劲的带动能力，不仅能激活上下游配套产业，形成产业集群效应，还能推动技术研发与创新，提升整体经济的活力。例如，中国新能源车产业的发展，带动了电池、芯片等多个领域的联动突破，为经济注入了新动能。

不可否认，发展新兴产业在现实中面临诸多挑战。主观方面，一些地方管理者仍固守传统产业路径，缺乏转型创新的战略思维，难以主动谋划新兴产业布局（F2：思维狭隘）；客观方面，部分地区资金、技术、人才等关键资源储备不足，制约了新兴产业的成长（F5：资源匮乏）。若这些问题长期存在，必将错失产业升级的黄金窗口期，削弱区域竞争力。

要打破传统路径依赖，推动新兴产业布局，需从思维拓展与资源保障双向发力（思维资源式）。一方面，相关领域的管理者应更新认知，强化创新意识，主动拥抱新技术、新模式，提升对新兴产业发展的敏感性（F2：拓展思维）；另一方面，各地政府与企业应加大资金、技术、人才等核心资源投入，构建完善的创新资源供给体系（F5：投入资源）。

发展新兴产业，是推动经济转型、提升竞争力的必由之路（总结全文）。唯有抢抓机遇、系统布局，方能在未来竞争中赢得主动（重申论点）。

老吕写作33篇 全文打卡练习16

论说文：根据下述材料，写一篇700字左右的论说文，题目自拟。

产业升级，是经济持续增长、国家竞争力提升的关键。近年来，随着新兴技术快速涌现和消费需求不断变化，各地都在加快推动产业向高端化、智能化、绿色化方向转型。现实中，有些地方主动拥抱新趋势，通过创新引领、融合发展，实现了传统产业的提质增效；但也有一些地区路径依赖明显，仍停留在低端制造与资源消耗型模式，导致产业竞争力下滑，发展动力不足。

第1步 审题立意

第1步 定主题	
第2步 定态度	
第3步 定对象	
写出标题	

第2步 正文提纲

论证段1 ____________________

论证段2 ____________________

辩证段 ____________________

建议段 ____________________

第3步 完成全文并打卡

使用作文纸完成全文，参与打卡。

第4步 领取范文，对照修改

在打卡群领取本篇范文，对照范文修改自己的文章。

第 17 篇 绿色转型

说明

绿色转型，是当代社会可持续发展的必然选择。它不仅关乎环境保护与生态安全，更关乎经济结构的优化升级与社会运行的长远稳定。在“双碳目标”背景下，绿色已成为发展的“底色”，也是国家竞争力的新赛道。

本篇以“**建设生态文明**”为例展开论述。其他绿色转型类话题，如**发展低碳经济、进行循环利用、使用绿色能源、发展绿色产业、增强环保意识等**，也可参照本篇进行仿写。

论说文：根据下述材料，写一篇 700 字左右的论说文，题目自拟。

生态文明建设，是关乎中华民族永续发展的根本大计。近年来，我国坚持绿水青山就是金山银山的理念，大力推动生态保护与绿色转型，取得了显著的成效。但与此同时，仍有一些地区存在重发展轻保护、重眼前轻长远的问题，生态破坏与环境污染现象时有发生，绿色发展理念尚未深入人心。

第 1 步 进行审题立意，写出标题

第 1 步 定主题	材料直接给出某种观点，故为观点类材料。**观点决定主题（谜底就在谜面上）**：材料中的核心句是“生态文明建设，是关乎中华民族永续发展的根本大计”，故我们的立意主题就是“建设生态文明”。
第 2 步 定态度	**结果决定态度**：“建设生态文明”对社会是有利的，应该支持，可见我们“要建设生态文明”。
第 3 步 定对象	“建设生态文明”这一行为的对象应该是社会，因此，我们也应该写“社会”，即：“社会要建设生态文明”。不过，此类话题在标题上可以不写对象，使用“主题 + 态度”式、“措施 + 目的”式标题读起来会更通顺。
写出标题	**万能标题 1**：主题 + 态度 建设生态文明 势在必行 **万能标题 2**：措施 + 目的 建设生态文明 打造绿色家园 建设生态文明 实现可持续发展

第2步 使用3句开头法，写出首段

生态文明建设，是关乎中华民族永续发展的根本大计（引材料句）。因此（过渡词），建设生态文明，是实现可持续发展的迫切需要（论点句）。

第3步 确定全文结构与分论点

该话题可使用“有好处式”结构：有好处/有必要+有好处/有必要+辩证段+建议段。

在第4章第2节方法论中，我们总结了四大层级的利益相关者Y。将“建设生态文明”代入各个Y，得出如下分论点参考表：

层级分类	利益相关者（Y）	分论点X→Y
事务层	资源配置	建设生态文明有助于优化资源配置
社会层	社会收益	建设生态文明有助于提高社会总收益
	社会成本	建设生态文明有助于降低社会总成本
国家层	产业结构	建设生态文明有助于升级产业结构
	经济发展	建设生态文明有助于促进经济发展
	高质量发展	建设生态文明有助于实现高质量发展
	国际竞争力	建设生态文明有助于提升国际竞争力

从以上表格中选出2个你记得牢的、会写的，作为你的文章的分论点。

请为以下主题（X）补充分论点：

（1）发展低碳经济

发展低碳经济______

发展低碳经济______

（2）发展绿色产业

发展绿色产业______

发展绿色产业______

（3）增强环保意识

增强环保意识______

增强环保意识______

（4）进行循环利用

进行循环利用______

进行循环利用______

第4步 写出论证段——XFY法/正反对比法/演绎法

论证段1 XFY法——社会总收益＝经济产出×公共效益×长远价值

建设生态文明有助于提高社会总收益（X→Y）。一方面，绿色产业、生态修复、清洁能源等领域不断吸引投资和消费，为经济发展注入了新动能（经济产出）；另一方面，良好的生态环境提升了居民生活质量，为未来经济社会的可持续发展打下了坚实基础（公共效益×长远价值）。可见，坚持生态优先，既是保护环境，更是提升社会整体收益的重要途径（总结句）。

论证段2 正反对比法——社会总成本＝显性成本＋隐性成本＋外部成本

建设生态文明有助于降低社会总成本（X→Y）。坚持绿色发展，不仅可以减少污染治理、健康医疗等显性的直接支出，还能降低生态破坏带来的社会外部负担，避免潜在的资源枯竭（正面）。反之，若忽视生态保护，任由环境恶化，不仅会导致治理费用和医疗支出激增，还会引发水资源短缺、粮食危机等隐性损失，给社会长远发展埋下隐患（反面）。由此可见，建设生态文明，是有效降低社会整体运行成本的关键举措（总结句）。

论证段3 演绎法——产业结构优化＝高端比重提升×科技含量增强×能源消耗减少

建设生态文明有助于升级产业结构（X→Y）。根据绿色发展理念，现代产业结构的优化，不仅要求技术先进与附加值高，更强调资源节约与环境友好（理论依据）。建设生态文明促使企业加快绿色转型，主动减少对高能耗产业的依赖，推动高能耗产业有序退出，腾出空间发展高技术、低排放的新兴产业（怎么做＋会如何）。例如，广东省大力发展新能源和智能制造产业，逐步淘汰落后产能，实现了产业从“拼资源”向“拼技术”“拼绿色”的转变（例证）。可见，生态文明建设为产业结构升级提供了内在牵引（总结句）。

从以上3个段落中任选2个作为你的文章的论证段。当然，你也可以根据你在上一步中确定的分论点，自行写出2个论证段。

段落仿写练习1：请以“发展低碳经济”为话题，仿写一个论证段。

第5步 写出辩证段——问题/困难/风险

如果材料中本身有问题/困难/风险，应该优先应用材料。本题的材料中出现了问题/困难/风险，我们可结合主观因素与客观因素进行分析。段落范文如下：

辩证段范文1： **主观F2（思维狭隘）+客观F5（资源匮乏）**

不可否认，建设生态文明在现实中仍面临诸多障碍。主观方面，一些地方仍存在重发展、轻保护的思维惯性，对绿色发展理念理解不深，转型意愿不足（F2：思维狭隘）；客观方面，部分地区生态修复、绿色转型所需的资金、技术、人才等资源保障不到位，制约了生态文明建设的深度推进（F5：资源匮乏）。若这些问题得不到有效破解，生态保护与经济发展的矛盾将长期存在，绿色转型将举步维艰。

辩证段范文2： **主观F3（能力不足）+客观F7（机制缺失）**

不可否认，要真正推进生态文明建设并非易事。主观方面，一些基层管理者缺乏生态保护的专业知识与统筹协调能力，难以有效实施项目（F3：能力不足）；客观方面，不少地方缺乏健全的生态保护、绿色发展、环境治理等制度机制，政策落地和执行效果大打折扣（F7：机制缺失）。如果能力与机制双双缺位，生态文明建设将难以系统推进，长远可持续发展目标也将受到影响。

段落仿写练习2： **请以“发展低碳经济”为话题，仿写一个辩证段。**

第6步 写出建议段

建议段要能解决辩证段中提出的问题，故本文的建议段范文如下：

建议段范文1：——对应辩证段范文1/主体划分式

要破解生态文明建设中的路径依赖问题，需从思维转变与资源保障两方面协同发力。一方面，地方管理者应强化绿色发展理念，提升生态优先的战略认知，树立正确的政绩观（F2：拓展思维）；另一方面，地方政府应加大对生态修复、绿色技术、清洁能源等领域的资金投入与资源配置力度，夯实生态文明建设的物质基础（F5：投入资源）。

建议段范文2：——对应辩证段范文2/能力机制式

要真正推动生态文明建设提质增效，需在能力建设与机制完善上同步发力。一方面，地方管理者应主动参与生态环保、绿色发展等专业知识的学习培训，提升科学决策与统筹执行的能力水平（F3：提升能力）；另一方面，各地应完善生态保护、绿色发展等相关制度体系，健全监督问责机制，确保政策落地见效（F7：健全机制）。

段落仿写练习3：请以“发展低碳经济”为话题，仿写一个建议段。

第7步 写出结尾段

结尾段范文：

总之，建设生态文明，是实现可持续发展的必由之路（重申论点）。唯有守护绿水青山，才能赢得未来发展的绿色竞争力。

全文参考范文

建设生态文明，实现可持续发展

吕建刚　花丽娜

生态文明建设，是关乎中华民族永续发展的根本大计（引材料句）。因此（过渡词），建设生态文明，是实现可持续发展的迫切需要（论点句）。

建设生态文明有助于提高社会总收益（X→Y，社会总收益 = 经济产出 × 公共效益 × 长远价值）。一方面，绿色产业、生态修复、清洁能源等领域不断吸引投资和消费，为经济发展注入了新动能；另一方面，良好的生态环境提升了居民生活质量，为未来经济社会的可持续发展打下了坚实基础。可见，坚持生态优先，既是保护环境，更是提升社会整体收益的重要途径。

建设生态文明有助于升级产业结构（X→Y，产业结构优化 = 高端比重提升 × 科技含量增强 × 能源消耗减少）。根据绿色发展理念，现代产业结构的优化，不仅要求技术先进与附加值高，更强调资源节约与环境友好。建设生态文明促使企业加快绿色转型，主动减少对高能耗产业的依赖，推动高能耗产业有序退出，腾出空间发展高技术、低排放的新兴产业。例如，广东省大力发展新能源和智能制造产业，逐步淘汰落后产能，实现了产业从“拼资源”向“拼技术”“拼绿色”的转变。可见，生态文明建设为产业结构升级提供了内在牵引。

不可否认，建设生态文明在现实中仍面临诸多障碍。主观方面，一些地方仍存在重发展、轻保护的思维惯性，对绿色发展理念理解不深，转型意愿不足（F2：思维狭隘）；客观方面，部分地区生态修复、绿色转型所需的资金、技术、人才等资源保障不到位，制约了生态文明建设的深度推进（F5：资源匮乏）。

要破解生态文明建设中的路径依赖问题，需从思维转变与资源保障两方面协同发力（主体划分式）。一方面，地方管理者应强化绿色发展理念，提升生态优先的战略认知，真正树立正确的政绩观（F2：拓展思维）；另一方面，地方政府应加大对生态修复、绿色技术、清洁能源等领域的资金投入与资源配置力度，夯实生态文明建设的物质基础（F5：投入资源）。

总之，建设生态文明，是实现可持续发展的必由之路（重申论点）。唯有守护绿水青山，才能赢得未来发展的绿色竞争力。

全文共706字

老吕写作33篇 全文打卡练习17

论说文：根据下述材料，写一篇700字左右的论说文，题目自拟。

环保意识，是支撑生态文明建设和可持续发展的基础。随着经济社会的快速发展，人们的生活水平不断提高，但环境污染、资源浪费等问题仍时有发生，暴露出环保意识不足的问题。现实中，有的人在公共场所乱扔垃圾、随意浪费水电；有的企业只顾眼前利润，忽视环保责任，导致生态破坏和资源枯竭。

第1步 审题立意

第1步 定主题	
第2步 定态度	
第3步 定对象	
写出标题	

第2步 正文提纲

论证段1 ____________________

论证段2 ____________________

辩证段 ____________________

建议段 ____________________

第3步 完成全文并打卡

使用作文纸完成全文，参与打卡。

第4步 领取范文，对照修改

在打卡群领取本篇范文，对照范文修改自己的文章。

扫码听本篇讲解

第 18 篇 公共服务

说明

公共服务，是政府履行职责、保障民生、实现社会公平的核心领域。无论是教育、医疗，还是交通、社保，公共服务的质量与效率，直接关系群众的获得感、幸福感与安全感。

本篇以“**优化公共服务**”为例展开论述。其他相关话题，如**发展教育、加强社会保障、数字政务、养老服务、住房供给、交通出行等**，也可参照本篇思路进行仿写。

论说文：根据下述材料，写一篇 700 字左右的论说文，题目自拟。

公共服务质量，直接关系到人民群众的获得感、幸福感与安全感。近年来，随着国家治理体系和治理能力现代化的推进，各地公共服务水平也在不断提升。

第 1 步 进行审题立意，写出标题

第 1 步 定主题	材料直接给出某种观点，故为观点类材料。**观点决定主题（谜底就在谜面上）**：材料中的核心句是“公共服务质量，直接关系到人民群众的获得感、幸福感与安全感”，故我们的立意主题就是“优化公共服务”。
第 2 步 定态度	**结果决定态度**：“优化公共服务”对社会是有利的，应该支持，可见我们应该“优化公共服务”。
第 3 步 定对象	“优化公共服务”这一行为的对象应该是社会，因此，我们也应该写“社会”，即：“社会应优化公共服务”。不过，此类话题在标题上可以不写对象，使用“主题 + 态度”式、“措施 + 目的”式标题读起来会更通顺。
写出标题	**万能标题 1**：主题 优化公共服务 + 态度 势在必行 **万能标题 2**：措施 优化公共服务 + 目的 打造幸福家园

第2步 使用3句开头法，写出首段

公共服务质量，直接关系到人民群众的获得感、幸福感与安全感（引材料句）。因此（过渡词），优化公共服务，是提升社会治理效能、促进民生福祉的必然要求（论点句）。

第3步 确定全文结构与分论点

该话题可使用“有好处式”结构：有好处/有必要＋有好处/有必要＋辩证段＋建议段。

在第4章第2节方法论中，我们总结了四大层级的利益相关者Y。将“优化公共服务”代入各个Y，得出如下分论点参考表：

层级分类	利益相关者（Y）	分论点X→Y
个体层	幸福感	优化公共服务有助于提升群众幸福感
事务层	服务效率	优化公共服务有助于提升公共服务效率
	资源配置	优化公共服务有助于优化资源配置
	问题解决	优化公共服务有助于解决社会问题
社会层	社会收益	优化公共服务有助于提高社会总收益
	社会成本	优化公共服务有助于降低社会总成本
	公众满意度	优化公共服务有助于提高公众满意度
	社会和谐/公平	优化公共服务有助于促进社会和谐/公平

从以上表格中选出2个你记得牢的、会写的，作为你的文章的分论点。

请为以下主题（X）补充分论点：

（1）发展教育

发展教育________________

发展教育________________

（2）加强社会保障

加强社会保障________________

加强社会保障________________

（3）完善养老服务

完善养老服务________________

完善养老服务________________

（4）完善数字政务

完善数字政务________________

完善数字政务________________

第4步 写出论证段——XFY法/正反对比法/演绎法

论证段1 XFY法——群众幸福感 = 收入高 + 过得好 + 有保障 + 有发展 + 生活便利

优化公共服务有助于提升群众幸福感（X→Y）。高质量的公共服务，能够优化办事流程、提高办事效率，让老百姓办事更便利（生活便利）；同时，优质教育、医疗、养老等服务也为群众提供了更有保障的生活环境，从而提升居民的生活质量（过得好、有保障）。由此可见，公共服务是能改善群众生活质量的关键支撑（总结句）。

论证段2 正反对比法——公共服务效率 = 目标清晰 × 流程规范 × 执行到位

优化公共服务有助于提升公共服务效率（X→Y）。当服务体系不断优化，流程也会随之规范，进而相关部门能更清楚地识别任务重点，有效减少重复环节，提升办事效率（正面）。反之，若服务体系职责模糊，不仅容易出现推诿扯皮等问题，导致办事效率低下，也易造成群众反复奔波（反面）。由此可见，公共服务的优化程度，直接影响整体运行效率（总结句）。

论证段3 演绎法——公众满意度 = 服务质量 × 获取便捷 × 情绪认同

优化公共服务有助于提高公众满意度（X→Y）。从公共服务实践来看，群众能否满意不仅取决于办事能否顺利完成，还取决于服务是否专业、过程是否顺畅，以及是否感受到尊重（理论依据）。通过持续优化服务流程，政府能够提升服务质量，让群众在办理事务时更加安心省心；同时，通过线上线下融合等措施，提升获取服务的便捷性（怎么做+会如何）。例如，浙江推广“最多跑一次”改革后，大量事项实现一窗受理、一网通办，群众满意度持续上升（例证）。可见，公共服务优化得好，群众自然更认可（总结句）。

从以上3个段落中任选2个作为你的文章的论证段。当然，你也可以根据你在上一步中确定的分论点，自行写出2个论证段。

段落仿写练习1：请以“发展教育”为话题，仿写一个论证段。

第5步 写出辩证段——问题/困难/风险

如果材料中本身有问题/困难/风险，应该优先应用材料。本题的材料中没有问题/困难/风险，我们可结合主观因素与客观因素进行分析。段落范文如下：

辩证段范文1：主观F2（思维狭隘）+客观F7（机制缺失）

不可否认，优化公共服务在现实中仍面临不少障碍。主观方面，一些部门管理者服务意识淡薄，仍习惯于“重审批、轻服务”的传统思维，缺乏以用户体验为中心的理念（F2：思维狭隘）；客观方面，部分地区公共服务制度滞后，标准不统一、流程不透明，缺少责任追究机制（F7：机制缺失）。如果这些问题长期存在，公共服务效率将难以有效提升，群众满意度也会持续受损。

辩证段范文2：主观F3（能力不足）+客观F5（资源匮乏）

不可否认，要真正实现公共服务优化并不容易。主观方面，一些基层工作人员业务能力不足，缺乏解决复杂问题和应对多元需求的专业素养（F3：能力不足）；客观方面，一些地方在人力、资金、技术等资源投入上仍显薄弱，服务设施陈旧、系统支持不足，难以满足高效服务的需求（F5：资源匮乏）。如果能力和资源双双短板，公共服务体系将难以高效运转，社会获得感也难以持续提升。

段落仿写练习2：请以“发展教育”为话题，仿写一个辩证段。

第6步 写出建议段

建议段要能解决辩证段中提出的问题，故本文的建议段范文如下：

建议段范文1：——对应辩证段范文1/主客分明式

要优化公共服务，需在理念更新与机制建设上同步发力。一方面，地方管理者应强化以人民为中心的服务意识，转变传统行政思维，真正把群众体验作为衡量工作成效的重要标尺（F2：拓展思维）；另一方面，地方政府应完善公共服务标准、责任追究机制，确保服务流程规范透明、责任落实到位（F7：健全机制）。

建议段范文2：——对应辩证段范文2/能力资源式

要推动公共服务高效优化，需在能力建设与资源保障上协同用力。一方面，应加强对基层工作人员的技能提升，增强其解决复杂事务和应对多元需求的实际能力（F3：提升能力）；另一方面，应加大对公共服务基础设施、信息系统等方面的投入，优化人力配置和技术支撑（F5：投入资源）。

段落仿写练习3：请以“发展教育”为话题，仿写一个建议段。

第7步 写出结尾段

结尾段范文：

优化公共服务，是提升治理效能、增进民生福祉的必由之路（总结全文）。唯有不断改革创新，才能让公共服务更有温度与力量（重申论点）。

全文参考范文

优化公共服务　打造幸福家园

吕建刚　花丽娜

公共服务质量，直接关系到人民群众的获得感、幸福感与安全感（引材料句）。因此（过渡词），优化公共服务，是提升社会治理效能、促进民生福祉的必然要求（论点句）。

优化公共服务有助于提升公共服务效率（X→Y，公共服务效率 = 目标清晰 × 流程规范 × 执行到位）。当服务体系不断优化，相关部门能够更清楚地识别任务重点，这样就有助于规范流程，可以有效减少重复环节，提升办事效率。反之，若服务体系职责模糊，不仅容易出现推诿扯皮等问题，导致办事效率低下，也容易让群众反复奔波。由此可见，公共服务的优化程度，直接影响整体运行效率。

优化公共服务有助于提升群众幸福感（X→Y，群众幸福感 = 收入高 + 过得好 + 有保障 + 有发展 + 生活便利）。高质量的公共服务，能够优化办事流程、提高办事效率，让老百姓办事更便利；同时，优质教育、医疗、养老等服务也为群众提供了更有保障的生活环境，提升生活质量。由此可见，公共服务不仅关乎便利，更是托举群众幸福的关键支撑。

不可否认，优化公共服务在现实中仍面临不少障碍。主观方面，一些部门管理者服务意识淡薄，仍习惯于“重审批、轻服务”的传统思维，缺乏以用户体验为中心的理念（F2：思维狭隘）；客观方面，部分地区公共服务制度滞后，标准不统一、流程不透明，缺少完善的责任追究机制（F7：机制缺失）。如果这些问题长期存在，公共服务效率将难以有效提升，群众满意度也会持续受损。

要优化公共服务，需在理念更新与机制建设上同步发力（主客分明式）。一方面，管理者应强化以人民为中心的服务意识，转变传统行政思维，真正把群众体验作为衡量工作成效的重要标尺（F2：拓展思维）；另一方面，地方政府应完善公共服务标准、责任追究机制，确保服务流程规范透明、责任落实到位（F7：健全机制）。

优化公共服务，是提升治理效能、增进民生福祉的必由之路（总结全文）。唯有不断改革创新，才能让公共服务更有温度与力量（重申论点）。

全文共669字

老吕写作33篇 全文打卡练习18

论说文：根据下述材料，写一篇700字左右的论说文，题目自拟。

社会保障体系，是兜底民生、促进社会公平与稳定的重要制度安排。近年来，我国不断完善养老、医疗、失业、工伤、生育等各类社会保险制度，社会保障水平持续提高。但在现实中，一些地区还存在保障覆盖不足、待遇水平偏低、经办服务不便捷等问题，影响了群众的获得感和安全感。

第1步 审题立意

第1步 定主题	
第2步 定态度	
第3步 定对象	
写出标题	

第2步 正文提纲

论证段1 ______________________________

论证段2 ______________________________

辩证段 ______________________________

建议段 ______________________________

第3步 完成全文并打卡

使用作文纸完成全文，参与打卡。

第4步 领取范文，对照修改

在打卡群领取本篇范文，对照范文修改自己的文章。

第 19 篇 治理机制

说明

治理机制，是推动社会高效运转的制度基础。无论是政策执行、社会管理，还是公共服务与问题应对，最终都需要依赖清晰的制度设计和规范的流程落实。建设科学规范、运行高效的治理机制，是提升治理水平的关键任务。通过健全制度制定机制、任务执行机制、反馈评估机制与协同保障机制，才能打通“堵点”、疏通“难点”，推动治理真正落到实处、取得实效。

本篇以“**健全治理机制**”为例展开论述。其他相关话题，如**跨部门协作机制、数字治理机制、应急响应机制、基层服务机制等**，也可参照本篇思路进行写作。

论说文：根据下述材料，写一篇 700 字左右的论说文，题目自拟。

某地近期试点推进基层治理机制改革，探索将多个服务网络整合为一体，优化部门职责划分，以提高日常事务处理的效率与响应速度。一些居民表示办事流程更简化，体验更顺畅；但也有人反映，部分职责界限仍不清晰，支持资源未能同步配套，导致执行任务压力增大。围绕这项机制改革，是加快推广，还是稳步完善，人们看法不一。

第 1 步 进行审题立意，写出标题

第 1 步 定主题	材料出现了某种争议，故为争议案例类材料。**争议决定主题（谜底就在谜面上）**：争议的中心是“围绕治理机制改革，是加快推进，还是稳步完善”，故我们的立意主题就是“健全治理机制”。
第 2 步 定态度	**结果决定态度**：“健全治理机制”能促进未来社会的发展，可见它利大于弊，应该支持，可见我们“要健全治理机制”。
第 3 步 定对象	“健全治理机制”这一行为的对象应该是社会，因此，我们也应该写“社会”，即：“社会应健全治理机制”。不过，此类话题在标题上可以不写对象，使用“主题 + 态度”式、“措施 + 目的”式标题读起来会更通顺。
写出标题	**万能标题 1**：主题 健全治理机制 + 态度 势在必行 **万能标题 2**：措施 健全治理机制 + 目的 夯实治理之基

第 2 步 使用 3 句开头法，写出首段

某地基层治理机制改革试点引发了社会广泛关注：一方面，流程整合带来了便利；另一方面，也出现了一些困扰（引材料句）。我认为（过渡词），健全治理机制，才能为社会治理现代化夯实坚实基础（论点句）。

第 3 步 确定全文结构与分论点

该话题可使用“有好处式”结构：有好处 / 有必要 + 有好处 / 有必要 + 辩证段 + 建议段。

在第 4 章第 2 节方法论中，我们总结了四大层级的利益相关者 Y。将“健全治理机制”代入各个 Y，得出如下分论点参考表：

层级分类	利益相关者（Y）	分论点 X → Y
个体层	幸福感	健全治理机制有助于提升群众幸福感
事务层	服务效率	健全治理机制有助于提升公共服务效率
	资源配置	健全治理机制有助于优化资源配置
	问题解决	健全治理机制有助于解决社会问题
社会层	社会收益	健全治理机制有助于提高社会总收益
	社会成本	健全治理机制有助于降低社会总成本
	公众满意度	健全治理机制有助于增强公众满意度
	社会和谐 / 公平	健全治理机制有助于促进社会和谐 / 公平

从以上表格中选出 2 个你记得牢的、会写的，作为你的文章的分论点。

请为以下主题（X）补充分论点：

（1）风险应对机制

健全风险应对机制____________________

健全风险应对机制____________________

（2）数字治理机制

健全数字治理机制____________________

健全数字治理机制____________________

（3）应急管理机制

健全应急管理机制____________________

健全应急管理机制____________________

（4）跨部门协作机制

健全跨部门协作机制____________________

健全跨部门协作机制____________________

第4步 写出论证段——XFY法/正反对比法/演绎法

论证段1 **XFY法——公共服务效率 = 目标清晰 × 流程规范 × 执行到位**

健全治理机制有助于提升公共服务效率（X→Y）。治理机制健全，首先能够明确各项服务的目标导向，使管理目标更加清晰，避免重复（目标清晰）；其次，健全治理机制有助于推动工作流程规范化，减少随意操作，提升工作协调性（流程规范）；同时，通过反馈机制，还能增强执行过程的稳定性，提高落实效率（执行到位）。由此可见，治理机制的完善，是推动公共服务提质增效的关键基础（总结句）。

论证段2 **正反对比法——资源配置效果 = 配置精准 × 使用规范 × 成本节约**

健全治理机制有助于优化资源配置（X→Y）。机制完善，意味着资源配置更加精准，流向更加合理，使用更加规范，从而提升社会运行的整体效率（正面）。反之，若治理机制不清，权责交叉、流程混乱，容易导致资源浪费与推诿扯皮，不仅降低办事效率，也增加了管理成本（反面）。因此，建立科学清晰的治理机制，是提升资源配置效能的关键保障（总结句）。

论证段3 **演绎法——社会问题解决力 = 发现问题 × 分析问题 × 解决问题**

健全治理机制有助于解决社会问题（X→Y）。根据现代治理理论，社会治理的核心在于及时发现问题、科学分析根源并有效推动解决（理论依据）。健全的治理机制有助于完善信息收集渠道，确保问题能被第一时间发现；同时，通过制度化的议事程序，也能提高问题分析的规范性与解决方案的针对性（怎么做＋会如何）。例如，“枫桥经验”正是依靠社区治理制度，将纠纷化解在基层，实现了“小事不出村、大事不出镇”（例证）。由此可见，治理机制的健全程度，直接决定社会问题的响应速度与解决成效（总结句）。

从以上3个段落中任选2个作为你的文章的论证段。当然，你也可以根据你在上一步中确定的分论点，自行写出2个论证段。

段落仿写练习1：请以“健全风险应对机制”为话题，仿写一个论证段。

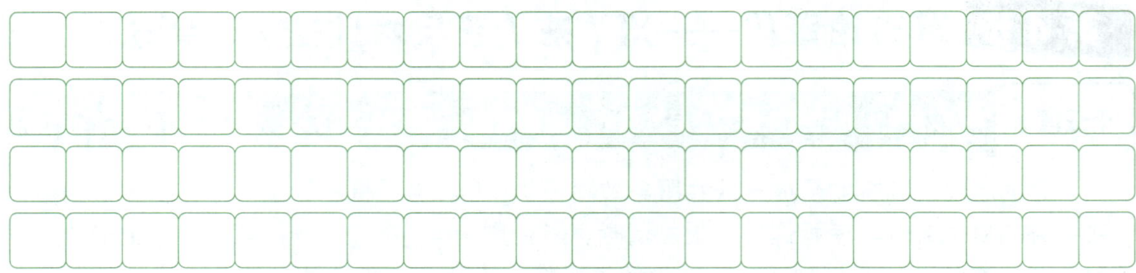

第5步 写出辩证段——问题 / 困难 / 风险

如果材料中本身有问题 / 困难 / 风险，应该优先应用材料。本题的材料中出现了问题 / 困难 / 风险，我们可结合主观因素与客观因素进行分析。段落范文如下：

辩证段范文1： **主观F3（能力不足）+ 客观F7（机制缺失）**

但是，推进基层治理机制改革在实践中遇到了不少挑战。主观上，一些基层工作人员统筹协调能力不足，面对复杂要求，容易感到手足无措、有心无力（F3：能力不足）；客观上，一些地区在机制设计上权责不清、标准不明，导致任务分配混乱（F7：机制缺失）。

辩证段范文2： **主观F2（思维狭隘）+ 客观F5（资源匮乏）**

然而，健全治理机制的进程中仍存在一定阻力。主观方面，一些管理者仍沿用传统层级思维，忽视了基层应有的自主空间，导致改革动力不足（F2：思维狭隘）；客观方面，资源下沉不到位，基层在人力、经费、信息化支撑等方面严重不足，进一步削弱了执行力（F5：资源匮乏）。

段落仿写练习2：请以“健全风险应对机制”为话题，仿写一个辩证段。

第6步 写出建议段

建议段要能解决辩证段中提出的问题，故本文的建议段范文如下：

建议段范文1：——对应辩证段范文1/主客分明式

要破解基层执行压力加大的困境，需在能力建设与机制完善上同步推进。一方面，应对基层工作人员进行培训，以提升其在统筹协调、跨部门协作等方面的能力，以增强其应对复杂局面的专业素养（F3：提升能力）；另一方面，应完善基层权责清晰、流程规范、考核科学的治理机制，确保职责明确、执行顺畅（F7：健全机制）。

建议段范文2：——对应辩证段范文2/主体划分式

要推动基层治理机制改革落地见效，需各方协同发力。决策层面，应转变传统管理思维，强化基层赋能理念，真正为基层松绑减负、赋权增能（F2：拓展思维）；基层自身，也应主动对接改革要求，加大资源投入，加强资源统筹能力，提升解决问题的实际能力（F5：投入资源）。

段落仿写练习3：请以“健全风险应对机制”为话题，仿写一个建议段。

第7步 写出结尾段

结尾段范文：

健全治理机制，是提升治理效能、实现社会良性运转的关键（总结全文）。唯有机制完善、运行顺畅，才能为社会发展注入持续动力（重申论点）。

全文参考范文

健全治理机制　夯实治理之基

吕建刚　花丽娜

某地基层治理机制改革试点引发了社会广泛关注：一方面，流程整合带来了便利；另一方面，也出现了一些执行困扰（引材料句）。我认为（过渡词），要健全治理机制，才能为社会治理现代化夯实坚实基础（论点句）。

健全治理机制有助于提升公共服务效率（X→Y，目标清晰 × 流程规范 × 执行到位）。治理机制健全，首先能够明确各项服务的目标导向，使管理目标更加清晰，避免重复；其次，健全治理机制有助于推动工作流程规范化，减少随意操作，提升工作协调性；同时，通过反馈机制，还能增强执行过程的稳定性，提高落实效率。由此可见，治理机制的完善，是推动公共服务提质增效的关键基础。

健全治理机制有助于优化资源配置（X→Y，配置精准 × 使用规范 × 成本节约）。机制完善，意味着资源配置更加精准，流向更加合理，使用更加规范，从而提升社会运行的整体效率。反之，若治理机制不清，权责交叉、流程混乱，容易导致资源浪费与推诿扯皮，不仅降低办事效率，也增加了管理成本。因此，建立科学清晰的治理机制，是提升资源配置效能的关键保障。

但是，推进基层治理机制改革在实践中遇到了不少挑战。主观上，一些基层工作人员统筹协调能力不足，面对复杂要求，容易感到执行压力加大、工作负担加重（F3：能力不足）；客观上，一些地区在机制设计上权责不清、标准不明，导致任务分配混乱（F7：机制缺失）。

要破解基层执行压力加大的困境，需在能力建设与机制完善上同步推进（主客分明式）。一方面，应加强基层工作人员的业务培训与能力提升，尤其是在统筹协调、跨部门协作等方面，增强应对复杂局面的专业素养（F3：提升能力）；另一方面，应完善基层权责清晰、流程规范、考核科学的治理机制，确保职责明确、执行顺畅（F7：健全机制）。

健全治理机制，是提升治理效能、实现社会良性运转的关键（总结全文）。唯有机制完善、运行顺畅，才能为社会发展注入持续动力（重申论点）。

全文共 677 字

老吕写作33篇 全文打卡练习19

论说文：根据下述材料，写一篇700字左右的论说文，题目自拟。

随着数字化转型不断加速，数据治理、智能治理等新型治理模式逐渐成为提升国家治理现代化水平的重要力量。各地积极探索数字赋能、智能决策、智慧服务，推动公共服务与社会治理提质增效。但在实际推进过程中，仍存在数据标准不统一、信息孤岛频发、隐私保护不足等问题，制约了数字治理效能的发挥。

第1步 审题立意

第1步 定主题	
第2步 定态度	
第3步 定对象	
写出标题	

第2步 正文提纲

论证段1 ______________________________

论证段2 ______________________________

辩证段 ______________________________

建议段 ______________________________

第3步 完成全文并打卡

使用作文纸完成全文，参与打卡。

第4步 领取范文，对照修改

在打卡群领取本篇范文，对照范文修改自己的文章。

第 20 篇 科技伦理

说明

科技是一把“双刃剑”，既能推动社会进步，也可能引发伦理风险。随着人工智能、大数据、基因编辑等前沿技术快速发展，如何在加快创新的同时守住伦理底线，已成为社会治理的重要课题。

现实中，算法推荐形成信息茧房、数据滥用侵犯隐私等现象不断刷新公众认知底线；一些企业在逐利驱动下漠视责任、忽略伦理，部分制度监管也出现“技术走在前，规则跑在后”的滞后困境。由此可见，科技创新不能脱离伦理轨道，科技发展越快，越要补齐伦理治理的短板。

本篇以“**规范算法伦理**”为例展开论述。其他科技伦理类话题，**如人工智能治理、数据隐私保护、数据安全、平台责任、基因技术监管、知识产权保护等**，也可参照本篇思路进行仿写。

论说文：根据下述材料，写一篇 700 字左右的论说文，题目自拟。

算法，作为数字时代的重要基础设施，深刻影响着社会运行、经济活动和公共生活。算法推荐、智能决策、数据匹配等技术广泛应用，提升了效率，创造了便利。但与此同时，也暴露出算法歧视、数据滥用、信息操控等伦理问题，引发了公众担忧和社会争议。

第 1 步 进行审题立意，写出标题

第 1 步 定主题	材料出现了某种争议，故为争议案例类材料。**争议决定主题（谜底就在谜面上）**：材料中争议的中心是“算法伦理”，故我们的立意主题就是“规范算法伦理”。
第 2 步 定态度	**结果决定态度**：“规范算法伦理”对社会是有利的，应该支持，可见我们“要规范算法伦理”。
第 3 步 定对象	“规范算法伦理”这一行为的对象应该是社会，因此，我们也应该写“社会”，即：“社会要规范算法伦理”。不过，此类话题在标题可以不写对象，使用“主题 + 态度”式、“措施 + 目的”式标题读起来会更通顺。
写出标题	**万能标题 1**：主题：规范算法伦理 + 态度：势在必行 **万能标题 2**：措施：规范算法伦理 + 目的：守护数字公平

第2步 使用3句开头法，写出首段

目前，算法推荐被广泛运用，但也暴露出算法歧视、数据滥用、信息操控等伦理问题（引材料句）。由此可见（过渡词），规范算法伦理，已成为推动技术进步、维护数字公平的重要课题（论点句）。

第3步 确定全文结构与分论点

该话题可使用“有好处式”结构：有好处/有必要＋有好处/有必要＋辩证段＋建议段。

在第4章第2节方法论中，我们总结了四大层级的利益相关者Y。将“规范算法伦理”代入各个Y，得出如下分论点参考表：

层级分类	利益相关者（Y）	分论点 X→Y
事务层	服务效率	规范算法伦理有助于提升公共服务效率
	资源配置	规范算法伦理有助于优化资源配置
	问题解决	规范算法伦理有助于解决社会问题
社会层	社会收益	规范算法伦理有助于提高社会总收益
	社会成本	规范算法伦理有助于降低社会总成本
	公众满意度	规范算法伦理有助于增强公众满意度
	社会和谐/公平	规范算法伦理有助于促进社会公平

从以上表格中选出2个你记得牢的、会写的，作为你的文章的分论点。

请为以下主题（X）补充分论点：

（1）人工智能治理

加强人工智能治理________________

加强人工智能治理________________

（2）数据安全

注重数据安全________________

注重数据安全________________

（3）知识产权保护

做好知识产权保护________________

做好知识产权保护________________

（4）基因技术监管

完善基因技术监管________________

完善基因技术监管________________

第 4 步 写出论证段——XFY 法 / 正反对比法 / 演绎法

论证段 1 XFY 法——解决社会问题 = 发现问题 × 分析问题 × 解决问题

规范算法伦理有助于解决社会问题（X→Y）。一方面，伦理规范的建立有助于算法运行更透明，提升对社会问题的识别能力，从而避免“看不见的数据偏见”和“技术歧视”遮蔽问题本质（发现问题）；另一方面，规范的算法伦理强调公正、公平，能推动算法逻辑的优化，能够使其在分析与解决社会矛盾时更加合理合规（分析问题 × 解决问题）。由此可见，只有将技术嵌入伦理框架，才能真正发挥其服务社会的治理价值（总结句）。

论证段 2 正反对比法——公众满意度 = 服务质量 × 获取便捷 × 情绪认同

规范算法伦理有助于增强公众满意度（X→Y）。算法应用规范透明，能够提升服务质量、保障获取便捷性，同时通过公平推荐与保护用户权益，从而增强用户的情绪认同感（正面）。反之，若算法黑箱操作、过度推送或歧视性筛选泛滥，不仅影响服务体验，还容易引发用户情绪反感（反面）。因此，规范算法伦理，是增强公众满意度的重要保障（总结句）。

论证段 3 演绎法——社会公平 = 权益保障 × 机会均等 × 群体认同

规范算法伦理有助于促进社会公平（X→Y）。社会的公平，取决于能有效保障个人权益、提供均等机会并增强群体之间的认同感（理论依据）。规范算法使用，有助于防止算法歧视、技术滥用，避免对老年人、低学历用户等群体形成隐性偏见与服务壁垒（怎么做 + 会如何）。例如，2021 年起，国家多部门联合推动“适老化改造”，要求各大 App 平台优化推荐算法和界面设置，一些 App 率先推出“长辈模式”，提升了老年群体的信息获取权（例证）。由此可见，规范算法伦理，是数字社会保障公平正义的必要路径（总结句）。

从以上 3 个段落中任选 2 个作为你的文章的论证段。当然，你也可以根据你在上一步中确定的分论点，自行写出 2 个论证段。

段落仿写练习1：请以“注重数据安全”为话题，仿写一个论证段。

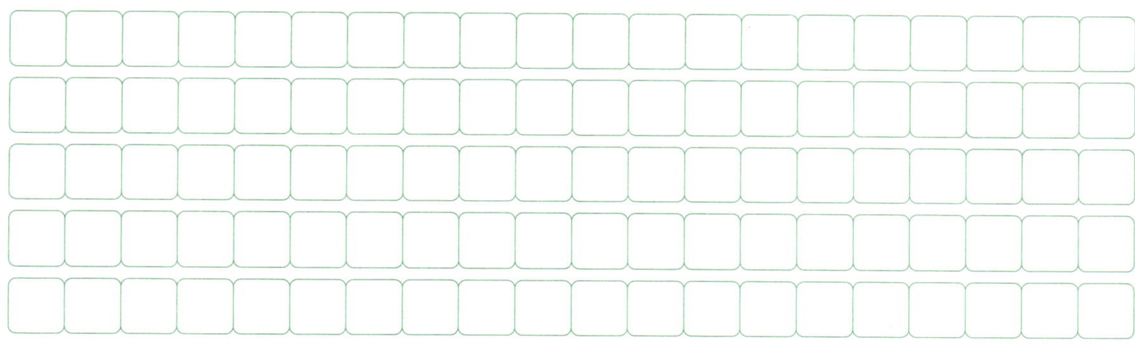

第5步 写出辩证段——问题/困难/风险

如果材料中本身有问题/困难/风险，应该优先应用材料。本题的材料中出现了问题/困难/风险，我们可结合主观因素与客观因素进行分析。段落范文如下：

辩证段范文1：主观F2（思维狭隘）+客观F7（机制缺失）

然而，规范算法伦理在现实推进中仍面临诸多挑战。主观上，一些平台片面追求商业利益，忽视了算法伦理（F2：思维狭隘）；客观上，相关法律规范和行业标准仍不完善，对算法歧视、数据滥用等现象的监管存在盲区（F7：机制缺失）。如果思想偏差与制度空白并存，算法治理就容易流于表面，甚至催生新的社会风险。

辩证段范文2：主观F4（行为偏差）+客观F6（环境不稳）

但是，推动算法伦理规范，在实际操作中仍存在不少阻力。主观方面，一些企业在实际应用中过度强调算法收益，片面迎合流量，存在违规推送、诱导消费等行为（F4：行为偏差）；客观方面，数字经济环境竞争激烈，行业内部规范滞后、外部监管力量不足，使得短期逐利行为更容易泛滥（F6：环境不稳）。如果行为失范与外部失序交织存在，算法伦理治理不仅难以深化，反而可能加剧社会信任危机。

段落仿写练习2：请以“注重数据安全”为话题，仿写一个辩证段。

第6步 写出建议段

建议段要能解决辩证段中提出的问题，故本文的建议段范文如下：

建议段范文1：——对应辩证段范文1/主客分明式

要规范算法伦理，需在理念转变与机制完善上同步发力。一方面，科技企业和开发者应强化伦理意识，树立以公平正义为导向的技术应用观，主动承担社会责任（F2：拓展思维）；另一方面，政府部门应加快制定并细化算法规则和行业标准，完善审核监管体系，堵住制度漏洞（F7：健全机制）。

建议段范文2：——对应辩证段范文2/软硬兼施式

要有效遏制算法应用中的行为失范，需软硬兼施、双向发力。一方面，应加强行业自律与社会引导，推动企业在内部建立审慎应用机制，形成注重伦理的经营文化（F4：改进行为）；另一方面，还需加大外部治理力度，强化动态监管，及时应对数字经济环境中的新问题与新挑战（F6：应对环境）。

段落仿写练习3：请以“注重数据安全”为话题，仿写一个建议段。

第7步 写出结尾段

结尾段范文：

规范算法伦理，是守护数字社会公平与可持续发展的必然选择（重申论点）。唯有以规则护航创新，才能让技术真正服务于人类。

全文参考范文

规范算法伦理 守护数字公平

吕建刚 花丽娜

算法被广泛运用，但也暴露出算法歧视、数据滥用、信息操控等伦理问题（引材料句）。由此可见（过渡词），规范算法伦理，已成为推动技术进步、维护数字公平的重要课题（论点句）。

规范算法伦理有助于增强公众满意度（X→Y，公众满意度 = 服务质量 × 获取便捷 × 情绪认同）。算法应用规范透明，能够提升服务质量、保障获取便捷性，同时通过公平推荐与保护用户权益，从而增强用户的情绪认同感。反之，若算法黑箱操作、过度推送或歧视性筛选泛滥，不仅影响服务体验，还容易引发用户情绪反感。因此，规范算法伦理，是增强公众满意度的重要保障。

规范算法伦理有助于促进社会公平（X→Y，社会公平 = 权益保障 × 机会均等 × 群体认同）。社会的公平，取决于能有效保障个人权益、提供均等机会并增强群体之间的认同感。现实中，规范算法应用，能够防止数据歧视，以此保护不同群体的合法权益，从而促进资源与机会的公平分配，同时强化各方对规则的共同认同。例如，一些平台通过调整算法推荐机制，打破“信息茧房”，提升了不同用户群体获取信息的均衡性和满意度。

然而，规范算法伦理在现实推进中仍面临诸多挑战。主观上，一些平台片面追求商业利益，忽视了算法伦理（F2：思维狭隘）；客观上，相关法律规范和行业标准仍不完善，对算法歧视、数据滥用等现象的监管存在盲区（F7：机制缺失）。如果思想偏差与制度空白并存，算法治理就容易流于表面，甚至催生新的社会风险。

要规范算法伦理，需在理念转变与机制完善上同步发力（主客分明式）。一方面，科技企业和开发者应强化伦理意识，树立以公平正义为导向的技术应用观，主动承担社会责任（F2：拓展思维）；另一方面，政府部门应加快制定并细化算法规则和行业标准，完善审核监管体系，堵住制度漏洞（F7：健全机制）。

规范算法伦理，是守护数字社会公平与可持续发展的必然选择（重申论点）。唯有以规则护航创新，才能让技术真正服务于人类。

全文共 677 字

老吕写作33篇 全文打卡练习20

论说文：根据下述材料，写一篇 700 字左右的论说文，题目自拟。

知识产权是创新驱动发展的基本保障，是激发创造活力、促进科技进步和经济繁荣的重要支撑。近年来，我国在专利、版权、商标等领域不断加大保护力度，创新环境也在持续优化。

第 1 步 审题立意

第1步 定主题	
第2步 定态度	
第3步 定对象	
写出标题	

第 2 步 正文提纲

论证段 1 ______

论证段 2 ______

辩证段 ______

建议段 ______

第 3 步 完成全文并打卡

使用作文纸完成全文，参与打卡。

第 4 步 领取范文，对照修改

在打卡群领取本篇范文，对照范文修改自己的文章。

第 21 篇 文化认同

说明

文化认同，是社会成员之间建立共情与归属的基础，也是维系国家统一、多元共处与社会稳定的重要支柱。在全球化、多元化加速交汇的今天，如何增强全社会对本国文化的认同感，成为时代发展的关键命题。

本篇以“**加强文化自信**”为例展开论述。其他文化认同类话题，如**代际认同、弘扬中华优秀传统文化、民族认同、网络文化治理等**，也可参照本篇思路进行仿写。

论说文：根据下述材料，写一篇 700 字左右的论说文，题目自拟。

在“四个自信”中，文化自信是更基础、更广泛、更深厚的自信，是更基本、更深沉、更持久的力量。文化自信是一个国家、一个民族发展中最深厚的精神支撑。近年来，随着中华优秀传统文化的传承创新与新时代文化建设的推进，文化自信不断增强，国家凝聚力和文化软实力持续提升。

第 1 步 进行审题立意，写出标题

第 1 步 定主题	材料直接给出某种观点，故为观点类材料。**观点决定主题（谜底就在谜面上）**：材料中的核心句是“文化自信是一个国家、一个民族发展中最深厚的精神支撑”，故我们的立意主题就是“加强文化自信”。
第 2 步 定态度	**结果决定态度**：“加强文化自信”对社会是有利的，应该支持，可见我们应该“要加强文化自信”。
第 3 步 定对象	“加强文化自信”这一行为的对象应该是社会，因此，我们也应该写“社会”，即：“社会要加强文化自信”。不过，此类话题在标题上可以不写对象，使用“主题 + 态度”式、“措施 + 目的”式标题读起来会更通顺。
写出标题	**万能标题 1**：主题（加强文化自信）+ 态度（势在必行） **万能标题 2**：措施（加强文化自信）+ 目的（夯实精神之基）

第 2 步 使用 3 句开头法，写出首段

文化自信是一个国家、一个民族发展中最深厚的精神支撑（引材料句）。可见（过渡词），加强文化自信，是坚定理想信念、凝聚国家力量的重要课题（论点句）。

第 3 步 确定全文结构与分论点

该话题可使用“有好处式”结构：有好处 / 有必要 + 有好处 / 有必要 + 辩证段 + 建议段。

在第 4 章第 2 节方法论中，我们总结了四大层级的利益相关者 Y。将“加强文化自信”代入各个 Y，得出如下分论点参考表：

层级分类	利益相关者（Y）	分论点 X → Y
社会层	社会和谐	加强文化自信有助于促进社会和谐
	价值共识	加强文化自信有助于形成价值共识
	文化自觉	加强文化自信有助于增强文化自觉
国家层	国际竞争力	加强文化自信有助于提升国际竞争力

从以上表格中选出 2 个你记得牢的、会写的，作为你的文章的分论点。

请为以下主题（X）补充分论点：

（1）弘扬中华优秀传统文化

弘扬中华优秀传统文化______

弘扬中华优秀传统文化______

（2）民族认同

加强民族认同______

加强民族认同______

（3）网络文化治理

加强网络文化治理______

加强网络文化治理______

（4）代际认同

加强代际认同______

加强代际认同______

第4步 写出论证段——XFY法/正反对比法/演绎法

论证段1 XFY法——价值共识 = 主流认同 × 情感共鸣 × 行为趋同

加强文化自信有助于形成价值共识（X→Y）。加强文化自信能够增强全社会对主流价值观的认同感，为个体确立方向提供稳定的精神坐标（主流认同）；同时，它能唤起人们对民族传统的情感共鸣，增强不同群体间的联结（情感共鸣）；此外，加强文化自信还能引导个体在社会行为中遵循共同规范，在多样中实现价值趋同（行为趋同）。三者合力，有助于凝聚集体认同，构建团结有序的社会价值体系（总结句）。

论证段2 正反对比法——文化自觉 = 历史认同 × 现实价值 × 未来想象

加强文化自信有助于增强文化自觉（X→Y）。文化自觉的确立，既需要深厚的历史认同、现实的价值体验，也需要展望未来的想象力。如果能够从五千年文明中汲取智慧、在新时代实践中找到价值认同，并以开放姿态展望未来，文化自觉自然水到渠成（正面）；反之，若轻视本土文化、盲目崇拜外来模式，文化自觉就容易动摇，民族凝聚力也可能会减弱（反面）。因此，加强文化自信，是时代赋予我们的必然责任（总结句）。

论证段3 演绎法——国际竞争力 = 技术领先 × 产业升级 × 品牌价值 × 文化吸引

加强文化自信有助于提升国际竞争力（X→Y）。在全球化背景下，一个国家的综合竞争力，除了依赖科技与产业基础，还依赖文化的传播力与吸引力（理论依据）。如果国民普遍认同本国文化，企业往往更敢用本土符号来表达理念，从而提升产品背后的文化辨识度，这样就增强了品牌价值与文化影响力（怎么做+会如何）。例如，故宫文创凭借深厚文化底蕴与现代设计，不仅在国内获得高度认同，也吸引了大量海外用户的喜爱（例证）。由此可见，文化自信成为提升国际竞争力的重要支撑（总结句）。

从以上3个段落中任选2个作为你的文章的论证段。当然，你也可以根据你在上一步中确定的分论点，自行写出2个论证段。

段落仿写练习1：请以“弘扬中华优秀传统文化”为话题，仿写一个论证段。

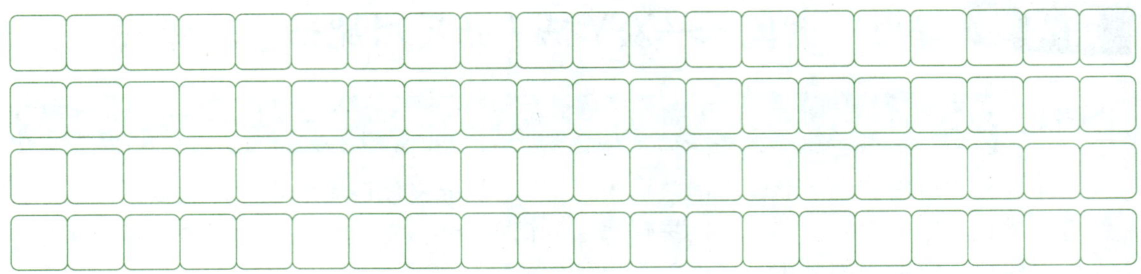

第5步 写出辩证段——问题 / 困难 / 风险

如果材料中本身有问题 / 困难 / 风险，应该优先应用材料。本题的材料中没有问题 / 困难 / 风险，我们可结合主观因素与客观因素进行分析。段落范文如下：

辩证段范文1： 主观F2（思维狭隘）+ 客观F6（环境不稳）

然而，加强文化自信在现实中仍面临一定阻力。主观上，一些人存在文化自卑倾向，缺乏对本民族文化深层次的认同（F2：思维狭隘）；客观上，全球化带来的多元文化冲击，使得本土文化传播环境复杂多变，外来文化影响不断加剧（F6：环境不稳）。如果内心认同不足与外部冲击叠加，文化自信就难以真正扎根。

辩证段范文2： 主观F3（能力不足）+ 客观F7（机制缺失）

不可否认，推动文化自信建设也面临着能力与机制的双重考验。主观方面，一些文化工作者在传统文化创新表达、国际传播能力等方面存在明显短板，难以有效讲好中国故事（F3：能力不足）；客观方面，相关领域的扶持机制与激励政策尚不健全，优秀文化产品的传播体系仍需完善（F7：机制缺失）。如果能力短缺与机制缺位并存，文化自信的培育与弘扬便难以形成强大合力。

段落仿写练习2： 请以"弘扬中华优秀传统文化"为话题，仿写一个辩证段。

第6步 写出建议段

建议段要能解决辩证段中提出的问题，故本文的建议段范文如下：

建议段范文1：——对应辩证段范文1/软硬兼施式

要不断增强文化自信，需软硬兼施、双向发力。一方面，应通过宣传教育，深化全社会对中华文化精神内涵的理解与认同，破除文化自卑心理（F2：拓展思维）；另一方面，应加强本土文化内容的创新传播，优化文化环境，提升主流文化在多元竞争中的吸引力（F6：应对环境）。

建议段范文2：——对应辩证段范文2/主体划分式

要推动文化自信建设，需多方协同发力。文化工作者层面，应主动提升创新表达与国际传播能力，积极探索传统文化与时代需求的深度结合（F3：提升能力）；政府层面，应完善文化领域的政策支持体系，设立专项资金，为优秀文化内容的传播提供保障（F7：健全机制）。

段落仿写练习3：请以"弘扬中华优秀传统文化"为话题，仿写一个建议段。

第7步 写出结尾段

结尾段范文：

加强文化自信，是新时代精神力量的重要源泉（重申论点）。唯有坚定文化认同、激发创新活力，才能为民族复兴注入不竭动力。

全文参考范文

加强文化自信　夯实精神之基

吕建刚　花丽娜

文化自信是一个国家、一个民族发展中最深厚的精神支撑（引材料句）。可见（过渡词），加强文化自信，是坚定理想信念、凝聚国家力量的重要课题（论点句）。

加强文化自信有助于形成价值共识（X→Y，主流认同 × 情感共鸣 × 行为趋同）。文化自信能够增强全社会对主流价值观的认同感，为个体确立方向提供稳定的精神坐标；同时，它能唤起人们对民族传统的情感共鸣，增强不同群体间的联结；此外，文化自信还能引导个体在社会行为中遵循共同规范，在多样中实现价值趋同。三者合力，有助于凝聚集体认同，构建团结有序的社会价值体系。

加强文化自信有助于增强文化自觉（X→Y，文化自觉 = 历史认同 × 现实价值 × 未来想象）。如果能够从五千年文明中汲取智慧、在新时代实践中找到价值认同，并以开放姿态展望未来，文化自觉自然水到渠成；反之，若轻视本土文化、盲目崇拜外来模式，文化自觉就容易动摇，民族凝聚力也可能会减弱。因此，加强文化自信，是时代赋予我们的必然责任。

然而，加强文化自信在现实中仍面临一定阻力。主观上，一些人存在文化自卑倾向，缺乏对本民族文化深层次的认同（F2：思维狭隘）；客观上，全球化带来的多元文化冲击，使得本土文化传播环境复杂多变，外来文化影响不断加剧（F6：环境不稳）。如果内心认同不足与外部冲击叠加，文化自信就难以真正扎根。

要不断增强文化自信，需软硬兼施、双向发力（软硬兼施式）。一方面，应通过宣传教育，深化全社会对中华文化精神内涵的理解与认同，破除文化自卑心理（F2：拓展思维）；另一方面，应加强本土文化内容的创新传播，优化文化环境，提升主流文化在多元竞争中的吸引力（F6：应对环境）。

加强文化自信，是新时代精神力量的重要源泉（重申论点）。唯有坚定文化认同、激发创新活力，才能为民族复兴注入不竭动力。

全文共630字

老吕写作33篇 全文打卡练习21

论说文：根据下述材料，写一篇700字左右的论说文，题目自拟。

网络文化作为社会生活的重要延伸，承载着巨大的文化传播力和影响力。近年来，我国积极推进网络文化治理，网络环境持续改善，正能量传播不断扩大。但同时也存在内容低俗、虚假信息传播、网络暴力等问题，影响了文化生态。

第1步 审题立意

第1步 定主题	
第2步 定态度	
第3步 定对象	
写出标题	

第2步 正文提纲

论证段1 ____________________

论证段2 ____________________

辩证段 ____________________

建议段 ____________________

第3步 完成全文并打卡

使用作文纸完成全文，参与打卡。

第4步 领取范文，对照修改

在打卡群领取本篇范文，对照范文修改自己的文章。

第 22 篇 社会价值观

说明

社会价值观，是支撑社会运行的精神内核与行为准则。一个社会是否充满活力、是否具有凝聚力，既取决于物质条件是否改善，更取决于公共精神、责任意识、规则观念等社会价值观体系是否健全。

本篇以“**加强人文关怀**”为例展开论述。其他社会价值观类话题，如**规则意识、服务意识、公共精神、志愿文化、节约理念、诚信观念、集体荣誉感、环保意识等**，也可参照本篇思路进行仿写。

论说文：根据下述材料，写一篇 700 字左右的论说文，题目自拟。

人文关怀体现了社会对个体尊严、情感需求与精神成长的重视，是促进社会和谐与个体全面发展的重要力量。近年来，随着社会节奏加快和竞争压力上升，心理健康、情感支持、社会包容等方面的需求日益突出，人文关怀的重要性愈发凸显。

第 1 步 进行审题立意，写出标题

第1步 定主题	材料直接给出某种观点，故为观点类材料。**观点决定主题（谜底就在谜面上）**：材料中的核心句是“人文关怀是促进社会和谐与个体全面发展的重要力量”，故我们的立意主题就是“加强人文关怀”。
第2步 定态度	**结果决定态度**：“加强人文关怀”对社会是有利的，可见我们“要加强人文关怀”。
第3步 定对象	“加强人文关怀”这一行为的对象应该是社会，因此，我们也应该写“社会”，即：“社会要加强人文关怀”。不过，此类话题在标题上可以不写对象，使用“主题 + 态度”式、“措施 + 目的”式标题读起来会更通顺。
写出标题	万能标题 1：主题：加强人文关怀 + 态度：势在必行 万能标题 2：措施：加强人文关怀 + 目的：共建温情社会

第2步 使用3句开头法，写出首段

人文关怀是促进社会和谐与个体全面发展的重要力量（引材料句）。可见（过渡词），加强人文关怀势在必行（论点句）。

第3步 确定全文结构与分论点

该话题可使用“有好处式”结构：有好处/有必要+有好处/有必要+辩证段+建议段。

在第4章第2节方法论中，我们总结了四大层级的利益相关者Y。将“加强人文关怀”代入各个Y，得出如下分论点参考表：

层级分类	利益相关者（Y）	分论点 X→Y
个体层	幸福感	加强人文关怀有助于提升群众幸福感
事务层	问题解决	加强人文关怀有助于解决社会问题
社会层	公众满意度	加强人文关怀有助于提升公众满意度
	社会和谐/公平	加强人文关怀有助于促进社会和谐

从以上表格中选出2个你记得牢的、会写的，作为你的文章的分论点。

请为以下主题（X）补充分论点：

（1）公共精神

弘扬公共精神________________

弘扬公共精神________________

（2）环保意识

提高环保意识________________

提高环保意识________________

（3）规则意识

提高规则意识________________

提高规则意识________________

（4）服务意识

提高服务意识________________

提高服务意识________________

第4步 写出论证段——XFY法/正反对比法/演绎法

论证段1 XFY法——幸福感=收入高+过得好+有保障+有发展+生活便利

加强人文关怀有助于提升群众幸福感（X→Y）。一方面，将人文关怀融入公共服务，能够在提供基本保障的同时，注重情感支持，从而提升群众对服务的整体满意度（过得好+有保障）；另一方面，关心弱势群体、优化公共环境，也有助于扩大社会包容性（生活便利）。可见，人文关怀是托举群众幸福的重要力量（总结句）。

论证段2 正反对比法——公众满意度=服务质量×获取便捷×情绪认同

加强人文关怀有助于提升公众满意度（X→Y）。如果公共服务中融入更多关爱与尊重，既能提升服务质量，也能通过细致入微的体验增强情绪认同感（正面）；反之，若只注重效率提升而忽视用户感受，容易让群众在冰冷流程中失去信任（反面）。因此，加强人文关怀，不仅是服务优化的“加分项”，更是提升满意度的关键要素（总结句）。

论证段3 演绎法——社会和谐=权益保障×机会均等×群体认同

加强人文关怀有助于促进社会和谐（X→Y）。社会是否和谐，与每个人的基本权益能否被尊重、机会能否平等开放、群体之间能否形成积极认同有很大关联（理论依据）。人文关怀强调从人的需求出发，推动弱势群体的权益保障机制不断完善；同时，通过教育、就业等公共服务均等化改革，拓展更多公平发展的通道，实现机会均等（怎么做+会如何）。例如，上海市通过加强社区关怀服务，不仅增强了居民的归属感，也提升了城市整体的社会认同感（例证）。可见，人文关怀是构建和谐社会的重要基石（总结句）。

从以上3个段落中任选2个作为你的文章的论证段。当然，你也可以根据你在上一步中确定的分论点，自行写出2个论证段。

段落仿写练习1：请以“弘扬公共精神”为话题，仿写一个论证段。

第5步 写出辩证段——问题/困难/风险

如果材料中本身有问题/困难/风险，应该优先应用材料。本题的材料中没有问题/困难/风险，我们可结合主观因素与客观因素进行分析。段落范文如下：

辩证段范文1： 主观F1（意愿缺乏）+客观F7（机制缺失）

不可否认，加强人文关怀在现实中仍面临不少障碍。主观上，一些管理者过于关注指标达成，缺乏从群众角度思考个体需求的意识（F1：意愿缺乏）；客观上，部分地区在人文关怀方面缺乏明确的制度要求，导致服务体系重流程、轻情感（F7：机制缺失）。如果内在意愿不足与制度引导缺失叠加，人文关怀就容易流于表面。

辩证段范文2： 主观F4（行为偏差）+客观F6（环境不稳）

不可否认，推动人文关怀落地也面临行为与环境的双重挑战。主观方面，一些工作人员在实际服务中仍存在机械办事、冷漠推诿的行为偏差，忽视了群众的情绪需求（F4：行为偏差）；客观方面，社会竞争加剧、节奏加快，使得整体环境中功利化倾向明显，人文精神被不断压缩（F6：环境不稳）。如果行为失范与环境冷漠共存，人文关怀的理念就难以扎根，社会温度也将持续流失。

段落仿写练习2： 请以“弘扬公共精神”为话题，仿写一个辩证段。

第6步 写出建议段

建议段要能解决辩证段中提出的问题，故本文的建议段范文如下：

建议段范文1：——对应辩证段范文1/主客分明式

要推动人文关怀真正落地，需在意愿引导与机制建设上协同发力。一方面，应通过相关培训，强化服务人员以人为本的意识，引导地方管理者从群众的角度去思考个体的需求（F1：增强意愿）；另一方面，应建立完善的人文关怀服务标准，将关怀融入日常管理与考评体系（F7：健全机制）。

建议段范文2：——对应辩证段范文2/软硬兼施式

要营造充满温度的社会环境，需软硬兼施、内外协同。一方面，应加强工作人员的人文素养培训，倡导在服务中融入情绪关怀，纠正冷漠推诿等不当行为（F4：改进行为）；另一方面，应通过媒体宣传与文化引导，塑造温暖包容的社会氛围，减缓社会过度功利化倾向（F6：应对环境）。

段落仿写练习3：请以"弘扬公共精神"为话题，仿写一个建议段。

第7步 写出结尾段

结尾段范文：

加强人文关怀，是提升社会温度与凝聚力的必由之路（总结全文）。唯有用心用情服务每一个人，才能让社会发展更加有温度、有力量（重申论点）。

全文参考范文

加强人文关怀　共建温情社会

吕建刚　花丽娜

人文关怀是促进社会和谐与个体全面发展的重要力量（引材料句）。可见（过渡词），加强人文关怀势在必行（论点句）。

加强人文关怀有助于提升群众幸福感（X→Y，幸福感＝收入高＋过得好＋有保障＋有发展＋生活便利）。一方面，将人文关怀融入公共服务，能够在提供基本保障的同时，注重情感支持，从而提升群众对服务的整体满意度；另一方面，关心弱势群体、优化公共环境，也有助于扩大社会包容性。可见，人文关怀是托举群众幸福的重要力量。

加强人文关怀有助于增强公众满意度（X→Y，公众满意度＝服务质量×获取便捷×情绪认同）。如果公共服务中融入更多关爱与尊重，既能提升服务质量和便捷程度，也能通过细致入微的体验增强情绪认同感；反之，若只注重效率提升而忽视用户感受，容易让群众在冰冷流程中失去信任。因此，加强人文关怀，不仅是服务优化的“加分项”，更是提升满意度的关键要素。

不可否认，加强人文关怀在现实中仍面临不少障碍。主观上，一些管理者过于关注指标达成，缺乏从群众角度思考个体需求的意识（F1：意愿不足）；客观上，部分地区在人文关怀方面缺乏明确的制度要求，导致服务体系重流程、轻情感（F7：机制缺失）。如果内在意愿不足与制度引导缺失叠加，人文关怀就容易流于表面。

要推动人文关怀真正落地，需在意愿引导与机制建设上协同发力（主客分明式）。一方面，应通过相关培训，强化服务人员以人为本的意识，引导地方管理者从群众的角度去思考个体的需求（F1：增强意愿）；另一方面，应建立完善的人文关怀服务标准，将关怀融入日常管理与考评体系（F7：健全机制）。

加强人文关怀，是提升社会温度与凝聚力的必由之路（总结全文）。唯有用心用情服务每一个人，才能让社会发展更加有温度、有力量（重申论点）。

老吕写作33篇 全文打卡练习22

论说文：根据下述材料，写一篇700字左右的论说文，题目自拟。

环保意识体现了个体与社会对自然环境保护责任的自觉认知，是推动可持续发展的重要基石。近年来，随着绿色低碳理念深入人心，公众环保意识不断提升，但现实中仍存在随意排放、资源浪费、生态破坏等现象，反映出环保理念与实际行为之间的落差。

第1步 审题立意

第1步 定主题	
第2步 定态度	
第3步 定对象	
写出标题	

第2步 正文提纲

论证段1 ____________________

论证段2 ____________________

辩证段 ____________________

建议段 ____________________

第3步 完成全文并打卡

使用作文纸完成全文，参与打卡。

第4步 领取范文，对照修改

在打卡群领取本篇范文，对照范文修改自己的文章。

扫码听本篇讲解

第 23 篇 法治、规则、道德

说明

在现代社会运行中，法治、规则与道德是支撑公共秩序与社会文明的三大基石。法治提供制度保障，规则约束行为边界，道德指引价值方向，三者共同构建起人们“能做什么”“不能做什么”“应该做什么”的清晰界限。

本篇以“**增强道德意识**”为例展开论述。其他相关话题，如**法治建设、公民守法、契约精神、公共道德、诚信观念等**，也可参照本篇思路进行仿写。

论说文：根据下述材料，写一篇 700 字左右的论说文，题目自拟。

社会的有序运行不仅依靠法律制度的约束，更离不开人们内在的道德意识。道德意识是一种自我约束，也是一种对他人和社会的责任感。现实中，一些人守规则、讲诚信、懂尊重；但也存在部分人行为失范、道德冷漠，甚至以自我为中心、漠视他人权益，引发不少社会矛盾。

第 1 步 进行审题立意，写出标题

第 1 步 定主题	材料中存在关于“道德意识”的争议，是争议案例类材料。**争议决定主题（谜底就在谜面上）**：材料的争议点是“道德意识”，故我们的立意主题就是“道德意识”。
第 2 步 定态度	**结果决定态度**：“道德意识”对个人、对社会都是有利的，应该支持，可见我们“要增强道德意识”。
第 3 步 定对象	“增强道德意识”的对象可以是个人或社会，即：“个人要增强道德意识”“社会要倡导道德意识”。但是，如果对象是社会的话，在标题上可以不写对象，使用“主题＋态度”式、“措施＋目的”式标题读起来会更通顺。此篇我们用“社会”这个对象作为范例。
写出标题	万能标题 1：对象（个人）＋ 态度（要）＋ 主题（增强道德意识） 万能标题 2：主题（增强道德意识）＋ 态度（势在必行） 万能标题 3：措施（增强道德意识）＋ 目的（构建和谐社会）

第2步 使用3句开头法，写出首段

道德意识是一种自我约束，也是一种对他人和社会的责任感（引材料句）。因此（过渡词），增强道德意识，是推动社会良性发展的重要基础（论点句）。

第3步 确定全文结构与分论点

该话题可使用“有好处式”结构：有好处/有必要+有好处/有必要+辩证段+建议段。

在第4章第2节方法论中，我们总结了四大层级的利益相关者Y。将“增强道德意识”代入各个Y，得出如下分论点参考表：

层级分类	利益相关者（Y）	分论点 X→Y
个体层	幸福感	增强道德意识有助于提升人民生活幸福感
	个人发展	增强道德意识有助于促进个人发展
	问题解决	增强道德意识有助于解决社会问题
社会层	社会收益	增强道德意识有助于提高社会总收益
	社会成本	增强道德意识有助于降低社会总成本
	社会和谐	增强道德意识有助于促进社会和谐

从以上表格中选出2个你记得牢的、会写的，作为你的文章的分论点。

请为以下主题（X）补充分论点：

（1）法治建设

加强法治建设______________________________

加强法治建设______________________________

（2）契约精神

弘扬契约精神______________________________

弘扬契约精神______________________________

（3）公共道德

提倡公共道德______________________________

提倡公共道德______________________________

（4）诚信观念

树立诚信观念______________________________

树立诚信观念______________________________

第4步 写出论证段——XFY法/正反对比法/演绎法

论证段1 XFY法——个人发展 = 能力提升 × 思维转变 × 经验积累 × 发展机会

增强道德意识有助于促进个人发展（X→Y）。首先，道德意识能够激发个体内在约束力，促使其更自律地学习和提升能力（能力提升）；其次，良好的道德行为往往带来积极的社交反馈与长期合作关系，为个体积累更多实践经验与发展机会（经验积累 × 发展机会）。可见，道德意识不仅塑造人格，更塑造一个人前行的路径（总结句）。

论证段2 正反对比法——幸福感 = 收入高 + 过得好 + 有保障 + 有发展 + 生活便利

增强道德意识有助于提升人民生活幸福感（X→Y）。当社会整体道德意识较强时，人与人之间更懂得尊重与体谅，彼此信任感增强，公共环境也更有序，这不仅能让日常生活更舒心，也能在自己困难时获得更多支持（正面）。而如果道德意识淡漠，社会风气功利冷漠，公共关系紧张，个人则更容易陷入孤立与焦虑，幸福感自然难以建立（反面）。由此可见，道德意识不仅关乎个人修养，更深刻影响着社会整体的生活质量（总结句）。

论证段3 演绎法——社会和谐 = 权益保障 × 机会均等 × 群体认同

增强道德意识有助于促进社会和谐（X→Y）。一个和谐的社会，离不开权利被尊重、机会均等分配以及不同群体之间的相互认同（理论依据）。道德意识的提升，鼓励人们反对歧视与偏见，推动资源和机会更加公平地流动；更重要的是，高道德水平能够增强人与人之间的信任，让社会成员在情感上产生连接，形成群体意识（怎么做 + 会如何）。例如，在上海某社区试点中，通过道德积分激励机制引导居民参与公共服务，有效提升了社区凝聚力（例证）。由此可见，道德意识是社会和谐的内在黏合剂（总结句）。

从以上3个段落中任选2个作为你的文章的论证段。当然，你也可以根据你在上一步中确定的分论点，自行写出2个论证段。

段落仿写练习1：请以“加强法治建设”为话题，仿写一个论证段。

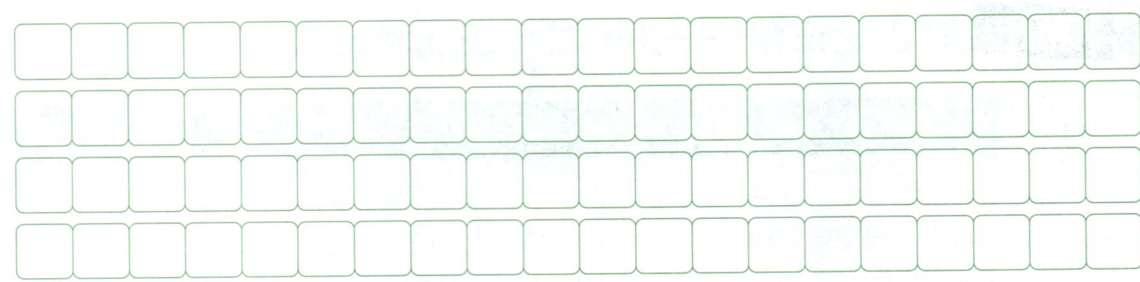

第5步 写出辩证段——问题/困难/风险

如果材料中本身有问题/困难/风险，应该优先应用材料。本题的材料中出现了问题/困难/风险，我们可结合主观因素与客观因素进行分析。段落范文如下：

辩证段范文1： **主观F1（意愿缺乏）+客观F6（环境不稳）**

不可否认，增强道德意识在现实中仍面临不少挑战。一方面，一些人缺乏内在道德驱动力，面对复杂利益关系时容易功利取向，忽视基本的是非观（F1：意愿缺乏）；另一方面消费主义等价值观的存在，易使道德标准失守，使道德面临现实困境（F6：环境不稳）。

辩证段范文2： **主观F1（意愿不足）+主观F3（能力不足）**

然而，现实中仍有一些人道德意识不足。一方面，一些人存在对利益的过度追求，在利益面前忽略了道德的要求（F1：意愿不足）；另一方面，一些人虽有良好意愿，但缺乏正确判断是非的能力，面对复杂情境时常常感到无所适从（F3：能力不足）。

段落仿写练习2：请以“加强法治建设”为话题，仿写一个辩证段。

第6步 写出建议段

建议段要能解决辩证段中提出的问题，故本文的建议段范文如下：

建议段范文1： ——对应辩证段范文1/软硬兼施式

要提升全社会的道德意识水平，应坚持价值引导与制度保障协同发力。一方面，应通过教育引导、媒体传播等手段强化公民的道德认知，树立正确的价值观与社会责任感，激发内生意愿（F1：增强意愿）；另一方面，还应建立健全道德奖惩机制，优化社会风气，让诚实守信、助人为乐成为主流，引导个体在良性环境中自觉践行道德规范（F6：应对环境）。

建议段范文2： ——对应辩证段范文2/能力机制式

要推动道德意识落地为具体行为，需从能力建设与机制配套两方面协同发力。一方面，应在教育体系中加强伦理素养与道德判断能力的培养，提升公民在多元环境中作出正确选择的能力（F3：提升能力）；另一方面，应建立涵盖日常生活、职业行为和公共交往的道德规范机制，细化引导标准，健全评价与激励体系，让道德有标尺、善行有回应（F7：健全机制）。

段落仿写练习3：请以“加强法治建设”为话题，仿写一个建议段。

第7步 写出结尾段

结尾段范文：

道德，是社会的基石，也是文明的尺度。只有人人心中有规矩、行为有底线，社会才能和谐有序，发展才能行稳致远（总结全文）。增强道德意识，不是一句口号，而是一场长久而深刻的文明自觉（重申论点）。

全文参考范文

增强道德意识　构建和谐社会

吕建刚　花丽娜

道德意识是一种自我约束，也是一种对他人和社会的责任感（引材料句）。因此（过渡句），增强道德意识，是推动社会良性发展的重要基础（论点句）。

增强道德意识有助于促进个人发展（X→Y，个人发展＝能力提升 × 思维转变 × 经验积累 × 发展机会）。首先，道德意识能够激发个体内在约束力，促使其更自律地学习和提升能力；其次，良好的道德行为往往带来积极的社交反馈与长期合作关系，为个体积累更多实践经验与发展机会。可见，道德意识不仅塑造人格，更塑造一个人前行的路径。

增强道德意识有助于促进社会和谐（X→Y，社会和谐＝权益保障 × 机会均等 × 群体认同）。一个和谐的社会，离不开权利被尊重、机会均等分配以及不同群体之间的相互认同。道德意识的提升，鼓励人们反对歧视与偏见，推动资源和机会更加公平地流动；更重要的是，高道德水平能够增强人与人之间的信任，让社会成员在情感上产生连接，形成群体意识。例如，在上海某社区试点中，通过道德积分激励机制引导居民参与公共服务，有效提升了社区凝聚力。由此可见，道德意识是社会和谐的内在黏合剂。

不可否认，增强道德意识在现实中仍面临不少挑战。一方面，一些人缺乏内在道德驱动力，面对复杂利益关系时容易功利取向，忽视基本的是非观（F1：意愿不足）；另一方面，消费主义等价值观的存在，易使道德标准失守，使道德面临现实困境（F6：环境不稳）。

要提升全社会的道德意识水平，应坚持价值引导与制度保障协同发力（软硬兼施式）。一方面，应通过教育引导、媒体传播等手段强化公民的道德认知，树立正确的价值观与社会责任感，激发内生意愿（F1：增强意愿）；另一方面，还应建立健全道德奖惩机制，优化社会风气，让诚实守信、助人为乐成为主流，引导个体在良性环境中自觉践行道德规范（F6：应对环境）。

道德，是社会的基石，也是文明的尺度（总结全文）。增强道德意识，不是一句口号，而是一场长久而深刻的文明自觉（重申论点）。

全文共 674 字

老吕写作33篇 全文打卡练习23

论说文：根据下述材料，写一篇700字左右的论说文，题目自拟。

契约精神是现代社会运行的基石，是保障社会信任、促进合作共赢的重要力量。无论是商业交易还是日常交往，都离不开对契约的遵守。

第1步 审题立意

第1步 定主题	
第2步 定态度	
第3步 定对象	
写出标题	

第2步 正文提纲

论证段1 ______

论证段2 ______

辩证段 ______

建议段 ______

第3步 完成全文并打卡

使用作文纸完成全文，参与打卡。

第4步 领取范文，对照修改

在打卡群领取本篇范文，对照范文修改自己的文章。

扫码听本篇讲解

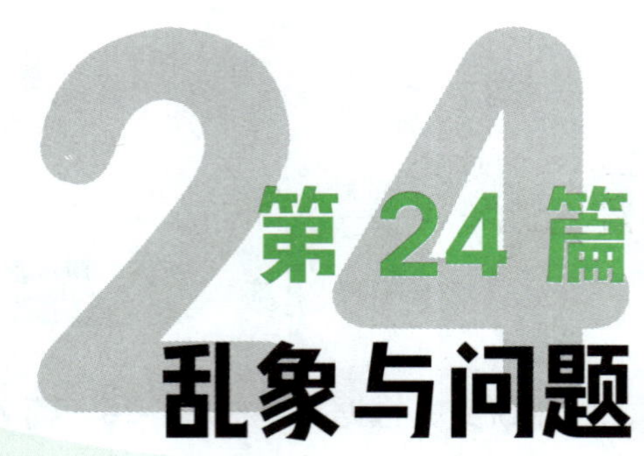

第24篇 乱象与问题

说明

现实社会中，各类乱象与问题层出不穷，既有管理失序、制度缺位导致的混乱，也有个人行为失范、社会价值扭曲引发的危机。这些乱象不仅影响事务运行效率、破坏组织规范，还可能侵蚀社会信任基础，动摇发展根基。

本篇以“**无序竞争问题**”为例展开论述。其他相关话题，如**诚信问题、信息茧房、算法杀熟、手机泄露个人隐私等**，也可参照本篇思路进行仿写。

论说文：根据下述材料，写一篇700字左右的论说文，题目自拟。

在一些行业中，为了抢占市场、吸引眼球，企业之间往往展开激烈竞争。但在激烈竞争的同时，也出现了很多无序竞争，例如恶意诋毁、虚假宣传等乱象。

第1步 进行审题立意，写出标题

第1步 定主题	材料给出一个正在发生的现象，故为争议案例类材料。**争议决定主题（谜底就在谜面上）**：材料中争议的行为是“出现了很多无序竞争”，故我们的立意主题就是“无序竞争”。
第2步 定态度	**结果决定态度**：“无序竞争”会产生种种问题，应该抵制，即“不应无序竞争”。
第3步 定对象	**对象一致性**：材料中的对象是企业，故我们也应该写企业。即：即“企业不应无序竞争”。
写出标题	**万能标题1**：对象（企业）+ 态度（不应）+ 主题（无序竞争） **万能标题2**：主题（无序竞争乱象）+ 态度（应遏制） **反中取正法3**： 企业竞争应该有序

第2步 使用3句开头法，写出首段

为了抢占市场、吸引眼球，有些企业产生了恶意诋毁、虚假宣传等无序竞争乱象（引材料句）。这种乱象不利于行业的协调发展（过渡句），企业不应无序竞争（论点句）。

第3步 确定全文结构与分论点

该话题可使用“现象分析式”结构，即“有坏处”式结构：无序竞争有坏处1+无序竞争有坏处2+无序竞争的原因+提建议。

当然，我们也可以使用“反中取正法”，把本文立意为：企业竞争应该有序。结构变为：有序竞争有好处1+有序竞争有好处2+然而，还是存在无序竞争的情况（辩证段）+提建议。

由于正面的写法咱们在前文中写过很多了，故本文我们用“现象分析式”结构进行分析。分论点参考下表：

层级分类	被危害的对象（Y）	危害表达模板示例：X会导致……
事务层	决策	无序竞争不利于企业做出科学决策
	效率	无序竞争可能降低组织运行效率
	资源	无序竞争会造成资源利用率下降
组织层	组织/企业发展	无序竞争阻碍企业健康发展
	组织/企业声誉	无序竞争容易损害企业声誉
社会层	行业发展	无序竞争不利于行业健康发展
	经济发展	无序竞争不利于经济秩序稳定
	社会和谐	无序竞争不利于社会和谐

请为以下主题（X）补充分论点：

（1）丧失诚信

丧失诚信________________________________

丧失诚信________________________________

（2）大数据杀熟

大数据杀熟________________________________

大数据杀熟________________________________

（3）信息茧房

信息茧房________________________________

信息茧房________________________________

第4步 写出论证段——XFY法/正反对比法/演绎法

论证段1 XFY法——资源利用率=配置精准×使用规范×成本节约

无序竞争会导致资源利用率下降（X→Y）。无序竞争容易使企业忽视整体的战略规划，为争夺市场而盲目投入，易造成资源配置失衡（配置精准）。同时，这还可能导致资源使用环节的低效运作，增加无谓开支，削弱资源使用的规范性与成本控制力（使用规范性×成本节约）。可见，无序竞争不仅加剧资源错配与浪费的问题，也动摇了企业运营的基本盘（总结句）。

论证段2 正反对比法——企业发展=战略清晰×流程规范×权责明确×激励有效×协作顺畅×氛围融洽

无序竞争阻碍企业健康发展（X→Y）。在有序的市场环境中，企业通常能按照规则规范流程，厘清职责边界，营造协作共赢的经营氛围，从而稳步发展（正面）。但若行业内长期存在价格战、抄袭模仿、恶意诋毁等无序竞争现象，不仅会打乱企业内部管理节奏，还会削弱行业信任，易形成人人自危的氛围，让企业难以专注于长远规划（反面）。可见，无序竞争不仅扰乱市场，更是阻碍企业发展秩序和健康生态的“隐形杀手”（总结句）。

论证段3 演绎法——行业发展=良性竞争×协作顺畅×技术共享

无序竞争不利于行业健康发展（X→Y）。根据产业演化理论，行业要实现长期健康发展，关键在于形成规范有序的竞争环境、顺畅的上下游协同机制，以及开放共享的技术生态（理论依据）。然而，无序竞争往往带来低价倾销、恶性模仿等行为，不仅扰乱市场秩序，还导致企业间互不信任、协作受阻，甚至阻碍核心技术的积累与传播（怎么做+会如何）。例如，在早期直播电商行业中，一度出现虚假宣传等乱象，严重影响行业规范，直到机制建立后行业才逐步走向良性（例证）。由此可见，无序竞争会阻碍行业发展（总结句）。

从以上3个段落中任选2个作为你的文章的论证段。当然，你也可以根据你在上一步中确定的分论点，自行写出2个论证段。

段落仿写练习1：请以“丧失诚信”为话题，仿写一个论证段。

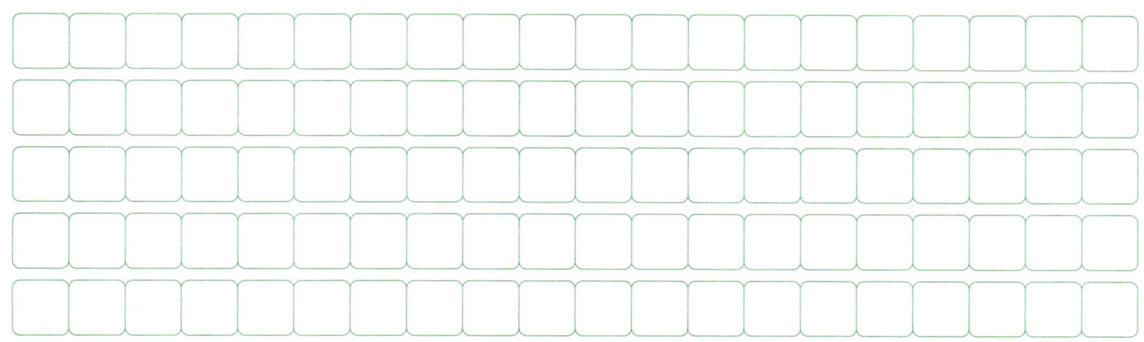

第5步 写出辩证段——分析原因

无序竞争既然有危害，但为什么还是会发生呢？我们需要分析一下原因。范文如下：

辩证段范文1： **主观 F2（思维狭隘）+ 客观 F7（机制缺失）**

当然，社会中依然存在恶意诋毁、虚假宣传等无序竞争乱象。这是因为一些企业管理者思维狭隘，短视逐利，过于注重眼前利益，忽视了规范竞争的重要性（F2：思维狭隘）；而且，有些行业缺乏统一透明的约束机制，导致违规成本低、无序行为频发（F7：机制缺失）。

辩证段范文2： **主观 F4（行为偏差）+ 客观 F6（环境不稳）**

当然，在现实生活中无序竞争仍然存在。主观方面，一些企业存在行为偏差，为了短期业绩采取不正当竞争手段，忽视了基本的商业规则（F4：行为偏差）；客观方面，部分行业环境动荡不稳，市场格局剧烈调整，加剧了企业的短期焦虑与无序竞争冲动（F6：环境不稳）。若不加以引导与规范，无序竞争将进一步蔓延，最终损害行业生态与市场信任。

段落仿写练习2：请以“丧失诚信”为话题，仿写一个辩证段。

第6步 写出建议段

建议段要能解决辩证段中提出的问题，故本文的建议段范文如下：

建议段范文1： ——对应辩证段范文1/主客分明式

要有效遏制无序竞争，必须主客协同、内外兼修。主观方面，应强化企业管理者的规范竞争意识，提升其战略眼光与长远思维，避免短视逐利（F2：拓展思维）；客观方面，还要健全行业竞争规则与市场监管体系，提升违规成本，形成有效震慑（F7：健全机制）。

建议段范文2： ——对应辩证段范文2/内外应对式

要防止无序竞争蔓延，应从内部行为规范与外部环境稳定双向发力。内部应引导企业强化合规意识与责任担当，坚守商业伦理，规范竞争行为（F4：改进行为）；外部需加强行业治理与政策引导，稳定市场预期，营造良好的竞争环境（F6：应对环境）。

段落仿写练习3： 请以“丧失诚信”为话题，仿写一个建议段。

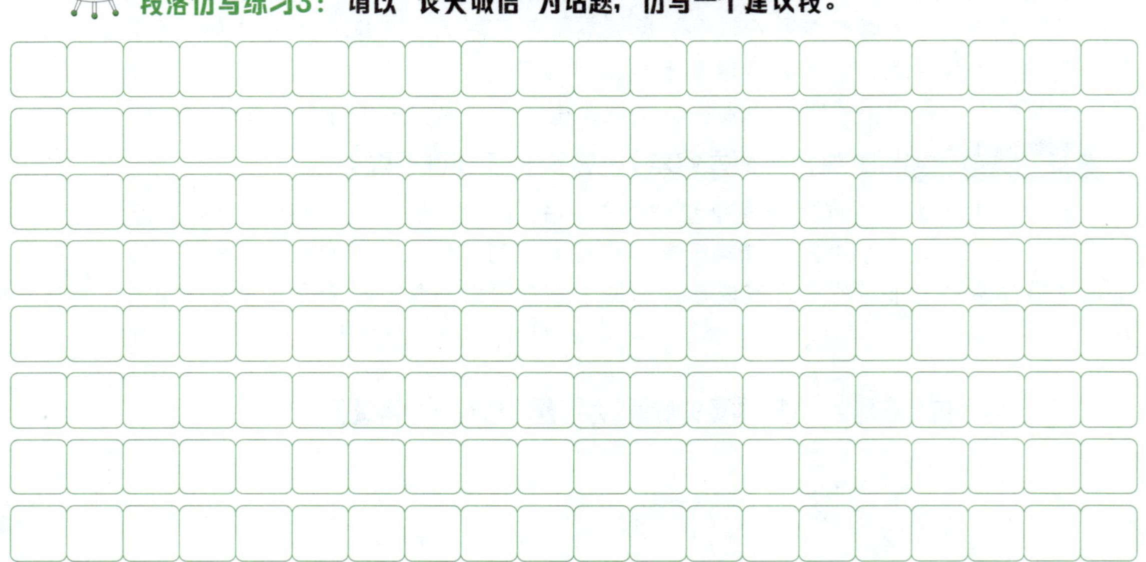

第7步 写出结尾段

结尾段范文：

总之，无序竞争乱象不可忽视，规范有序的发展之路势在必行（总结全文）。企业应避免无序竞争（重申论点）。

全文参考范文

企业应避免无序竞争

吕建刚 花丽娜

在一些行业中，为了抢占市场、吸引眼球，企业之间展开了激烈竞争，但随之而来的无序低价战、恶意诋毁、虚假宣传等乱象也日益凸显（引材料句）。因此（过渡词），企业应主动遏制无序竞争（论点句）。

无序竞争会导致资源利用率下降（X→Y，资源利用率 = 配置精准 × 使用规范 × 成本节约）。无序竞争促使企业为争夺市场而盲目投入，这就容易忽视整体的战略规划，导致资源配置失衡。同时，这还容易引发资源使用环节的低效运作，增加无谓开支，削弱使用规范性与成本控制力。可见，无序竞争不仅加剧资源错配与浪费，也动摇了企业运营的基本盘。

无序竞争阻碍企业健康发展（X→Y，企业发展 = 战略清晰 × 流程规范 × 权责明确 × 激励有效 × 协作顺畅 × 氛围融洽）。在有序的市场环境中，企业通常能按照规则规范流程，厘清职责边界，营造协作共赢的经营氛围，从而稳步发展。但若行业内长期存在价格战、抄袭模仿、恶意诋毁等无序竞争现象，不仅打乱企业内部管理节奏，还会削弱行业信任，形成人人自危的氛围，企业难以专注于长远规划。

当然，社会中依然存在恶意诋毁、虚假宣传等无序竞争乱象。这是因为一些企业管理者思维狭隘，短视逐利，过于注重眼前利益，忽视了规范竞争的重要性（F2：思维狭隘）；而且，有些行业缺乏统一透明的约束机制，导致违规成本低、无序行为频发（F7：机制缺失）。

要有效遏制无序竞争，必须主客协同（主客分明式）。主观方面，应强化企业管理者的规范竞争意识，提升其战略眼光与长远思维，避免短视逐利（F2：拓展思维）；客观方面，还要健全行业竞争规则与市场监管体系，提升违规成本，形成有效震慑（F7：健全机制）。唯有内外联动，才能引导企业在规范轨道上实现有序竞争，推动行业良性繁荣。

总而言之，遏制无序竞争不仅关系到单个企业的兴衰成败，也关系到行业生态的稳定（总结全文）。企业应自觉守住竞争底线，以规范有序的行动赢得市场认可，在激烈博弈中走向更可持续的未来（重申观点）。

老吕写作33篇 全文打卡练习24

论说文：根据下述材料，写一篇700字左右的论说文，题目自拟。

随着信息技术的发展，人们获取信息的方式越来越便捷，但也越来越容易被算法推荐、兴趣偏好所左右。在社交媒体和内容平台上，个体往往沉浸于与自身观点、兴趣一致的信息环境中，逐渐形成一个封闭的信息圈层，难以接触到不同的声音与多元的世界。这种现象被称为“信息茧房”。

第1步 审题立意

第1步 定主题	
第2步 定态度	
第3步 定对象	
写出标题	

第2步 正文提纲

论证段1 ____________________

论证段2 ____________________

辩证段 ____________________

建议段 ____________________

第3步 完成全文并打卡

使用作文纸完成全文，参与打卡。

第4步 领取范文，对照修改

在打卡群领取本篇范文，对照范文修改自己的文章。

第5章

论说文33篇：辩证类

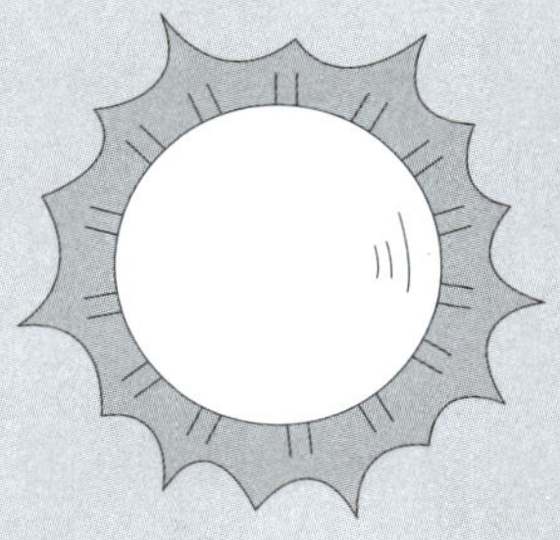

1. 什么是辩证类话题

辩证类话题是指命题本身具有双面性、对立性或权衡关系的题目，强调从不同角度、不同层次分析事物的利与弊、得与失，或短期与长期、局部与整体之间的平衡。这类话题的核心特征是材料中并非只有单一正面或负面影响，而是隐含矛盾与冲突，考生需要在论述中把握这种复杂性，做到一分为二、全面分析。写作时，需通过对立统一的方法，结合具体情境，权衡各方利益与风险，给出切实可行的综合对策，体现思维的深度与全面性。

2. 辩证类话题考过哪些真题？

2009 年开始，MBA 入学考试更名为管理类联考；2021 年开始，经济类联考由教育部统一命题。因此，我们统计了 2009 年至今的管理类联考真题（共 17 年）和 2021 年至今的经济类联考真题（共 5 年），其中辩证类的命题分析如下：

	年份与主题	命题概率
管理类联考	2014 年：决策（辩证点：决策的收益与风险） 2018 年：人工智能（辩证点：人工智能的利与弊） 2025 年：社会承认（辩证点：追求社会承认的利与弊）	17 年共考了 3 道，命题概率 17.6%
经济类联考	2022 年：老年人免费乘车（辩证点：老年人免费乘车好处与问题） 2025 年：欲望边界（辩证点：欲望边界是否应该突破）	5 年共考了 2 道，命题概率 40%

说明：

本表只考虑材料的辩证性，从对象来看仍然属于个人、管理者、企业、社会等分类，故此表与前 4 章的统计会有重复。

3. 辩证类话题将来可能怎么考？

随着考试对综合思维与现实问题分析能力要求的提高，未来辩证类话题可能会呈现增加趋势。但从话题的具体内容来看，仍然考个人、管理者、企业、社会等话题，本章话题会与本书第 2 章～第 4 章的话题高度重合。

第 25 篇 辩证话题（1）：个人思维与行为

说明

本篇将以一个例题为基础，分别从两种不同的思维角度进行写作，提供两篇对比范文，帮助你理解如何针对同一话题展开不同立意与辩证分析。另外，由于每一段的写法与第 1 篇～第 24 篇相同，故第 25 篇～第 33 篇我们不再进行逐段讲解，而是直接给出范文。

事实上，现实中的许多问题并非简单的非黑即白，而是存在复杂的两面性。我们需要运用辩证思维，理性分析正反两方面的影响，作出全面而精准的判断。个人思维与行为领域的一些主题，例如**理性思维、批判性思维、坚持自我、追求效率**等，往往兼具积极意义与潜在风险，极需辩证把握。

论说文：根据下述材料，写一篇 700 字左右的论说文，题目自拟。

通常情况下，理性思维被认为是科学决策与有效沟通的重要基础。具备理性思维的人，能够在纷繁信息中保持冷静，做出更加客观、精准的判断。然而，理性思维也可能带来负面效应，如忽视情感、削弱人际温度，甚至陷入冷漠与机械化。

第 1 步 进行审题立意，写出标题

第 1 步 定主题	材料中直接给出观点，是观点类材料。**观点决定主题（谜底就在谜面上）**：材料中的核心词是“理性思维”，故我们的立意主题就是“理性思维”。
第 2 步 定态度	**结果决定态度**：材料中“理性思维”有好处，也有问题。如果你认为理性思维的好处更大，可以写“要有理性思维”。如果你认为理性思维的坏处更多或者坏处不容忽视，可以写“理性思维不应过度”。
第 3 步 定对象	**对象一致性**：材料中的对象是“人”，故我们也应该写“人”。即：即“个人要有理性思维”。
写出标题	**万能标题**：主题 + 态度 态度 1：理性思维 应该培养 态度 2：理性思维 不应过度

REFER TO 1 参考范文——态度1

理性思维应该培养

吕建刚　花丽娜

在纷繁复杂的信息世界中，理性思维成为个体抵御偏见、作出科学决策的重要能力（引材料句）。因此（过渡词），个体应积极培养理性思维，以实现更高水平的认知与更稳健的人生选择（论点句）。

理性思维有助于提升决策效果（X→Y，决策效果=信息全面×判断精准×执行到位）。具备理性思维的人，往往更注重信息的完整性，能够多角度收集数据，提升决策的信息基础；同时，他们在分析过程中更讲逻辑、重推理，有助于减少情绪干扰，从而提高判断的准确度。由此可见，理性思维是提升决策质量与效果的重要基础。

理性思维有助于有效沟通（有效的沟通=情绪稳定×理性思维×思考能力/知识储备×客观立场）。因为，有效沟通的基础是情绪的稳定性、思维的逻辑性、立场的中立性等。拥有理性思维的人，更能克制自己的情绪，不易因为双方的观点不同而产生偏激的想法，更能站在客观中立的立场上，分析双方的观点，理性进行思考，从而使得沟通的效果更好。可见，理性思维是有效沟通的前提。

不可否认，理性思维在促进科学决策方面发挥着重要作用，但一旦过度，也可能带来负面后果。过度理性容易使个体忽视情感需求，弱化人际交往，甚至形成冷漠与机械化的思维模式。这种倾向不仅削弱了社会交往的人文关怀，也使决策过程丧失温度（当材料中有反面问题时，要优先使用材料中的问题）。若不及时调整，过度理性最终将成为认知发展的障碍而非助力。

要真正推动理性思维健康发展，应注重理性与情感的有机结合（主客分明式）。主观方面，个体在强化逻辑分析能力的同时，也应培养共情力与人文关怀意识，避免陷入机械思维与冷漠判断（F3：提升能力）；客观方面，学校与组织在培养理性思维时，也应融入沟通训练与伦理教育，强化人与人之间的理解与连接（F7：健全机制）。

总而言之，理性思维不仅是认知提升的引擎，也是社会文明的重要基石（总结全文）。个体应自觉培养理性思维（重申论点）。

全文共 648 字

参考范文——态度2

理性思维不应过度

吕建刚　花丽娜

理性思维作为科学决策和高效沟通的重要基础，已成为现代社会推崇的重要能力。然而，理性思维若过度发展，也可能带来一系列负面后果（引材料句）。因此（过渡词），个体应警惕理性思维的过度倾向，合理把握理性与情感的尺度（论点句）。

理性思维过度可能会削弱人际温度（X→Y，人际温度＝情感表达×信任建立×互动真诚）。理性思维强调逻辑、分析与效率，这本无可厚非，但一旦过度，个体往往将情绪视为“干扰项”，在沟通中排斥表达感受，忽视他人情绪，导致互动变得冷淡刻板、缺乏温度；久而久之，不仅信任难以建立，人际关系也容易变得机械化、工具化。相反，那些情理并重的人，往往更易赢得他人信赖，营造出有温度的人际氛围。可见，理性若不受约束，反而会损害人际间的真实连接。

理性思维过度可能会影响组织氛围（X→Y，组织氛围＝价值共鸣×情感认同×人文关怀）。在某些理性思维主导的组织中，管理者习惯用数字考核、量化指标和标准化流程进行一切管理，忽视了员工的情绪、价值认同与归属需求，使组织文化趋于冷漠、僵硬，成员之间缺乏情感连接与共同愿景，难以形成真正的凝聚力。而那些注重情感关照、重视个体差异的组织，反而更能激发员工主动性与归属感。因此，组织不能让理性压倒情感，更不能用“效率”代替“关怀”。

不可否认，理性思维是推动科学决策与沟通效率的关键，但在现实中也容易走向极端。一方面，部分个体片面追求逻辑清晰与结果导向，忽视了情感的表达与共鸣（F2：思维狭隘）；另一方面，一些组织片面强调标准化与绩效评价，弱化人文关怀，导致人际关系冰冷、文化氛围疏离（F6：环境失衡）。

要防止理性思维的过度，应从主观意识与外部引导同步入手（主客分明式）。主观方面，个体应培养共情能力，主动在理性分析中融入情感关照，避免思维僵化（F3：提升能力）；客观方面，社会与组织应倡导情理兼顾的价值取向，进行宣传教育，鼓励个体在理性与人文之间保持平衡（F6：应对环境）。唯有内外协同，才能让理性思维成为兼具智慧与温度的力量。

总而言之，理性是必要的航标，但绝不是唯一的航道（总结全文）。个体应警惕理性思维的过度倾向，在科学判断与人文关怀之间找到平衡，才能在复杂世界中走得更稳、更远（重申论点）。

老吕写作33篇 全文打卡练习25

论说文：根据下述材料，写一篇700字左右的论说文，题目自拟。

在日益多元的社会中，坚持自我被视为一种重要的品质。坚持自我，有助于个体坚定信念、保持独立思考、不随波逐流。然而，在某些情境下，过度坚持自我也可能导致固执己见、拒绝倾听他人意见，甚至错失成长与合作的机会。

第1步 审题立意

第1步 定主题	
第2步 定态度	
第3步 定对象	
写出标题	

第2步 正文提纲

论证段1 ____________________

论证段2 ____________________

辩证段 ____________________

建议段 ____________________

第3步 完成全文并打卡

使用作文纸完成全文，参与打卡。

第4步 领取范文，对照修改

在打卡群领取本篇范文，对照范文修改自己的文章。

第 26 篇 辩证话题（2）：企业管理

说明

在企业管理实践中，许多问题并不是简单的对错判断，而是需要在不同利益与目标之间进行权衡取舍，因此天然具有辩证性。比如，快速扩张可以抢占市场，但也可能导致资源分散与管理失控；流程标准化有助于提升效率，但若过度，则可能抑制灵活创新。类似的矛盾现象在企业战略、组织管理、人才发展、创新驱动等领域普遍存在，成为企业可持续发展必须应对的重要挑战。

本篇围绕企业管理中的典型辩证话题**“快速扩张”**展开写作，**流程标准化、集中决策、创新驱动、绩效强化、成本控制、多元化探索**等话题也可参照本篇仿写。这些话题均体现出利弊交织、取舍权衡的特性。在这些话题中，既要肯定其积极意义，又要正视可能带来的负面影响，提出有针对性的思考与建议。

论说文：根据下述材料，写一篇 700 字左右的论说文，题目自拟。

企业在发展过程中，快速扩张常常被视为抢占市场、提升规模效应的重要手段。然而，扩张过快也容易带来资源分散、管理混乱、风险控制薄弱等问题，甚至威胁企业的可持续发展。

第 1 步 进行审题立意，写出标题

第 1 步 定主题	材料中存在关于“快速扩张”的争议，是争议类材料。**争议决定主题（谜底就在谜面上）**：材料的争议点是“快速扩张”，故我们的立意主题就是“快速扩张”。
第 2 步 定态度	**结果决定态度**：材料中“快速扩张”有好处，也有问题。如果你认为快速扩张的好处更大，可以写“要快速扩张”。如果你认为快速扩张的坏处不容忽视，可以写“不应片面追求快速扩张”。
第 3 步 定对象	**对象一致性**：材料中的对象是“企业”，故我们也应该写“企业”。即：即“企业要快速扩张”或“企业不应片面追求快速扩张”。
写出标题	**万能标题 1**： 对象 + 态度 + 主题 态度 1：企业 要 快速扩张 态度 2：企业 不应片面追求 快速扩张 **万能标题 2**： 主题 + 态度 态度 1：快速扩张 应积极推进 态度 2：快速扩张 应理性控制

REFER TO 1 参考范文——态度1

快速扩张应积极推进

吕建刚

在激烈竞争的商业环境中，快速扩张成为许多企业抢占市场、提升规模效应的重要手段（引材料句）。尽管扩张过程伴随一定风险，但整体而言，快速扩张的积极效应更为突出（过渡句），企业应在合理布局下积极推进扩张步伐（论点句）。

快速扩张有助于增强企业竞争力（X→Y，竞争力 = 差异化优势 × 成本领先能力 × 市场聚焦能力）。一方面，通过快速扩张，企业可以利用规模效应加速品牌曝光，从而提升产品知名度；同时，扩张带来的规模采购、运营摊薄，有助于降低单位成本，提升价格竞争力；另一方面，快速扩张还能帮助企业在关键市场率先布局，占据用户心智高地，提升市场聚焦效率。

快速扩张有助于拓展企业市场（X→Y，拓展市场 = 新客户获取力 × 市场渗透能力 × 区域延伸能力）。企业通过快速布局新产品、新渠道与新区域，能显著提升新客户获取力，加速品牌认知扩散，同时深化现有市场的渗透率。反之，若企业扩张迟缓、行动滞后，不仅容易错失市场先机，还可能被竞争者抢占核心客户群，导致获客困难，错失规模优势。由此可见，快速扩张，是企业打开市场边界的重要举措。

不可否认，快速扩张在带来机会的同时，也可能引发资源分散、管理失控等问题，甚至增加经营风险（当材料中有反面问题时，要优先使用材料中的问题）。若扩张过快而忽视内部管理与风险控制，可能会反噬企业的长期发展基础。

要推动快速扩张实现良性发展，应坚持节奏把控与系统保障并重（主客分明式）。一方面，企业应强化战略规划与风险预判，确保扩张节奏与能力相匹配，避免盲目冒进（F2：拓展思维）；另一方面，需完善内部管理与风控体系，提升组织承载力，为扩张提供坚实支撑（F7：健全机制）。唯有速度与质量兼顾，才能让扩张成为企业持续成长的助推器。

总而言之，快速扩张既是企业发展的机遇，也是综合能力的考验（总结全文）。企业应在积极拓展中保持理性布局，在抢占先机中夯实根基，实现规模与质量的双赢（重申论点）。

全文共 657 字

参考范文——态度2

快速扩张应理性控制

吕建刚

在市场竞争日益加剧的背景下，快速扩张成为许多企业追求规模增长的重要策略（引材料句）。然而，扩张过快带来的资源分散、管理混乱与风险失控问题不容忽视（过渡句）。因此，企业应理性控制扩张步伐，在稳健基础上实现可持续发展（论点句）。

理性控制扩张有利于降低企业运营成本（X→Y，成本=固定成本+变动成本）。一方面，通过理性扩张，企业能够避免无序扩张带来的重复投资与过度布局，有效压缩固定资产沉淀与人员冗余；另一方面，合理扩张还能促进资源精准分配与流程标准化运行，减少浪费，提升整体运营效率。由此可见，扩张有节奏，成本才能可控。

理性控制扩张有利于降低经营风险（X→Y，经营风险=信息不对称×反应滞后×决策偏差）。合理控制扩张步伐，有助于缓解内部管理压力，减少信息断层与决策偏差，提升企业在面对环境变化时的反应速度。相反，若盲目扩张，不仅加剧内部管理复杂度、信息传递失真，还容易导致决策滞后与反应迟缓，在外部环境波动中陷入被动，增加经营失控的风险。由此可见，适度扩张，是防范经营风险的重要保障。

不可否认，快速扩张能够带来短期的市场收益，但如果忽视内部基础建设与风险控制，极易导致“高开低走”，甚至出现企业系统性危机。历史上许多因扩张失控而迅速衰败的案例，正是前车之鉴。

要实现理性扩张，应坚持稳中求进与防患未然并重（思维机制式）。一方面，企业应强化战略定力与风险意识，避免盲目逐利与过度冒进（F2：拓展思维）；另一方面，应完善与扩张相关的风控体系，确保扩张过程可控、可查、可调整（F7：健全机制）。唯有内外统筹，才能在发展中守住企业的生命线。

总而言之，扩张是增长的动力，也是风险的放大器（总结全文）。企业应以理性为舵，控制好速度与方向，在稳健中实现规模与价值的双重增长（重申论点）。

老吕写作33篇 全文打卡练习26

论说文：根据下述材料，写一篇700字左右的论说文，题目自拟。

在企业管理中，流程标准化被广泛推行，以提升工作效率、优化资源配置、减少操作失误。标准化流程有助于企业管理规范、执行高效、责任清晰，为企业的稳定运行和规模扩展打下基础。然而，过度强调流程标准化，也可能导致灵活性不足、创新能力受限，甚至形成僵化的组织氛围，削弱企业面对变化环境的应变能力。

第1步 审题立意

第1步 定主题	
第2步 定态度	
第3步 定对象	
写出标题	

第2步 正文提纲

论证段1 ____________________

论证段2 ____________________

辩证段 ____________________

建议段 ____________________

第3步 完成全文并打卡

使用作文纸完成全文，参与打卡。

第4步 领取范文，对照修改

在打卡群领取本篇范文，对照范文修改自己的文章。

第 27 篇 辩证话题（3）：社会现象

说明

随着社会发展与技术变革，许多社会现象呈现出复杂的双重影响。本篇围绕社会现象类话题展开写作，例如**直播带货兴起、共享经济、线上办公普及、信息碎片化**等，均具有显著的辩证性。

在这类问题中，正向效应与负面影响往往交织存在。面对社会现象类辩证话题，要求我们在写作时理性权衡，既看到积极价值，又能警惕潜在问题，提出全面、平衡、具有现实针对性的分析与建议。

论说文：根据下述材料，写一篇 700 字左右的论说文，题目自拟。

随着新兴媒体技术的发展，直播带货迅速成为一种重要的商业模式。通过实时互动与直观展示，直播带货打破了传统销售渠道，提高了商品流通效率，带动了相关产业链的发展，成为促进消费活力的重要力量。然而，直播带货的兴起也带来了一些隐忧，如虚假宣传、炒作过度、消费者权益保护不足等问题。

第 1 步 进行审题立意，写出标题

第 1 步 定主题	材料中给出了当前社会正在发生的现象，是争议案例类材料。**争议决定主题（谜底就在谜面上）**：材料中争议的对象是“直播带货”，故我们的立意主题就是“直播带货”。
第 2 步 定态度	**结果决定态度**：材料中“直播带货”有好处，也有问题。如果你认为它的好处更大，可以写“应大力发展直播带货”。如果你认为它的坏处更多或者坏处不容忽视，可以写“应规范直播带货的发展”。
第 3 步 定对象	这个材料是全社会的问题，此类材料可以不明确行为对象，而是使用“主题 + 态度”式、“措施 + 目的”式结构来写标题。
写出标题	**万能标题**：主题 + 态度 态度 1：直播带货 应发展 态度 2：直播带货 应规范

REFER TO 1 参考范文——态度1

直播带货应发展

吕建刚　花丽娜

随着新兴媒体技术的发展，直播带货迅速成为一种重要的商业模式。通过实时互动与直观展示，直播带货打破了传统销售渠道，带动了相关产业链的发展（引材料句）。因此（过渡词），我们应推动直播带货的发展，使其更好地促进消费活力（论点句）。

直播带货有助于拓展就业机会（X→Y，就业机会＝岗位数量×匹配效率×就业保障）。直播电商的迅速发展，带动了主播、运营、客服等多个岗位的新增，显著扩大了就业容量；同时，它还打破了地域限制，让更多人可以通过灵活方式参与就业，实现人岗更高效对接；此外，一些平台和企业也在推动用工规范化，为从业者提供培训支持和收入保障，增强就业的稳定性。可见，直播带货是一个扩展就业机会的新通道。

直播带货有助于促进经济发展（X→Y，经济发展＝带动产业×驱动创新）。在直播带货的推动下，产品推广链条缩短，流通效率大幅提高，同时催生了内容电商等新兴产业形态，极大带动了相关产业的发展；反之，若缺乏新模式刺激，传统零售面临渠道受限、市场收缩的困境，经济活力也将随之下降。因此，直播带货已成为推动经济转型与增长的新引擎。

不可否认，直播带货在促进消费与产业活力方面发挥了重要作用，但在实践中也暴露出一定问题。部分主播为了流量虚假宣传、夸大其词，部分平台监管不到位，导致消费者权益受损。若不加以规范与引导，直播带货的健康发展将受到制约。

要推动直播带货健康发展，一方面，应加强主体诚信建设，引导主播与平台树立规范经营与守法营销的意识，筑牢商业道德底线（F4：改进行为）；另一方面，也要完善直播电商领域的法律法规，强化事中事后监管，切实保护消费者权益与市场秩序（F7：健全机制）。只有坚持价值引导与制度规范并重，才能让直播带货真正成为推动经济活力的正向力量。

总而言之，直播带货作为新兴经济现象，具有广阔的发展潜力（总结全文）。我们应积极拥抱并规范引导，让直播带货成为连接供需、促进消费、推动创新的重要引擎（重申论点）。

全文共716字

2 参考范文——态度2

直播带货应规范

吕建刚

直播带货通过实时互动与直观展示，极大地促进了商品流通与消费活力（引材料句）。但在快速发展的同时，也出现了虚假宣传、夸大效果、消费者权益受损等问题（过渡句）。因此，直播带货应规范，确保其健康可持续发展（论点句）。

规范直播带货有助于提升消费者满意度（X→Y，消费者满意度＝商品可信度 × 购物便捷性 × 情绪体验感）。一方面，规范化管理可有效遏制虚假宣传与夸大效果，确保商品信息真实可靠，增强消费者对平台与主播的信任感；另一方面，规范促使平台完善选品流程与售后服务机制，简化购物流程、提高处理效率，带来更顺畅的购买体验。同时，营造真实、互动、积极的直播氛围，也有助于提升消费者的参与感与情绪价值。可见，规范是提升直播带货消费者满意度的重要基础。

规范直播带货有助于促进行业良性发展（X→Y，行业发展＝良性竞争 × 协作顺畅 × 技术共享）。规范的直播带货通过设立合理的准入标准，遏制不正当竞争行为，推动企业间公平竞争；同时，推动直播营销活动遵循统一的行为规范，杜绝虚假营销、刷单炒作等不正当竞争手段。这样，直播带货行业才能真正建立起规范有序的竞争环境，实现可持续健康发展。

不可否认，直播带货带动了消费升级与经济活力，但若缺乏规范，引发的问题也不可小觑。虚假宣传侵蚀消费者信任，低价竞争扰乱市场秩序，职业操守滑坡影响行业声誉。若不及时引导，直播带货的长远发展将面临严重风险。

要推动直播带货规范发展，应从内部管理与外部治理双向着力。主观方面，平台应完善主播管理制度，提升入驻审核与内容审核标准，强化行业自律（F4：改进行为）；客观方面，政府应加快出台针对直播带货的专门法规，明确权责划分，严厉打击违法违规行为（F7：健全机制）。唯有双向发力，才能让直播带货在创新中规范，在发展中守正。

总而言之，直播带货的兴起带来了机遇，也伴随挑战（总结全文）。我们应以规范为保障，以引导为方向，让直播带货真正成为促进消费、推动创新、惠及大众的正能量（重申论点）。

全文共716字

老吕写作33篇 全文打卡练习27

论说文：根据下述材料，写一篇700字左右的论说文，题目自拟。

共享经济作为一种新型经济模式，借助互联网平台连接资源供需方，通过共享闲置资源提升了资源利用效率，增加了新兴就业机会，促进了社会整体的便利与绿色发展。然而，随着共享经济规模不断扩大，也暴露出一系列问题，如资源管理混乱、用户权益保障不足、平台责任界限模糊等。

第1步 审题立意

第1步 定主题	
第2步 定态度	
第3步 定对象	
写出标题	

第2步 正文提纲

论证段1 ____________________

论证段2 ____________________

辩证段 ____________________

建议段 ____________________

第3步 完成全文并打卡

使用作文纸完成全文，参与打卡。

第4步 领取范文，对照修改

在打卡群领取本篇范文，对照范文修改自己的文章。

第 28 篇 辩证话题（4）：科技发展

说明

科技进步推动了生产力提升、社会治理优化与生活方式变革，但同时也带来了伦理挑战、失业焦虑与社会不平等的新问题。本篇围绕科技发展类话题展开写作，例如**人工智能应用、大数据治理、社交媒体的发展、智能算法推荐、无人驾驶技术、区块链技术应用、线上教育平台建设**等，均体现出技术创新的双重效应。

在这类问题中，技术带来的积极效益与潜在风险并存，要求我们在写作时能够深入剖析科技与社会互动的复杂关系，既肯定科技创新的意义，又警惕技术滥用、伦理失范等问题。面对科技发展类辩证话题，应坚持理性思考，科学评估影响，提出合理的引导与规范路径。

论说文：根据下述材料，写一篇 700 字左右的论说文，题目自拟。

随着人工智能、感知技术和智能交通系统的不断进步，无人驾驶技术正加速从实验走向应用。无人驾驶有望大幅提升驾驶便利性，优化道路资源配置，降低能源消耗，开辟未来智慧出行的新格局。然而，无人驾驶技术的发展也带来了新的问题，如技术安全隐患、伦理责任界定模糊、对传统驾驶职业的冲击等。

第 1 步 进行审题立意，写出标题

第 1 步 定主题	材料中给出关于无人驾驶技术的争议，是争议案例类材料。**争议决定主题（谜底就在谜面上）**：故我们的立意主题就是“无人驾驶技术”。
第 2 步 定态度	**结果决定态度**：材料中“无人驾驶技术”有好处，也有问题。如果你认为它的好处更大，可以写“要发展无人驾驶技术”。如果你认为它的坏处更多，可以写“要规范无人驾驶技术”。
第 3 步 定对象	这个材料是全社会的问题，此类材料可以不明确对象，而是使用“主题 + 态度”式、“措施 + 目的”式结构来写标题。
写出标题	**万能标题**：主题 + 态度 态度 1：无人驾驶技术 应该发展 态度 2：无人驾驶技术 应该规范

参考范文——态度1

无人驾驶技术应大力发展

吕建刚　花丽娜

随着人工智能、感知技术和智能交通系统的不断进步，无人驾驶技术正加速从实验走向应用（引材料句）。可见，无人驾驶不仅是技术的突破，更是社会治理与公共服务的新机遇（过渡句）。因此，无人驾驶技术的发展应得到积极推动（论点句）。

无人驾驶技术有助于提升交通系统的运行效率（X→Y，交通效率＝路网利用率×通行流畅度×出行可靠性）。无人驾驶车辆可以根据实时路况自动选择路线、调整速度，更合理地分配道路资源，减少拥堵和空驶现象，从而提高路网的使用效率；同时，它能更稳定地遵守交通规则，避免急刹车、随意变道等行为，让整体通行更加顺畅。可见，无人驾驶有望重塑整个交通系统的效率与秩序。

无人驾驶技术有助于推动经济发展（X→Y，经济发展＝带动产业×驱动创新×吸纳就业）。作为新兴技术代表，无人驾驶正在带动整车制造、智能芯片等多个相关产业的协同升级，形成新的经济增长极；同时，它对人工智能等领域提出更高要求，进一步刺激技术创新；此外，围绕无人驾驶的应用与服务体系，如测试运营、平台维护等，也正在创造出大量新就业机会。可见，无人驾驶不仅是技术变革，更是经济发展的新引擎。

不可否认，无人驾驶技术具备巨大潜力，但其推广过程也存在现实挑战。一方面，核心算法尚不稳定，系统在极端天气、复杂路况下的应对能力仍有限，安全隐患仍是公众关注焦点（F3：能力不足）；另一方面，无人驾驶事故责任界定尚无统一标准，传统驾驶员面临大规模职业替代，也引发伦理与就业冲突（F6：环境不稳）。若这些问题处理不当，技术红利反而可能演化为社会焦虑与风险。

要推动无人驾驶技术稳健发展，需从技术提升与配套建设双向发力。一方面，企业应持续提升算法适应能力，重点突破复杂路况、极端天气下的稳定性与应急响应力，夯实技术安全基础（F3：提升能力）；另一方面，政府应加快出台相关法规，明确事故责任划分，推动职业转型支持政策，妥善应对就业与伦理冲突（F6：应对环境）。

无人驾驶技术的发展，是通往未来交通体系的关键路径（总结全文）。唯有把握趋势、科学引导，才能真正实现科技造福社会、智能驱动未来（重申论点）。

全文共 732 字

参考范文——态度2

无人驾驶技术应该规范

吕建刚　花丽娜

随着人工智能与智能交通系统的快速发展，无人驾驶正加速走入现实。然而，技术进步的同时，也带来了一系列安全、伦理与管理方面的新挑战（引材料句）。因此，规范无人驾驶技术，不仅关系到出行安全，也关乎公共治理与社会信任（论点句）。

规范发展无人驾驶技术有助于提升消费者的满意度（X→Y，消费者满意度＝服务质量×使用便捷×情绪认同）。规范化管理能够推动技术透明、服务标准统一，减少虚假宣传、功能夸大等乱象，从而提升整体服务质量；同时，清晰的使用流程和技术标准，有助于降低用户学习成本，提升使用便捷度；更重要的是，合理监管释放出制度可信的信号，能有效缓解消费者对新技术的焦虑，增强情感认同与信任感。由此可见，规范并非限制，而是提升消费者满意度的重要保障。

规范发展无人驾驶技术也有助于推动无人驾驶实现高质量发展（X→Y，高质量发展＝带动产业×驱动创新×吸纳就业）。行业规范明确了技术方向与行为边界，能有效避免盲目竞争与重复投入，提升企业创新效率；同时，稳定的制度环境有利于引导资本流向、人才布局与岗位重构，为整个生态链注入可持续动能。反之，若监管滞后、责任不清，不仅易引发安全事故，也会破坏市场秩序、抑制创新动力。唯有规范先行，方能推动技术红利真正转化为社会价值。

当然，现实中规范推进也面临不小阻力。一方面，部分企业只顾技术竞速，忽视风险防控与社会责任（F4：行为偏差）；另一方面，现有法律体系与治理能力仍未完全适配新技术的发展节奏（F7：机制缺失）。这些问题不解决，规范化目标就难以实现。

要破解这些问题，必须软硬结合、协同推进（软硬兼施式）。一方面，应加强行为引导，推动企业在创新中守住底线，在“快跑”中不失控（F4：改进行为）；另一方面，要加快完善法律法规与监管机制，建立全流程治理框架，做到提前谋划、精准补位（F7：健全机制）。只有让规则与技术同步成长，才能为无人驾驶的发展保驾护航。

规范不是束缚，而是保护（总结全文）。只有规范先行，才能让智能出行驶向公众信任与社会福祉的远方（重申论点）。

全文共730字

老吕写作33篇 全文打卡练习28

论说文：根据下述材料，写一篇700字左右的论说文，题目自拟。

近年来，平台经济快速发展，从线上购物、网络教育，到出行、社交、娱乐，平台型企业正深刻地改变着人们的生活方式和社会结构。然而，在带来便利与效率的同时，也出现了一些令人担忧的现象：部分平台以流量为导向，重营销轻服务，甚至出现信息操控、数据滥用、算法歧视等问题；也有的平台逐渐偏离公共价值，只顾追求资本回报，忽视社会责任。

第1步 审题立意

第1步 定主题	
第2步 定态度	
第3步 定对象	
写出标题	

第2步 正文提纲

论证段1 ______

论证段2 ______

辩证段 ______

建议段 ______

第3步 完成全文并打卡

使用作文纸完成全文，参与打卡。

第4步 领取范文，对照修改

在打卡群领取本篇范文，对照范文修改自己的文章。

第29篇 辩证话题（5）：文化/价值观

说明

文化演变与价值观变化是社会发展的深层动力，同时也伴随着认同冲突与观念张力。本篇围绕**文化与价值观类**话题展开写作，例如**消费主义扩张、“躺平”文化流行、多元价值观冲突、情绪表达自由化、反内卷意识觉醒、速成文化蔓延、审美多样化**等，均具有鲜明的辩证性。

在这类问题中，文化现象和价值观取向往往体现出积极与消极两方面的力量，既有助于激发创造活力与个体自由，也可能引发认同迷失、价值混乱等问题。面对文化与价值观类辩证话题，要求我们在写作时兼顾传承与创新、尊重多元与凝聚共识，理性分析不同立场，提出平衡而深刻的思考与建议。需要注意的是，你在写这一类话题时，一定要符合主流价值观。

论说文：根据下述材料，写一篇700字左右的论说文，题目自拟。

近年来，面对激烈竞争与高压生活环境，一部分年轻人选择“躺平”，以此作为缓解焦虑、拒绝无意义内卷的一种态度调整。躺平文化在一定程度上体现了个体对自我节奏与生活质量的重新审视，有助于心理压力的自我调节。然而，若将躺平演变为消极避世、放弃努力，也可能削弱社会整体的进取精神与创新活力。

第1步 进行审题立意，写出标题

第1步 定主题	材料中直接给出观点，是观点类材料。**观点决定主题（谜底就在谜面上）**：材料中的核心词是“躺平文化”，故我们的立意主题就是“躺平文化”。
第2步 定态度	**结果决定态度**：“躺平文化”显然是有利有弊的，我们既不能无脑鼓吹“躺平文化”，也不能全面否定“躺平文化”，因此，我们的态度应该是“应理性对待躺平文化”或者如果你认为它的坏处更多或者坏处不容忽视，可以写“应引导躺平文化”。
第3步 定对象	这个材料是全社会的问题，此类材料可以不明确对象，而是使用“主题+态度”式、“措施+目的”式结构来写标题。
写出标题	**万能标题**：主题 + 态度 态度1：躺平文化　应理性对待 态度2：躺平文化　应该引导

REFER TO 1 参考范文——态度1

躺平文化应理性对待

吕建刚　花丽娜

近年来，面对高压竞争与生活焦虑，一部分年轻人选择“躺平”，以此作为调节心态、拒绝无意义内卷的一种生活态度（引材料句）。面对躺平文化，我们应理性看待，既理解其合理诉求，也警惕其可能引发的负面影响（论点句）。

理性看待躺平文化有助于促进个人发展（X→Y，个人发展＝能力提升 × 思维转变 × 经验积累 × 发展机会）。面对“躺平”现象，理性的人不会盲目跟风，也不会一味否定，而是能在反思压力来源和调整节奏中，重新审视自己的能力边界；他们往往能把“躺平”当作短暂休整，而非彻底放弃，抓住空档期补齐短板、积蓄力量。理性看待躺平文化的人才能走得更远。

理性看待躺平文化有助于解决社会问题（X→Y，解决社会问题＝发现问题 × 分析问题 × 解决问题）。当公众能够跳出情绪化的争议，以更冷静的视角审视“躺平”背后的深层原因，便有助于发现问题的真实根源，如内卷加剧、机会不均、压力过重等。这时的政府和组织也更容易制定有针对性的支持政策，如优化就业环境、完善社会保障、引导青年成长等，推动问题的系统化解决。由此可见，唯有理性对待，社会才有能力真正破解“躺平”之困。

不可否认，躺平文化为部分人群提供了心灵喘息的出口，但若演变为普遍的消极逃避，可能削弱社会整体的进取精神与创新动力，甚至导致青年群体失去面对挑战的勇气。若忽视这种风险，躺平文化的负面效应将逐渐显现。

要理性对待躺平文化，应从个体认知与社会引导双向努力（主客分明式）。主观方面，个体应强化自我认知，理性设定目标，避免盲目随波逐流（F2：拓展思维）；客观方面，社会应营造多元包容的环境，引导形成健康正向的价值取向（F6：应对环境）。唯有双向发力，才能在尊重多样的同时，避免集体消极化倾向。

总而言之，躺平既是一种反思，也潜藏隐忧（总结全文）。我们应理性看待这一现象，引导个体在自我调节与积极进取之间找到平衡（重申论点）。

全文共 669 字

参考范文——态度2

躺平文化泛滥应及时引导

吕建刚　花丽娜

近年来，面对激烈竞争与高压环境，一部分年轻人选择“躺平”，以此来调节情绪、缓解焦虑（引材料句）。然而，随着“躺平”态度的不断扩散，它正逐渐演变为一种逃避现实、消极退缩的群体倾向。因此，必须对躺平文化进行有效的引导，使其回归理性、自我调节的初衷（亮明论点）。

躺平文化泛滥不利于青年的个人发展（X→Y，个人发展＝能力提升×思维转变×经验积累×发展机会）。本应是一种阶段性自我调适的“躺平”，一旦演变为长期的“无欲无求”，就会让个体逐渐失去成长动力，进而影响知识积累和能力提升。更严重的是，这种心态容易形成“破罐破摔”的心理惯性，让人错失原本属于自己的发展机会。可见，若不加以引导，“短暂躺平”很容易滑向“长期躺倒”。

躺平文化泛滥也会损害社会的整体活力（X→Y，社会活力＝群体参与度×创新驱动力×代际信任度）。当“躺平”成为一种被广泛模仿的趋势，必然会削弱青年群体的奋斗精神，进而影响组织活力；同时，代际之间对“责任感”“价值观”的认知差异也会加剧，造成误解、隔阂甚至对立，影响社会信任。因此，引导“躺平”回归理性，是激发群体活力的重要任务。

当然，躺平文化的兴起也有其合理根源。一方面，一些青年长期处于内卷与高压之中，缺乏成就感与归属感，难免产生“及时止损”的心理（F6：环境不稳）；另一方面，部分社会舆论将成功标准高度统一化，使个体在衡量自我价值时感到受挫与迷失（F2：思维狭隘）。若不正视这些深层诱因，引导就可能流于表面。

为防止“躺平”走向泛化与僵化，应做好以下两点：一方面，要强化舆论引导，倡导多元奋斗观，引导青年在差异中寻找方向、在现实中重建信心（F2：拓展思维）；另一方面，应加快破除单一评价体系，构建公平多元的成长通道，让青年看到更多希望与可能（F7：健全机制）。

总而言之，躺平不等于失败，但泛滥一定会带来退步（总结全文）。我们不能一味批判躺平者，但必须主动引导，让这一现象不失控、不走偏，在自我调节与社会发展之间找到更好的平衡点（重申论点）。

全文共718字

老吕写作33篇 全文打卡练习29

论说文：根据下述材料，写一篇700字左右的论说文，题目自拟。

在快节奏社会环境下，速成文化广泛蔓延，成为影响学习、工作、生活的一种普遍现象。速成文化以高效、便捷为特点，帮助人们在短时间内掌握基本技能、快速适应变化环境，在一定程度上满足了现实需求。然而，过度追求速成也可能导致学习浅尝辄止、专业深度不足，甚至形成浮躁心态，影响长期发展的可持续性。

第1步 审题立意

第1步 定主题	
第2步 定态度	
第3步 定对象	
写出标题	

第2步 正文提纲

论证段1 ________________

论证段2 ________________

辩证段 ________________

建议段 ________________

第3步 完成全文并打卡

使用作文纸完成全文，参与打卡。

第4步 领取范文，对照修改

在打卡群领取本篇范文，对照范文修改自己的文章。

第6章

论说文33篇：AB二元类

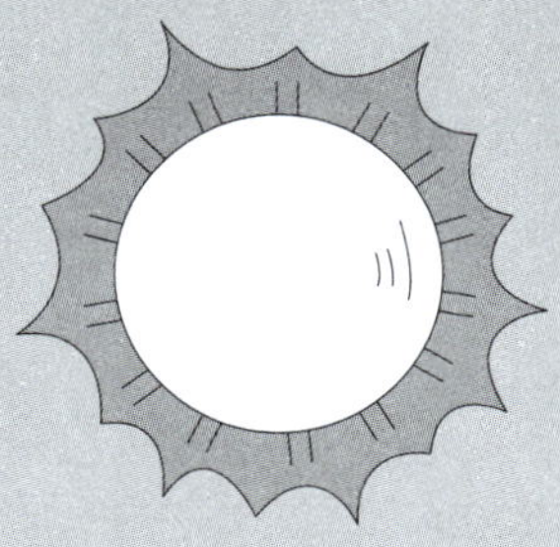

1. 什么是AB二元类话题

AB二元类话题是指命题中出现成对称的两个核心概念，它们之间既相互对立又密切相关，要求考生从平衡、协调、取舍等角度对二者关系展开分析。这类话题常见于以对称词语为材料，如“仁与富”“拔尖与冒尖”“一致性与多样性”等，侧重考查考生的比较辨析能力与综合权衡能力。在写作中，需先界定两者含义与联系，分析二者相辅相成之处以及潜在冲突，最后给出统筹兼顾、动态平衡的现实方案，体现思维的全面性与灵活性。

2. AB二元类话题考过哪些真题？

2009年开始，MBA入学考试更名为管理类联考；2021年开始，经济类联考由教育部统一命题。因此，我们统计了2009年至今的管理类联考真题（共17年）和2021年至今的经济类联考真题（共5年），其中AB二元类的命题分析如下：

	年份与主题	命题概率
管理类联考	2011年：拔尖与冒尖 2015年：仁与富 2016年：多样性与一致性 2017年：旧产品与新产品 2021年：道德教育与科学教育	17年共考了5道，命题概率29.4%
经济类联考	未考。	近5年没考，但仍建议396的同学备考AB二元类。

3. AB二元类话题将来可能怎么考？

随着考试对综合思维与现实问题分析能力要求的提高，AB二元类话题可能会呈现增加趋势。但从话题的具体内容来看，仍然考个人、管理者、企业、社会等话题，话题会与本书第2章～第4章的话题高度重合。

第 30 篇 AB 二元话题(1):个人思维与行为

说明

个体的思维方式与行为取向，是推动自我成长与社会进步的重要力量，同时也常常面临取舍与张力。本篇围绕个人思维与行为类话题展开写作，例如**创新与坚守、自由与自律、理性与感性、速度与质量、独立思考与团队合作**等，均具有明显的对立统一特征。

论说文：根据下述材料，写一篇 700 字左右的论说文，题目自拟。

在面对复杂局势时，有人主张理性分析，认为冷静思考和逻辑推理才能带来科学决策；有人强调感性体验，认为直觉洞察与情感共鸣能激发创造力与人性温度。

第 1 步 进行审题立意，写出标题

第 1 步 定主题	材料中直接给出观点，是观点类材料。**观点决定主题（谜底就在谜面上）：** 材料中的核心词有两个“理性分析”和“感性体验”，故我们的立意主题就是“理性分析与感性体验”。
第 2 步 定态度	**结果决定态度：** “理性分析”“感性体验”都有好处，但也都不全面。 如果你认为二者应该并重，可以写：“既要理性分析，又要感性体验”。 如果你认为“理性分析”更加重要，可以写：“重视理性分析，不忘感性体验”。
第 3 步 定对象	“理性分析”“感性体验”显然都是个人行为，故这个材料的对象也应该为“个人”。
写出标题	**万能标题：** 对 A 的态度 + 对 B 的态度 态度 1（并重型）：既要理性分析，又要感性体验 态度 2（侧重型）：重视理性分析，不忘感性体验

参考范文——态度1

既要理性分析，又要感性体验

吕建刚　花丽娜

面对复杂局势，有人强调理性分析，追求冷静思考与逻辑推理；也有人推崇感性体验，重视直觉洞察与情感共鸣（引材料句）。实际上，理性与感性并非对立，我们既要理性分析，又要感性体验（论点句）。

理性分析有助于提升决策效果（X→Y，决策效果＝信息全面 × 判断精准 × 执行到位）。一方面，理性分析强调基于事实与数据作出判断，能够促使管理者更加系统地收集和筛选信息，避免因情绪波动或偏见造成信息片面；另一方面，经过充分分析形成的决策更具可执行性，也更容易被团队理解和落实。由此可见，理性分析增强了决策结果的科学性。

感性体验有助于带好团队（X→Y，团队效能＝目标一致 × 流程规范 × 权责明确 × 激励有效 × 协作顺畅 × 氛围融洽）。一方面，领导者具备感性体验能力，更容易察觉团队成员的情绪与需求，及时给予认可与激励，从而增强团队的归属感；另一方面，良好的情感共鸣有助于营造平等尊重的交流氛围，减少沟通障碍，推动成员之间的协同互助。由此可见，理智固然重要，但真正激发团队潜力，往往离不开感性连接。

尽管理性分析与感性体验各具价值，但在现实中兼顾两者并不容易。一方面，一些人思维方式偏于理性，过度依赖逻辑推理而忽视情感，导致决策冷硬、缺乏温度（F2：思维狭隘）；另一方面，部分人情绪化倾向明显，习惯凭感觉做事，缺乏必要的理性分析，容易出现判断失误（F4：行为偏差）。若不能在感性与理性之间建立良性互动，个人决策质量与发展潜力都将受到制约。

要实现理性分析与感性体验的有机融合，需针对不同个体类型分类施策（主体划分式）。对于过于理性的人，应培养其共情意识，让其主动关心团队成员的感受，避免决策“冷而硬”（F4：改进行为）；对于过于感性的人，则应强化理性思维训练，养成查证依据、分析利弊的习惯，减少凭情绪决策带来的判断偏差（F2：拓展思维）。

理性分析让我们看清世界，感性体验让我们触摸人心（总结全文）。唯有并重二者，方能在复杂多变的时代中走出一条既精准又温暖的成长之路（重申论点）。

全文共 699 字

参考范文——态度2

重视理性分析，不忘感性体验

吕建刚 花丽娜

在纷繁复杂的世界中，理性分析与感性体验交织作用，影响着我们的认知与决策（引材料句）。虽然感性体验能够带来情感共鸣，但理性分析在科学决策与风险控制中扮演着更加基础性的角色（过渡句）。因此，我们应重视理性分析，同时也不忘感性体验（论点句）。

重视理性分析，有助于构建稳健思维模式（X→Y，理性思维 = 信息敏感度 × 推理严密性 × 情绪调节力）。理性分析不仅要求全面搜集信息、追求事实依据，还强调在复杂问题中保持逻辑清晰、避免以偏概全；同时，它也有助于个体在面临压力与情绪干扰时保持冷静，从而提升判断与决策的稳定性。由此可见，理性分析是一种支撑长期成长的思维方式。

重视理性分析，也有助于提升问题解决能力（X→Y，解决问题 = 发现问题 × 分析问题 × 解决问题）。理性分析强调从事实出发，能帮助个体更敏锐地识别问题背后的症结，避免陷入情绪化判断；同时，理性分析也有利于提升对问题成因的把握精度，并且支撑个体制定更可行的方案，确保行动落地。可见，理性分析不仅是一种认知能力，更是一种实用的解决问题的方法论。

当然，感性体验同样不可或缺，它在人文关怀领域发挥着独特价值（X→Y，人文关怀 = 情绪共鸣力 × 角色理解力 × 价值认同感）。当个体能从他人的角度出发体察情绪与处境，便更容易建立同理心与价值认同，进而引发更深层的社会责任感与人际信任。同时，感性体验还能激发个体的直觉与创造灵感，使理性判断不至于陷入刻板与机械。可见，在追求科学的同时，亦应保有人性的温度与柔光。

要真正做到重视理性分析、兼顾感性体验，应从主客两方面协同努力（主客分明式）。主观方面，个人应加强逻辑思维训练，提升系统分析与情绪管理能力（F3：提升能力）；客观方面，应积极营造理性务实的成长环境，减少情绪化干扰（F6：应对环境）。唯有主客协同，方能在复杂多变中保持理性清醒，同时不失人文关怀。

理性是航行的方向盘，感性是心灵的星辰（总结全文）。重视理性，融入感性，我们才能在理智与情感的交融中走向更加坚定而丰盈的人生道路（重申论点）。

全文共708字

老吕写作33篇 全文打卡练习30

论说文：根据下述材料，写一篇700字左右的论说文，题目自拟。

在信息快速流动与组织协作日益紧密的时代，有人强调独立思考的重要性，认为唯有保持独立判断，才能避免盲从与随波逐流；也有人强调团队合作的力量，认为只有善于协作与沟通，才能形成更大的合力。

第1步 审题立意

第1步 定主题	
第2步 定态度	
第3步 定对象	
写出标题	

第2步 正文提纲

论证段1 ______________________________

论证段2 ______________________________

辩证段 ______________________________

建议段 ______________________________

第3步 完成全文并打卡

使用作文纸完成全文，参与打卡。

第4步 领取范文，对照修改

在打卡群领取本篇范文，对照范文修改自己的文章。

扫码听本篇讲解

第 31 篇

AB 二元话题（2）：组织行为

说明

组织运行中的行为选择，直接影响整体效率、发展韧性与内部活力。本篇围绕组织行为类话题展开写作，例如**标准化与灵活性、继承与创新、速度与质量、授权与控制、顶层设计与基层实践、激励与约束、分工与协作、扩张与稳健、流程规范与弹性应变**等，均体现出鲜明的对立统一特征。

在这类问题中，组织管理者需要在规范与变通、效率与人性、集中与分散之间不断权衡与调整。面对组织行为类 AB 二元话题，要求在写作中理性分析双重要素的功能与局限，提出促进组织稳定高效运行的综合性对策。

论说文：根据下述材料，写一篇 700 字左右的论说文，题目自拟。

在企业竞争中，有人强调“唯快不破”，认为只有追求速度才能赢得先机；也有人坚持“打磨质量”，认为只有打牢基础、精益求精，才能走得更远。

第 1 步 进行审题立意，写出标题

第 1 步 定主题	材料中直接给出观点，是观点类材料。**观点决定主题（谜底就在谜面上）：**材料中的核心词有两个“追求速度”“打磨质量”，故我们的立意主题就是“追求速度与打磨质量”。
第 2 步 定态度	**结果决定态度：** “追求速度”“打磨质量”，都有可取之处，但也都不全面。 如果你认为二者应该并重，可以写：“既要追求速度，又要打磨质量”。 如果你认为“打磨质量”更加重要，可以写：“要打磨质量，不忘追求速度”。 如果你认为追求速度不可取，可以写：“重视打磨质量，不盲目追求速度”。
第 3 步 定对象	材料中的对象是企业，故我们也应该写“企业”。
写出标题	**万能标题：** 对 A 的态度 + 对 B 的态度 态度 1（并重型）：既要追求速度，又要打磨质量 态度 2（侧重型）：要打磨质量，不忘追求速度 态度 3（择一型）：要打磨质量，不盲目追求速度

REFER TO 1 参考范文——态度1

既要追求速度，又要保障质量

吕建刚　花丽娜

在企业竞争日益加剧的今天，有人强调“唯快不破”，认为只有不断加速才能抢占先机；也有人坚持打磨质量，认为只有夯实基础、精益求精，才能走得更远（引材料句）。事实上，速度与质量并不是非此即彼的选择题，而是需要统筹兼顾的两大关键因素（论点句）。

追求速度有助于拓展市场（X→Y，拓展市场＝新客户获取力×市场渗透能力×区域延伸能力）。一方面，追求速度有助于抢占先机、快速切入新兴需求场景，提升企业在关键赛道上的获客效率；另一方面，快速推进业务布局，还能强化现有市场的深耕能力，并助力企业在区域竞争中先人一步，从而实现增长复制。

保障质量有助于增强企业的竞争力（X→Y，竞争力＝差异化优势×成本领先能力×市场聚焦能力）。一方面，高质量的产品与服务能有效提升用户体验，塑造独特的价值认知，增强品牌识别度；另一方面，质量保障还能减少返工返修与售后成本，进而从源头压缩成本，同时这也更容易吸引高端客户，实现精准的市场定位。

尽管速度与质量都很重要，但在实际运作中兼顾两者并不容易。一方面，部分企业急于求成，盲目追求速度，忽视了对产品和服务质量的基本把控（F1：意愿缺乏）；另一方面，一些企业管理机制不完善（F7：机制缺失），流程混乱，导致即使想兼顾速度与质量也力不从心。若不能在加速发展的同时坚守质量底线，企业最终容易因基础不牢而功败垂成。

要统筹好速度与质量，应从主客两方面协同发力（主客协同式）。主观方面，管理者要强化质量意识，树立科学发展观，避免唯速度论（F1：增强意愿）；客观方面，应优化流程标准，建立快速响应与质量监控并行的管理体系（F7：健全机制）。唯有双轮驱动，才能让企业在竞争中又快又稳地前行。

速度带来机会，质量铸就长远（总结全文）。唯有将二者有机统一，企业才能在激荡时代中赢得真正的可持续竞争力（重申论点）。

全文共 637 字

参考范文——态度2

重视质量为本，适度追求速度

吕建刚　花丽娜

在当今竞争激烈的市场环境中，有人主张“快人一步”，认为速度就是优势；也有人坚持“慢工出细活”，强调质量才是根本保障（引材料句）。在我看来，企业发展应以质量为基，以速度为辅，在扎实打磨质量的基础上，适度提升推进效率（亮明论点）。

打磨质量是企业穿越周期的根本保障（X→Y，企业韧性＝用户黏性×成本控制力×风险抵御力）。高质量的产品与服务不仅决定用户是否愿意留下，更直接影响运营稳定性与客户口碑的形成；长期坚持质量导向，也有助于减少售后服务，降低运营成本；更重要的是，在环境波动时，质量过硬的企业更能保持客户信任，从容应对外部冲击。可见，质量是一家企业真正“活下去”的关键底牌。

打磨质量也是塑造品牌价值的战略举措（X→Y，品牌价值＝用户信任×价值认同×市场声誉）。质量不仅是生产环节的指标，更是品牌内涵的延伸。企业通过持续的精益求精，可以构建起独特的品牌识别度，进而积累长期的市场认同感。反观那些只重速度、忽视质量的企业，即使一时声势浩大，也往往难以建立持久的品牌资产。由此可见，质量战略才是应对市场竞争的核心力量。

当然，在稳定质量的基础上，适度追求速度，也有其现实意义（X→Y，市场拓展力＝反应效率×推广节奏×节点把控能力）。面对市场热点、需求窗口，若企业反应迟缓、动作拖沓，就可能错失机会。适度提速能帮助企业抢占关键节点、加快产品迭代，提高整体市场渗透效率。但必须强调，速度不能建立在牺牲质量的基础上，只有在流程稳定、产品成熟的前提下，速度才能真正转化为竞争优势。

当然，企业要做到质量与速度兼顾，需要做好以下两点：一方面，应确立“质量优先”的发展观，强化长期主义思维，警惕短期快感诱惑（F1：增强意愿）；另一方面，应健全全过程质量管理机制，在保持高标准的前提下探索适度提效（F7：健全机制）。唯有如此，才能真正实现“稳中有进、精中见快”。

快是一时之策，稳乃长久之计。企业唯有将质量作为发展的压舱石，在此基础上适度追求效率提升，方能在时代洪流中站稳脚跟，行稳致远（重申论点）。

老吕写作33篇 全文打卡练习31

论说文：根据下述材料，写一篇700字左右的论说文，题目自拟。

在组织管理中，有人强调流程规范，认为只有建立标准化流程，才能保障执行效率与质量稳定；也有人强调弹性应变，认为面对多变环境，唯有灵活调整与快速反应，才能保持竞争力。

第1步 审题立意

第1步 定主题	
第2步 定态度	
第3步 定对象	
写出标题	

第2步 正文提纲

论证段1 ________________________________

论证段2 ________________________________

辩证段 ________________________________

建议段 ________________________________

第3步 完成全文并打卡

使用作文纸完成全文，参与打卡。

第4步 领取范文，对照修改

在打卡群领取本篇范文，对照范文修改自己的文章。

第 32 篇 AB 二元话题（3）：社会现象

说明

社会现象的变化，既反映了时代发展的趋势，也折射出人们认知观念与行为方式的张力。本篇围绕社会现象类话题展开写作，例如**节约意识与消费升级、规则意识与灵活处理、理性表达与情绪宣泄、短期利益与长期发展、社交广度与关系深度、科技赋能与人文关怀**等，均展现出鲜明的对立统一特征。

在这类问题中，不同社会倾向各有积极与消极面，既推动了经济社会的进步，也带来了观念冲突与现实挑战。面对社会现象类 AB 二元话题，要求在写作中理性分析双方要素的优势与局限，提出有助于引导社会健康发展的平衡性对策。

论说文：根据下述材料，写一篇 700 字左右的论说文，题目自拟。

在实际工作与社会生活中，有人强调规则意识，认为遵守制度规范是确保秩序与效率的基础；也有人强调灵活处理，认为面对复杂多变的情境，适度变通才能实现更好的结果。现实中，规则意识与灵活处理往往并存，如何在坚守规则与灵活应对之间把握尺度，成为值得思考的问题。

第 1 步 进行审题立意，写出标题

第 1 步 定主题	材料中直接给出观点，是观点类材料。**观点决定主题（谜底就在谜面上）：**根据材料中的关键句“现实中，规则意识与灵活处理往往并存，如何在坚守规则与灵活应对之间把握尺度，成为值得思考的问题”可知，本材料的核心词有两个“规则意识”“灵活处理”，故我们的立意主题就是“规则意识与灵活处理”。
第 2 步 定态度	**结果决定态度：** “规则意识”“灵活处理”都有可取之处，但也都不全面。 如果你认为二者应该并重，可以写：“既要规则意识，又要灵活处理”。 如果你认为“规则意识”更加重要，可以写：“要规则意识，适度灵活处理”。
第 3 步 定对象	材料指出“在实际工作与社会生活中”，说明我们可以从“组织”的视角切入，也可以从“社会”的视角切入。
写出标题	**万能标题：** 对 A 的态度 + 对 B 的态度 态度 1（并重型）：既要规则意识，又要灵活处理 态度 2（侧重型）：坚守规则意识，适度灵活处理

REFER TO 1 参考范文——组织角度

既要规则意识，又要灵活处理

吕建刚 花丽娜

如何在坚守规则与灵活应对之间把握尺度，是一个值得思考的问题（引材料句）。其实，二者并不矛盾，我们既要规则意识，又要灵活处理（论点句）。

规则意识有助于提升运行效率（X→Y，效率＝目标清晰×流程规范×执行到位）。具备规则意识的人或组织，更能明确职责边界与行为标准，从而厘清任务目标，避免因角色混乱造成目标模糊；在流程层面，规则意识促使各环节严格依照制度与标准衔接，减少随意更改与重复操作，提升整体协同效率；在执行过程中，规则意识则有助于强化纪律性与规范性，确保各项任务按节奏推进、落实到位。可见，规则意识不是束缚效率，而是保障高效运转的重要基础。

灵活处理有助于解决实际问题（X→Y，企业问题解决能力＝发现问题×分析问题×解决问题）。在实际工作中，问题往往变化复杂，无法套用固定模式。灵活的处理方式，有助于在第一时间识别潜在风险，提高问题发现的敏感度；同时，它也促使个体跳出刻板路径，更加多元地分析成因，并且根据局势的变化不断调整策略。由此可见，灵活处理不是“随意做事”，而是提升实际问题应对水平的关键能力。

尽管规则意识与灵活处理各有价值，但在实际中兼顾两者并不容易。一方面，一些组织过度僵化，生搬硬套规则（F2：思维狭隘），导致反应迟缓；另一方面，部分个体随意变通（F4：行为偏差），破坏规则体系，导致秩序混乱。若不能在规则与灵活之间建立合理边界，组织效率与稳定性都将受到影响。

要实现规则意识与灵活处理的有机统一，应从主客两方面协同努力（主客分明式）。主观方面，应强化规则意识教育，提升灵活调整能力（F2：拓展思维）；客观方面，应完善制度设计，预留必要的灵活操作空间（F7：健全机制）。唯有如此，才能既守好秩序之本，又活化应变之道。

规则提供秩序，灵活带来生机（总结全文）。唯有统筹兼顾，才能让组织在稳定中应对变化，在变化中保持稳定（重申论点）。

全文共665字

2 参考范文——社会角度

坚守规则，也要灵活处理

吕建刚 花丽娜

在现实社会中，有人主张“一切按规矩来”，认为唯有制度规范才能维护秩序；也有人强调“灵活变通”，认为复杂问题需要具体分析、因事制宜（引材料句）。其实，二者并不矛盾。良好的社会治理，既离不开规则的刚性支撑，也离不开灵活处理的柔性调节（论点句）。

坚守规则，有助于提升公共服务效能（X→Y，公共服务效能＝程序规范性×权益保障性×行为可预期性）。当规则清晰、程序稳定，办事流程就更高效透明，群众的合法权益也更容易获得保障；同时，稳定的规则体系还能带来行为的可预期性，有助于减少扯皮、推诿等问题，提升政府公信力。可见，规则不只是“管束”，更是社会公平与效率的基本前提。

灵活处理，则有助于增强社会治理的韧性（X→Y，社会韧性＝问题应变能力×群体包容程度×政策调整弹性）。社会问题往往多变交织，单靠一套规则无法应对所有情境。当治理者具备适当变通意识，才能在突发事件中迅速响应、因地制宜调整措施；同时，灵活处理也体现出对群体差异的尊重，能在规则框架下寻求更人性化的解决方案。这种柔性治理，正是提升治理适应性的关键所在。

当然，现实中也容易走向两个极端。一方面，个别地方将规则视作僵化命令，忽视具体语境与人情温度，导致民众反感、问题积压（F2：思维狭隘）；另一方面，也有一些人借“灵活”为名随意变通，不守底线、打擦边球，损害制度权威，破坏社会秩序（F4：行为偏差）。若缺乏合理边界与机制引导，规则与灵活就可能彼此冲突、互相抵消。

要实现规则与灵活的有机统一，社会治理需在理念与制度上同步进化。一方面，应加强对治理者的培训，强化依法行政意识的同时，提升因情施策的能力（F2：拓展思维）；另一方面，还需完善相关机制，建立“有原则的弹性”制度设计，在不突破规则底线的前提下，预留合理的调整空间（F7：健全机制）。唯有如此，才能实现刚柔并济、张弛有度的现代治理。

规则为社会奠定秩序之基，灵活为治理注入温度之力。在一个多元、复杂、充满变数的时代，唯有让规则挺立、让灵活生长，社会才能在秩序与活力之间找到最优平衡点（重申论点）。

全文共742字

老吕写作33篇 全文打卡练习32

论说文：根据下述材料，写一篇700字左右的论说文，题目自拟。

在现代社会发展中，有人强调环境保护，认为生态安全是可持续发展的根本保障；也有人强调经济发展，认为增长动力是提升人民生活水平的核心支撑。现实中，环境保护与经济发展往往需要协调推进，如何在两者之间找到平衡，成为重要而紧迫的课题。

第1步 审题立意

第1步 定主题	
第2步 定态度	
第3步 定对象	
写出标题	

第2步 正文提纲

论证段1 ________________________________

论证段2 ________________________________

辩证段 ________________________________

建议段 ________________________________

第3步 完成全文并打卡

使用作文纸完成全文，参与打卡。

第4步 领取范文，对照修改

在打卡群领取本篇范文，对照范文修改自己的文章。

第 33 篇 AB 二元话题（4）：AB 关系

说明

AB 关系类话题，聚焦于分析两个要素之间的关联性，强调对整体逻辑关系的理解与把握。本篇围绕 AB 关系类话题展开写作，例如**理论与实践的关系、局部与整体的关系、过程与结果的关系、稳定与变革的关系、继承与创新的关系、公平与效率的关系**等，均体现出明显的对立统一或相互促进特征。

在这类问题中，A 与 B 往往既相互依赖又相互制约，需要在分析中明确其互动逻辑，既看到各自的重要性，也看到二者协调统一的必要性。面对 AB 关系类话题，要求在写作中系统分析双方要素的关系模式，提出促进二者良性互动、协同发展的思路和对策。

另外，关系类文章比较难写。如果材料明确要求你写 AB 二者的关系，咱们就按要求写；如果材料没有明确要求写 AB 二者的关系，咱们可以分别写 A 与 B。

论说文：根据下述材料，写一篇 700 字左右的论说文，题目自拟。

在组织发展中，有人注重结果，认为结果是衡量努力价值的最终标准；也有人强调过程，认为良好的过程管理和努力本身同样重要。事实上，过程与结果密切关联，相互影响。对于管理者而言，如何处理二者关系，成为值得深入思考的问题。

第 1 步 进行审题立意，写出标题

第 1 步 定主题	材料中直接给出观点，是观点类材料。**观点决定主题（谜底就在谜面上）：**材料中的核心句是“对于管理者而言，如何处理二者关系，成为值得深入思考的问题”，故我们的立意主题就是“过程与结果的关系”。
第 2 步 定态度	**结果决定态度：** 处理好过程与结果的关系十分重要，故我们的态度为“要正确处理过程与结果的关系”。
第 3 步 定对象	**对象一致性：**材料指出“对于管理者而言”，即我们要写管理者，即“管理者要正确处理过程与结果的关系”。
写出标题	**万能标题：** 对象（管理者）+ 态度（要正确处理）+ 主题（过程与结果的关系）

REFER TO

参考范文——组织角度

管理者应正确处理过程与结果的关系

吕建刚

在组织发展中，有人注重结果，认为结果是衡量努力价值的最终标准；也有人强调过程，认为良好的过程管理和努力本身同样重要（引材料句）。实际上，过程与结果密不可分（过渡句）。对于管理者而言，要正确理解和处理过程与结果的关系（论点句）。

过程对结果具有直接决定性影响（X→Y，结果质量＝过程规范 × 执行连贯 × 灵活调整）。良好的过程管理能够确保每一环节规范有序，减少执行偏差，从而提高整体执行的一致性；通过流程连贯推进，进而避免资源浪费，形成稳健的推进节奏；同时在过程中灵活调整策略，应对环境变化，从而增强组织的应变能力。过程做好了，才能避免“过程混乱、结果偶然”的局面，确保成果水到渠成。

结果也会反向影响过程的改进（X→Y，过程优化力＝结果反馈 × 过程反思 × 持续改进）。清晰的结果反馈能够促使管理者敏锐发现流程中存在的问题，及时识别潜在风险；引导管理者深入反思过程中的短板，促进各环节优化升级；并推动制度的持续优化，从而保持组织运行的生机与活力。结果不仅是过程的检验，更是推动管理水平不断提升的重要驱动力。

当然，在实际管理中协调好过程与结果并不容易。一方面，一些管理者过于功利，只看短期结果，忽视过程建设，导致基础薄弱、风险积累（F1：意愿缺乏）；另一方面，部分组织制度设计僵化（F7：机制缺失），重程序轻绩效，导致流程僵化、创新不足。若不能在过程与结果之间建立合理互动机制，组织发展将陷入低效与短视的恶性循环。

要正确处理过程与结果的关系，管理者应从主客两方面协同发力（主客分明式）。主观方面，应树立科学发展的观念，既重视过程建设，又关注结果导向（F1：增强意愿）；客观方面，应完善反馈与改进机制，确保结果评价能有效反哺流程优化（F7：健全机制）。唯有双向努力，才能实现过程扎实、结果优秀的良性循环。

过程决定质量，结果引导优化（总结全文）。唯有统筹兼顾，管理者才能在变化的环境中引领组织走向高效、稳健与可持续发展的未来（重申论点）。

全文共 702 字

老吕写作33篇 全文打卡练习33

论说文：根据下述材料，写一篇700字左右的论说文，题目自拟。

在文化传承与发展中，有人强调继承，认为只有坚守传统基础，才能保持文化的连续性与稳定性；也有人强调创新，认为唯有不断突破与变革，才能适应时代的变化与需求。事实上，二者密不可分。理解和把握继承与创新的关系，成为文化传承与发展的重大课题。

第1步 审题立意

第1步 定主题	
第2步 定态度	
第3步 定对象	
写出标题	

第2步 正文提纲

论证段1 ________________

论证段2 ________________

辩证段 ________________

建议段 ________________

第3步 完成全文并打卡

使用作文纸完成全文，参与打卡。

第4步 领取范文，对照修改

在打卡群领取本篇范文，对照范文修改自己的文章。

第2部分

论证有效性分析

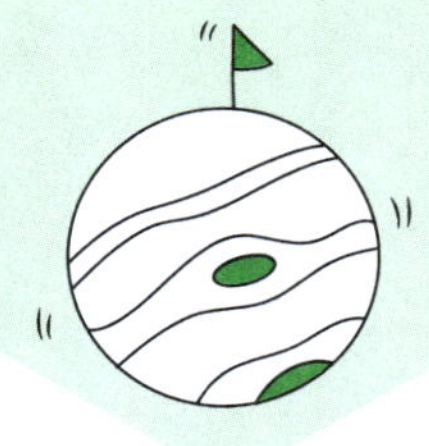

论证有效性分析的本质其实不是作文，而是一道以作文形式出现的“分析”题。它要求我们从材料中给出的一篇论证型的文章中，找到逻辑谬误并进行分析。那么，你怎么写这篇文章才能拿到高分呢？听听我接下来的分析。

论证有效性分析命题变化与应对策略

第1节　论证有效性分析的命题有什么变化

第2节　什么样的论证有效性分析能拿到高分

第1节 论证有效性分析的命题有什么变化

2025 年的管理类、经济类联考的论证有效性分析在命题风格上与 2024 年及以前有巨大的变化。为了分析这种变化，我们以管理类联考为例，比较一下 2025 年和 2024 年的真题。经济类联考的命题风格变化与管理类联考完全相同。

2025 年管理类联考论证有效性分析真题

论证有效性分析：分析下述论证中存在的缺陷和漏洞，选择若干要点，写一篇 600 字左右的文章，对该论证的有效性进行分析和评论。（论证有效性分析的一般要点是：概念特别是核心概念的界定和使用是否准确并前后一致，有无各种明显的逻辑错误，论证的论据是否成立并支持结论，结论成立的条件是否充分，等等。）（30 分）

有位西方哲学家曾经指出，一个人在已有的知识体系、价值观念、思维方式等因素影响下，会形成特定的主观立场，即“前见”。实际上，人们在相互沟通与理解外部世界时无法摆脱这一“前见”。早在先秦时期，庄子就说过，人们认为毛嫱是美女，但鱼见到毛嫱只会惊恐游走，这些都表明人们在相互沟通与理解过程中，主观立场造成了很大的障碍。

首先，不同个体交流时无法避免偏见，偏见是每个人都可能拥有的，这一主观立场是我们沟通与理解的障碍。我们对喜欢的人往往会宽厚包容，对不喜欢的人会吹毛求疵，别人对我们的实际印象与我们自以为留给别人的印象往往存在差异。

其次，性别不同也会带来主观立场的不同，从而导致沟通障碍。比如，家庭中丈夫和妻子在思维方式上存在不小的差异，丈夫往往偏重理性，而妻子则偏重感性，所以双方从各自的主观立场出发讨论问题时，就会产生分歧与争议。

再次，不同文化之间的交流与理解也存在同样问题。比如不同文化在审美标准上的主观差异常会导致误解，与中国历史上伟大诗人李白作品相比，唐代僧人寒山的诗作更受一些美国人的喜爱，白居易的诗篇更受一些日本人青睐，所以不同文化背景下的读者在评判作家作品的高下时经常产生争议。

虽然主观立场造成了沟通与理解的障碍，但这并不意味着人们无法进行理解与沟通。千百年来，人们通过换位思考来克服障碍摆脱个人主观立场。

2024 年管理类联考论证有效性分析真题

论证有效性分析：分析下述论证中存在的缺陷和漏洞，选择若干要点，写一篇 600 字左右的文章，对该论证的有效性进行分析和评论。（论证有效性分析的一般要点是：概念特别是核心概念的界定和使用是否准确并前后一致，有无各种明显的逻辑错误，论证的论据是否

成立并支持结论，结论成立的条件是否充分，等等。)（30分）

人才是社会经济发展的重要因素，许多单位都十分注重培养自己需要的人才。其实，人才除了靠自己培养，还应该靠引进。

常言道："十年树木，百年树人。"这说明培养人才需要相当长的时间。即使不需要一百年，现在把一个人从小学培养到大学毕业，至少也要十五六年。由此可见，靠自己单位来培养人才根本不能解决当务之急。

其次，只注重培养而不注重引进并留住人才，结果往往事与愿违。例如，企业辛辛苦苦培养的一些人才跳槽了，一些高校的优秀毕业生出国了。因此，只着眼于培养，只能是为他人作嫁衣裳。

再次，从历史上来看，秦孝公靠商鞅变法使秦国强大了，而商鞅是卫国人，是秦孝公招揽引进的。可见，招揽引进人才，就能使国家强大起来。

可喜的是，如今不少单位出台了各种措施，引进了越来越多的人才。这样，我国的人才数量必将大幅增长，国家就会更加富强了。

观察以上两道真题，可以发现2025年的真题与2024的真题存在以下变化：

①题干中材料的字数增加

2024年真题中材料字数为351字，2025年真题中材料字数为555字，增加了约200字。这意味着我们在有限的时间内需要处理更多的信息。

②论证结构更复杂，逻辑漏洞更隐蔽

2025年的材料在论证过程中引入了哲学观点、历史典故和文化差异等多个维度，使得论证结构更加复杂。我们需要具备更强的逻辑分析能力，才能识别出其中的逻辑漏洞。

③得分要点分布更分散，要求更高的综合分析能力

材料中得分要点的分布更加分散，这要求我们具备良好的整体把握能力，能够从全篇中提取出多个得分要点，并进行有效的分析。

第2节 什么样的论证有效性分析能拿到高分

扫码听本节讲解

既然真题命题风格发生了明显变化，那么我们要如何在考场上快速适应，并写出一篇高分答案呢？答案就在于：理解评分标准，把握阅卷逻辑，精确输出得分要点。

1. 什么决定你的论证有效性分析的分数？

1.1 评分标准

我们先看评分标准。考试大纲对管理类联考的论证有效性分析评分标准规定如下：

①每答对1个要点给4分；答对4个或4个以上要点，给16分。考生分析的内容如果超出参考答案，只要言之有理，也可酌情给分。

②按论证程度、文章结构和语言表达给分。

一类卷（12~14分）：分析论证有力，结构严谨，条理清楚，语言精练流畅。

二类卷（8~11分）：分析论证较为有力，结构较严谨，条理较清楚，语言较通顺，有少量语病。

三类卷（4~7分）：尚有分析论证，结构不够完整，语言欠连贯语病较多。

四类卷（0~3分）：明显偏离题意，内容空洞，条理不清，语句不通。

③每3个错别字扣1分，重复的不计，至多扣2分。

④书面不整洁，标点不正确，酌情扣1~2分。

【注】以上几部分相加即为最后得分。

管理类联考的论效总分为30分，而经济类联考的论效总分只有20分。除此之外，经济类联考的阅卷标准与管理类联考的阅卷标准一致。

1.2 评分标准解读

①每答对1个要点给4分

“要点”也叫逻辑错误、逻辑漏洞、逻辑谬误，有时候也直接简称为“谬误”。即我们要找到题干论证的不足之处，进行分析。

而且，论证有效性分析使用的是“采分制”，不是“扣分制”。因此，你的得分仅与“答对”的“要点（逻辑错误）”相关，与“答错”的要点无关。

例如：

写对2个要点，得8分；

写4个要点但错1个，得12分；

写5个要点，错1个，仍可得16分（因为正确4个）。

②答对4个或4个以上要点，给16分

答对4个要点即可拿到要点分上限16分。

再如：

写对4个要点，得16分；

写对5个要点，得16分；

写5个要点但错1个，也是16分；

写3个或以下，最多只能拿12分。

因此，若你有把握写的4个要点全对，可写4个点；若你无把握写的4个点全对，可写5个点以提高容错率。

③考生分析的内容如果超出参考答案，只要言之有理，也可酌情给分

“酌情给分”这四个字告诉我们，如果你写的不在参考答案范围内，有可能能拿分，也可能拿不到分。这就是写作“水旱区”的来源。不在参考答案范围内的要点，在“水区”可能给较多的分，在“旱区”可能仅给较低的分。因此，我们要尽量写参考答案范围内的要点。

④按论证程度、文章结构和语言表达给分

这一部分的评分标准比较复杂。阅卷人一般会将这四类卷融入考生所写的要点中，即形

成一个简化版的评分标准，如下：

写对的要点数	管理类联考的给分范围	经济类联考的给分范围
4 个或 5 个	25~27 分	16~18 分
3 个	19~24 分	13~15 分
2 个	13~18 分	10~12 分
1 个	6~12 分	5~9 分
0 个	0~5 分	0~4 分

⑤书面不整洁，标点不正确，酌情扣 1~2 分

按照官方评分标准，卷面分是 1~2 分。但实际上，阅卷是存在一定的主观性的。根据老吕的阅卷经验，在相同内容的前提下，一份赏心悦目的试卷比一份潦草的试卷至少要高出 3 分。

另外，老吕在教学中发现，很多同学不太重视标点符号的使用。但实际上，如果你标点符号用的不对，老师在阅卷时就需要帮你断句，这是非常痛苦的。因此，标点符号用的不对会极大地影响你的得分。

2. 阅卷人的阅卷习惯与评分重点

2.1 标题、开头和结尾：扫一眼就过

这是因为：第一，根据论证有效性分析的阅卷标准，我们的得分主要取决于要点写得对不对以及分析论证是否有力，标题、开头和结尾在评分中占比很低。第二，所有考生的标题、开头和结尾写的都是类似的，没有区分度，阅卷人没必要读的过于仔细。

结论：不必花太多时间雕琢开头与结尾，重心放在“中间正文”。

2.2 阅卷人主要看正文中的得分要点

阅卷标准明确规定，你每写对一个得分要点，就会得到对应的分数。所以阅卷人会重点看你的正文中的得分要点写得对不对。

2.3 写的“对”比写的“好”重要

写的“对”的意思是你写的要点要在参考答案范围以内，写的“好”是指你的分析论证有力。很多同学会认为写的“好”更重要，其实阅卷人不可能逐字逐句地斟酌你的分析论证，他更在乎你写得要点对不对。

3. 高分策略

通过以上分析，可以得出以下高分策略：

项目	高分标准
标题、开头、结尾	用模板，快速写。
正文安排	写对 4 个或 5 个得分要点（参考答案范围内）。
结构安排	结构清晰，正文每段第一句要写一个得分要点。
卷面细节	无错别字，标点清晰，书写整洁。

第8章

论证有效性分析的高分写法

第1节　论证有效性分析的全文结构

第2节　标题、开头与结尾的写作技巧

第3节　论证有效性分析的得分关键：论证、论点与论据

第4节　论证有效性分析的其他得分要点：常见谬误

第5节　分析句无话可说怎么办

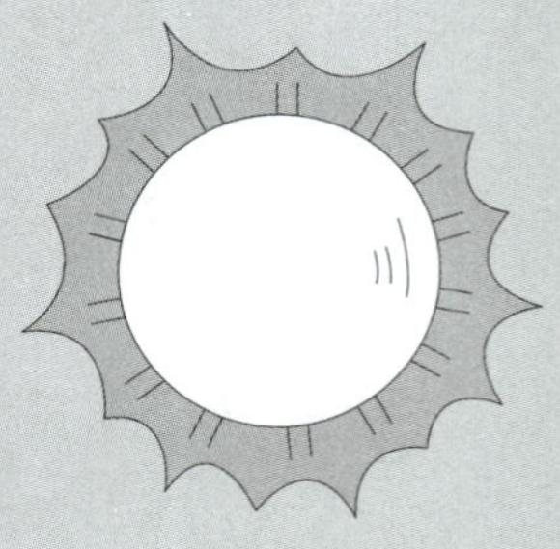

第1节 论证有效性分析的全文结构

想要写出一篇结构清晰、得分高的论证有效性分析文章，必须把握“写多少、写几段、怎么写”的基本逻辑。本节为你拆解标准结构，帮你建立清晰模板。

1. 字数要求

论证有效性分析要求写600字左右，但这个“600字”并不是实际字数。具体计算方式如下：

答题卡上的写作部分给的是格子纸，每行是20格。在第30行的右下角会有一个600字的提示。也就是说，我们只要写到第30行，即够字数。去掉空格和标点，实际需要写的字数约为540~560字。

假定我们正好写了30行，其中标题占1行，开头占3行，结尾占2行，正文还需要写24行。

根据阅卷标准，考生需要找到并分析4个逻辑谬误，这样即可被评为二类卷或一类卷。因此，正文部分至少要写4段。当然，在不确定自己写的4点是否都正确的情况下，写5段可以提高容错率，故一般我们推荐写5段。

2. 结构安排

2.1 四段式结构

当你能较好识别并准确分析4个逻辑谬误时，可以采用四段式结构：

标题（如：一篇似是而非的论证）			
段落	内容	行数	字数
开头	上述材料的论证存在多处不当，分析如下：	2~3行	40~60字
正文1	首先，谬误1分析	6行	约110字
正文2	其次，谬误2分析	6行	约110字
正文3	再次，谬误3分析	6行	约110字
正文4	最后，谬误4分析	6行	约110字
结尾	综上所述，材料的结论难以成立。	1~2行	20~40字

2.2 五段式结构

五段式结构更适合在考场中提高容错率。即便其中 1 个要点分析偏离，也仍能保底 4 点正确。结构如下表所示：

标题（如：一篇似是而非的论证）			
段落	内容	行数	字数
开头	上述材料的论证存在多处不当，分析如下：	2~3 行	40~60 字
正文 1	首先，谬误 1 分析	5 行	约 90 字
正文 2	其次，谬误 2 分析	5 行	约 90 字
正文 3	再次，谬误 3 分析	5 行	约 90 字
正文 4	而且，谬误 4 分析	5 行	约 90 字
正文 5	最后，谬误 5 分析	5 行	约 90 字
结尾	综上所述，材料的结论难以成立。	1~2 行	20~40 字

3. 顺序词使用建议

段首建议统一使用顺序词，帮助阅卷人快速定位每一个谬误要点。常见用法如下：

四段式：首先、其次、再次、最后；第一、第二、第三、第四。

五段式：首先、其次、再次、而且、最后；第一、第二、第三、第四、第五。

推荐使用第一、第二、第三、第四……，这样更方便阅卷人阅卷。

第2节 标题、开头与结尾的写作技巧

扫码听本节讲解

如前文所述，论证有效性分析的得分关键在于正文部分的“逻辑谬误分析”，标题、开头与结尾并不直接影响得分。但这三个部分依然必须写好，才能确保文章整体规范、结构完整。你在写标题、开头与结尾时直接用本节介绍的公式即可，不必另行构思。

1. 标题的写作技巧

1.1 疑问式标题

疑问式标题即找到全文的核心论点，直接对论点发出质疑。

标题公式为：

材料的论点 + 吗

例如：

《眼见未必为实吗》（2021 年管理类联考真题）
《冰雪运动中心一定赚钱吗》（2020 年管理类联考真题）
《金融业产生革命性变化了吗》（2020 年经济类联考真题）
《政府不必干预生产过剩吗》（2015 年管理类联考真题）
《治堵必须要迁都吗》（2011 年经济类联考真题）

1.2 未必式标题

未必式标题即找到全文的核心论点，中间用“未必”二字质疑即可。

例如：

《冰雪运动中心未必能赚钱》（2020 年管理类联考真题）
《治堵未必要迁都》（2011 年经济类联考真题）

1.3 万能式标题

万能式标题的优点是稳妥，缺点是太普通，难以在标题上“挣分”。要注意“万能”也是相对的，需要根据题目选择合适的标题。

例如：

《一份缺乏说服力的论证（计划 / 报告）》
《一个不严密的论证（计划 / 报告）》
《一份有待商榷的论证（计划 / 报告）》
《一份不严谨的论证（计划 / 报告）》
《经不起推敲的论证（计划 / 报告）》
《似是而非的论证（计划 / 报告）》
《如此建议未必可行》

2. 开头的写作技巧

阅卷人在阅卷时，主要看正文的四五个逻辑谬误的分析是否正确，对开头会一扫而过，因此，开头写得简洁明了即可。

开头的写作公式如下：

①概括材料	②表达质疑
上述材料认为……	然而其论证犯了多处逻辑谬误，分析如下：

开头的拓展公式如下：

上述材料 { 的作者认为……；旨在说明……；试图论证…… }，然而 { 论证过程存在多处不当；其论据有若干不妥之处；其论证存在多处逻辑漏洞；其论证出现多种逻辑谬误 }，{ 分析如下：；以致影响了其说服力。；所以，其结论让人难以信服。；因此，其结论值得商榷 。；故其观点难以成立。 }

根据上述公式，你可以排列组合出属于自己的开头。

3. 结尾的写作技巧

论证有效性分析的结尾相当简单，只需要再次表明题干的论证缺乏有效性、题干的论点难以成立即可，建议将结尾控制在 2 行以内。

结尾的写作公式如下：

> 总之，材料存在多处逻辑漏洞，……结论难以成立。
> 综上所述，由于材料的论证存在多处不当，……这一结论难以让人信服。
> 总之，材料犯了一系列逻辑谬误，难以推出……这一结论。
> 总之，由于材料存在多处逻辑谬误，……的建议未必可行。

第3节 论证有效性分析的得分关键：论证、论点与论据

扫码听本节讲解

从论证有效性分析的名字来看，这篇文章要求我们对“论证”进行分析。而一个论证的基本结构为：

论据 ——因此——> 论点

我们一般把论据对论点的证明关系，称为<u>论证</u>。而论点，则是我们根据论据所做出的<u>断定</u>。一个论证有三要素，即：论据、论证和论点。从论证有效性分析来看，最常见的命题方式是要求我们针对<u>论证</u>和<u>论点</u>进行分析。少量题目会考“论据不成立”。

可见，只要你抓住“论证”和“论点/断定”这两个关键，就能快速解出大部分论证有效性分析的题目。

得分要点 1. 论据不能证明论点（不当推断）

论证就是用论据来证明论点的过程，而论证有效性分析就是指出论证中的问题。那么，

我们就有一种耍赖式的写法，即，无论对方用什么论据来证明论点，我们都可以指出“论据无法证明论点”，即指出题干存在不当推断。直接指出论据无法证明论点这种写法，老吕称之为“硬怼法”。其中，“无法证明”也可以用“不能证明”“无法说明”“难以说明”等词汇来代替。

接下来，我用几道真题来带你学会这种写法。

例1.（2024年管理类联考真题）

现在把一个人从小学培养到大学毕业，至少也要十五六年。由此可见，靠自己单位来培养人才根本不能解决当务之急。

材料分析

根据论证提示词“由此可见”，可知此前是论据，此后是论点。我们可以指出论据无法证明论点。

参考范文

“现在把一个人从小学培养到大学毕业，至少也要十五六年”，不能说明“靠自己单位来培养人才根本不能解决当务之急”（得分点：使用硬怼法）。这是因为，单位培养人才是在人才毕业之后才开始进行的，而不是把人才从小学培养到大学毕业（分析句）。可见，材料的这一论证难以成立（总结句）。

注意：这一段范文中的“总结句”不是必须的，它的作用主要是在字数不够时用来凑字。

例2.（2023年管理类联考真题）

据统计，我国2019年的人均预期寿命已经达到77.3岁，这说明老年人的健康水平大大提高了，所以老年人完全有能力继续工作。

材料分析

根据论证提示词“这说明”“所以”，可知“这说明”前是论据，后文是论点。我们可以指出论据无法证明论点。

参考范文

“我国2019年人均预期寿命已经达到77.3岁”，不能说明“老年人的健康水平大大提高了”，也不能说明“老年人完全有能力继续工作”（得分点：使用硬怼法）。存在一些老年人，虽然年龄很大但是健康状况并不好，甚至丧失了劳动能力（分析句）。

例3.（2021年管理类联考真题）

韩非解释时举例说，父母和子女因为感情深厚而不讲究礼节，可见讲究礼节是感情不深的表现。

材料分析

根据论证提示词“可见”，可知此前是论据，此后是论点。我们可以指出论据无法证明论点。

参考范文

由“父母和子女因为感情深厚而不讲究礼节”，无法说明“讲究礼节是感情不深的表现”（得分点：使用硬怼法）。因为，仅由父母和子女之间的感情和行为，无法得出人际交往的一般性结论，其他诸如朋友、邻里、同事等人际关系的法则，可能与亲子关系存在不同（分析句）。

得分要点 2. 论点不成立（常考断定过于绝对）

论点是一个论证中所要表达的断定，它是论证的目的。当材料论点中的断定过于绝对时，我们一般可采用“A 未必 B”的格式对材料进行质疑。

例 4.（2020 年管理类联考真题）

北京与张家口共同举办冬奥会，必然会在中国掀起一股冰雪运动热潮。

材料分析

题干中出现绝对化关键词“必然会”，可对其进行质疑。

参考范文

“北京与张家口共同举办冬奥会”未必“会在中国掀起一股冰雪运动热潮”（得分点：使用硬怼法）。由于冰雪运动对气候、场地等方面条件的要求较为严格，仅靠冬奥会的带动就能“掀起冰雪运动热潮”的结果未必会发生（分析句）。

例 5.（2013 年管理类联考真题）

由此可见，只要创作更多的具有本国文化特色的文艺作品，那么文化影响力的扩大就是毫无疑义的，而国家的软实力也必将同步增强。

材料分析

题干中出现绝对化关键词“只要……那么……”，可对其进行质疑。

参考范文

“创作更多的具有本国文化特色的文艺作品”，未必“能扩大文化影响力”，国家软实力也未必同步增强（得分点：使用硬怼法），因为，文化影响力的扩大还取决于传播途径、交流方式等多方面因素。同理，国家的软实力还包括教育、科技、卫生等各方面，因此，仅由文化影响力扩大无法推出“国家的软实力也必将同步增强”（分析句）。

例 6.（2025 年经济类联考真题）

通过网络技术，许多偏远地区的孩子也能听到名师讲课。与相离千里的老师和同学们进行交流，这就解决了偏远地区基础教育以前存在优秀师资的不足的问题。

材料分析

题干中出现绝对化关键词“就……”，可对其进行质疑。

参考范文

“通过网络技术，许多偏远地区的孩子也能听到名师讲课”，不能说明“这就解决了偏远地区基础教育以前存在优秀师资的不足的问题”（得分点：使用硬怼法）。因为优质师资不仅体现在讲课内容上，还包括对学生的个性化辅导、学习习惯的培养和情感支持等。而这些需求可能需要教师在课堂中面对面的互动才能实现（分析句）。

例7.（2016年管理类联考真题）

一个人受教育程度越高，他的整体素质也就越高，适应能力就越强，当然，也就越容易就业。

材料分析

题干中出现绝对化关键词“就……，就……也就……”，可对其进行质疑。

参考范文

一个人受教育程度越高，他的整体素质未必越高，适应能力未必越强，也未必越容易就业（得分点：使用硬怼法）。由于心理因素、社交因素、实践因素等都会影响大学生的整体素质及适应能力，故无法由此推断出“大学生就业并不难”的结论（分析句）。

得分要点3. 论据不成立（考的相对较少）

论据是用来支持一个论点的理由。在论证有效性分析中，可能出现以下三种命题方式：

（1）以事实做论据

事实论据是指用于支持某一论点或主张的客观事实、数据、统计结果、实验结果等。在论证有效性分析中，我们一般默认这些客观事实、数据、统计结果、实验结果为真，不对其做质疑。

例8.（2024年管理类联考真题）

企业辛辛苦苦培养的一些人才跳槽了，一些高校的优秀毕业生出国了。因此，只着眼于培养，只能是为他人作嫁衣裳。

材料分析

本材料中的论据为“企业辛辛苦苦培养的一些人才跳槽了，一些高校的优秀毕业生出国了”。我们默认这些论据是真的，也就是说确实有一些人才跳槽了或出国了。我们不能对这些论据本身进行质疑，但我们可以质疑这些论据对论点的支持关系，即质疑论证。

参考范文

企业的一些人才跳槽、一些高校的优秀毕业生出国，不能证明培养人才只能是为人作嫁（得分点）。虽然存在一些人才会选择跳槽，但也有一些人才会留在原来的公司，继续为公司服务。而且，留学生也有可能会回国工作，出国留学不能等同于人才流失（分析句）。

例9.（2016年管理类联考真题）

据国家统计局数据，2012年我国劳动年龄人口比2011年减少了345万，这说明我国劳动力的供应从过剩变成了短缺。

材料分析

本材料中的论据为“据国家统计局数据，2012年我国劳动年龄人口比2011年减少了345万”。我们默认这些数据为真，不能对这些数据本身进行质疑。但我们可以质疑论据对论点的支持关系，即质疑论证。

参考范文

由“2012年我国劳动年龄人口比2011年减少了345万”难以说明“我国劳动力的供应从过剩变成了短缺”（得分点）。因为，劳动年龄人口的数量减少可能会使劳动力供求比例发生变化，但不一定导致劳动力供应由过剩变成短缺（分析句）。

（2）以断定做论据

断定性论据是指用一个未经论证、直接表达为“事实判断”的陈述句，作为支撑论点的理由。这类论据往往本身就是一种主张或结论，而非客观数据或事实。

在论证有效性分析中，我们不能默认“断定性论据”为真，必须审查其本身是否成立，即可以直接质疑论据的成立性，或者进一步分析该断定是否具有普遍适用性或因果必然性。

例10.（2014年管理类联考真题）

以制衡与监督为原则所设计的企业管理制度还有一个固有特点，即能保证其实施的有效性，因为环环相扣的监督机制能确保企业内部各级管理者无法敷衍塞责。

材料分析

本材料中的论据是一个断定句：“环环相扣的监督机制能确保企业内部各级管理者无法敷衍塞责”。该断定本身就包含结论性判断，没有提供可验证的事实或逻辑推演，因此我们可以质疑其本身是否成立，或者质疑其是否足以支持论点“制度能保证实施有效”。

参考范文

环环相扣的监督机制未必能确保企业内部各级管理者无法敷衍塞责，难以保证“其实施的有效性”（得分点）。现实中，即使制度设计上具备监督机制，但管理者仍可能因执行不力、监督不严而出现敷衍行为。此外，制度的有效实施还取决于管理者的执行意愿、资源支持与组织文化等因素，仅凭“监督机制”一项难以保证有效落实（分析句）。

（3）以理论做论据

理论性论据是指引用某种已有的理论、学说或观点，用来支撑自己的论点。在论证有效性分析中，这类论据的关键问题在于：所引用的理论本身是否为已被证明或被公认的真理、是否适用于当前论证。

因此我们可以从两个方向进行质疑：

一是该理论是否成立（理论是否有争议、是否缺乏实证支持）；

二是该理论是否适用于当前论点或具体情况（是否适用范围有限、是否存在例外情形）。

例11.（2018年管理类联考真题）

后物质主义理论认为：个人基本的物质生活条件一旦得到满足，就会把注意点转移到非

物质方面。

材料分析

本材料中的论据是“后物质主义理论认为……”，属于引用理论作为论据的方式。我们需要分析的是，这一理论本身是否为已被证明或被公认的真理、是否适用于当前论证。

参考范文

“后物质主义理论”仅仅是国外某个学派所提出的观点，作为论据未必有效（得分点）。这一理论是否可以普遍地说明社会问题，还需要实践的检验和学术界的认同。现实中，即便物质条件相对充裕，部分人仍以财富积累为核心目标，反映出物质欲望的持续性（分析句）。由此可见，后物质主义理论难以作为结论的可靠支撑（总结句）。

需要注意的是，已被证明或已被公认的理论具备客观真理性，在论证有效性分析中不应质疑。

例 12.（2018 年管理类联考真题）

按照唯物主义物质决定精神的基本原理，精神是物质在人类头脑中的反映。因此，物质丰富只会充实精神世界，物质主义潮流不可能造成人类精神世界的空虚。

材料分析

本材料中的论据引用的是唯物主义的基本原理，即“物质决定精神”。这属于一种已被广泛接受并具有哲学权威性的理论论据，我们不应该质疑。但是，我们可以分析：材料是否准确引用了该理论的原意，以及该理论是否恰当地证明了当前的结论。

参考范文

材料中“物质决定精神”中的“物质”与“物质主义潮流”中的“物质”含义不同（得分点）。前者是指哲学上的物质，后者是指生活中的物质条件（分析句），因此材料偷换概念（总结句）。而且，“物质丰富”与“物质主义潮流”概念也不同（得分点）。

第 4 节 论证有效性分析的其他得分要点：常见谬误

除了“不当推断”“论点过于绝对”外，还有诸如“偷换概念”“不当类比”等常见的谬误也会出现在论证有效性分析中。本节，我会带你学习这些逻辑谬误的分析方法。

谬误 1. 不当类比

类比是根据两个或两类相关对象具有某些相似或相同的属性，从而推断它们在另外的属性上也相同或者相似。如果类比对象之间有差异，使得类比难以成立，说明犯了不当类比的逻辑谬误。

此类谬误的典型特征是，论据中的论证对象是 A，而论点中的论证对象是 B，那么这种从 A 到 B 的推论正确吗？这就值得怀疑。如下图所示：

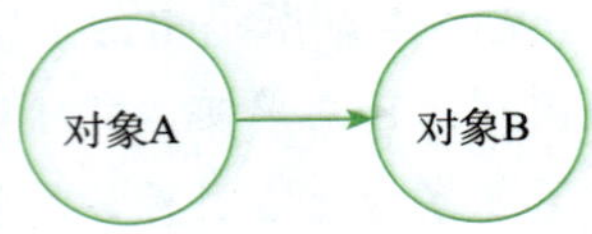

这一谬误的主要分析思路是指出类比对象之间的差异性，如下表所示：

材料论述由__A__推出__B__，难以成立。因为二者______不同，______不同，所以，由__A__的情况难以推论出__B__的情况，这一论证存在不当类比。

例 1.（2010 年在职 MBA 联考真题）

猴群中存在着权威，而权威对于新鲜事物的态度直接影响群体接受新鲜事物的进程。市场营销也是如此，如果希望推动人们接受某种新商品，应当首先影响引领时尚的文体明星。

材料分析

材料中论据的论证对象是“猴群”，而论点的论证对象是“人们”，存在不当类比，即：

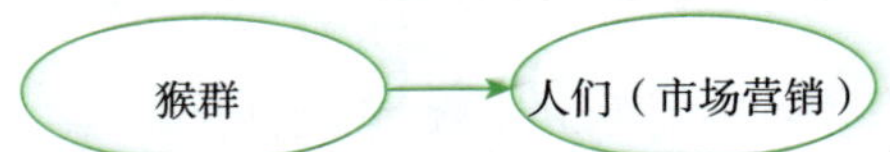

参考范文

材料从猴群的情况类比到市场营销，难以成立（得分点）。首先，猴王对猴子的影响模式与文体明星对普通消费者的影响模式并不相同；其次，猴群的需求和消费者的需求也不相同；再者，猴群与人类社会的复杂程度也不相同（分析句）。因此材料存在不当类比（总结句）。

例 2.（2005 年在职 MBA 联考真题）

过去 5 年中，洋快餐在大城市中的网点数每年以 40% 的惊人速度增长，而在中国广大的中小城市和乡镇还有广阔的市场成长空间；照此速度发展下去，预计在未来的 10 年，洋快餐在中国饮食行业的市场占有率将超过 20%，成为中国百姓饮食的重要选择。

材料分析

材料中有两处不当类比：

①由“大城市”类比到“中小城市和乡镇”，即：

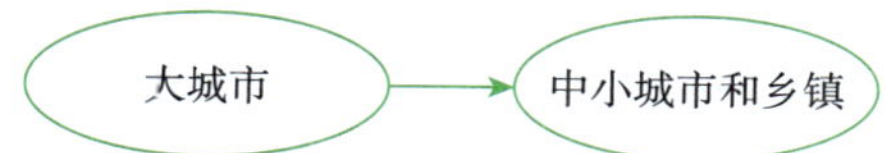

②由“过去 5 年”类比到“未来 10 年”，即：

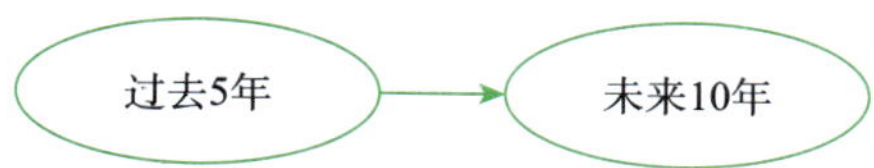

参考范文

材料中由洋快餐在“大城市”发展迅速推断洋快餐在“中小城市和乡镇”的发展情况，存在不当类比（得分点）。因为，中小城市和乡镇的消费者的消费理念、消费能力、饮食习惯等与大城市不同。而且，由于市场环境的变化，“过去 5 年”的快速发展状况也未必能在“未来 10 年”得以保持（分析句）。

谬误 2. 以偏概全

以偏概全又称为不当归纳，就是材料通过样本（调查、例证、个人见闻等）来总结出针对某个群体的结论。

此类谬误的典型特征是，论据中的论证对象的范围要小（对象 a），而论点中的论证对象的范围要大（对象 A），前者一般是后者的子集。如下图所示：

可见，我们可以形象地理解为“a”的范围这么小，怎么能概括“A”这么大范围的特征呢？

这一谬误的主要分析思路是指出样本没有代表性，如下表所示：

> 材料通过对______调查，认为______，有以偏概全之嫌。因为，这些调查对象<u>数量不足、广度不够或不是随机选取</u>，所以他们不一定能代表所有人的情况。

例 3.（2005 年在职 MBA 联考真题）

该公司去年在 100 家洋快餐店内进行的大量问卷调查结果显示，超过 90% 的中国消费者认为食用洋快餐对于个人的营养均衡有所帮助。

材料分析

论据中的调查对象是“洋快餐店内的消费者”，而结论中的论证对象是“中国消费者”，显然前者仅是后者的一部分（以偏概全），即：

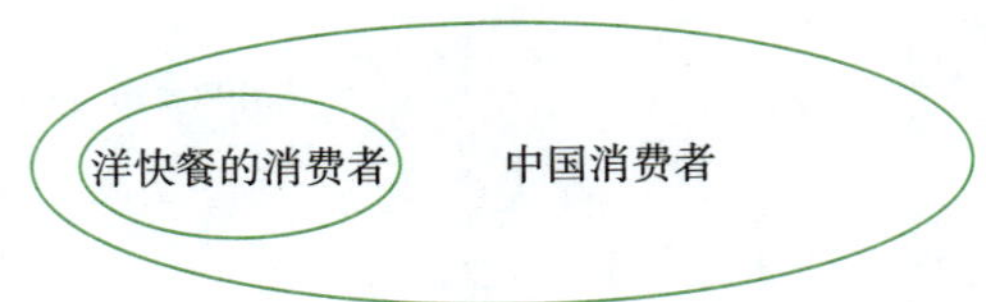

参考范文

材料通过对“洋快餐店内的消费者”的调查，得出关于“中国消费者”的结论，有以偏概全之嫌（得分点）。因为，在洋快餐店内的消费者一般来说是认同洋快餐的，故这些调查对象广度不够，所以他们不一定能代表所有人的情况（分析句）。

例4.（2016年管理类联考真题）

据报道，近年长三角等地区频频出现“用工荒”现象，2015年第二季度我国岗位空缺与求职人数的比例约为1.06，表明劳动力市场需求大于供给。因此，我国的大学毕业生其实是供不应求的。

材料分析

论据中的对象是“长三角等地区”，而结论中的论证对象是“我国”，显然前者仅是后者的一部分（以偏概全），即：

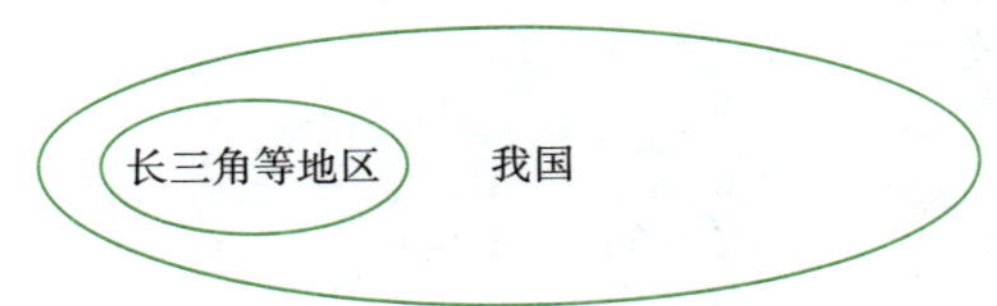

参考范文

材料通过对“长三角等地区”的调查以及“2015年第二季度”的情况，未必能说明“劳动力市场需求大于供给”（得分点），在地域和时间上未必有代表性。而且，“劳动力”市场需求情况，也难以说明“大学毕业生”是供不应求的（分析句）。

谬误3.偷换概念

偷换概念是指在论证过程中将一些似乎一样的概念进行偷换，实际上改变了概念的修饰语、适用范围、所指对象等具体内涵。

题干中出现两个相似的概念A和B，这两个概念含义不同，但题干认为A等同于B。

即：

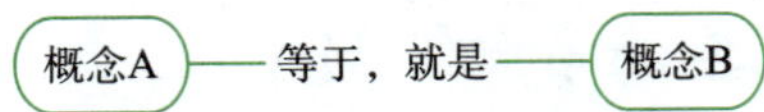

这一谬误的主要分析思路是分别解释两个概念，从而指出两个概念的不同，如下表所示：

上述材料中___A___与___B___是两个不同的概念，前者的意思是______，而后者的意思是______。所以，材料的论述有偷换概念之嫌。

例5.（2014年管理类联考真题）

从本质上来说，权力平衡就是权力平等，因此这一制度本身蕴含着平等观念。平等观念一旦成为企业的管理理念，必将促成企业内部的和谐与稳定。

材料分析

上述题干中，强行把“权力平衡”等同于“权力平等”，但实际上这两个概念并不相同。

参考范文

材料认为“权力平衡就是权力平等”，但二者不是相同概念（得分点）。“权力平衡”是指权力的动态制约关系达到均衡，而“权力平等”则是指权力的平均分配（分析句）。因此，不能由此推出“平等观念一旦成为企业的管理理念，必将促成企业内部的和谐与稳定”（总结句）。

例6.（2021年管理类联考真题）

我国古代哲学家老子早就看到了这一点。他说过，人们只看到了房子的“有”（有形的结构），但人们没看到“无”（房子中无形的空间）才有实际效用。这也说明眼所见者未必实，未见者为实。

材料分析

实际效用中的“实”与眼见为实的“实”含义不同。

参考范文

房子中无形的空间才有实际效用，无法说明“眼所见者未必实，未见者为实”（得分点）。因为，论据中的“实”是指实用价值，而论点中的“实”是指是否真实，二者含义不同。房子的空间有实际作用，并不能说明人们看见的房子是假的，不是事实（分析句）。

谬误4.归因不当

材料中出现“归因不当”这一逻辑谬误，前提是材料中必须存在“找原因”。结构图示如下：

现象A ——因为／得益于／由于—— 原因B

这一谬误的主要分析思路是指出可能存在其他原因，如下表所示：

材料认为，___现象A___的出现是因为___原因B___，但是，___原因B___可能并不是___现象A___的真正原因，真正原因可能是___原因C___、___原因D___等。

例7.（2019 年管理类联考真题）

选择越多，选择时产生失误的概率就越高，由于选择失误而产生的后悔就越多，因而产生的痛苦也就越多。有人因为飞机晚点而后悔没选坐高铁，就是因为可选交通工具多样而造成的。如果没有高铁可选，就不会有这种后悔和痛苦。

材料分析

锁定关键词“是因为”，可知这个词前面是现象，这个词后面是原因。可指出材料存在归因不当的逻辑谬误。

参考范文

材料认为“有人因为飞机晚点而后悔没选坐高铁”是因为“可选交通工具多样”，此处存在归因谬误（得分点）。“选择多”可能并不是“后悔”的真正原因，这一痛苦的真正原因可能是“飞机晚点”（分析句）。因此，如果没有高铁可选，也可能会有这种后悔和痛苦（总结句）。

例8.（2024 年经济类联考真题）

现在跳槽已是司空见惯的事，但跳槽者往往会发现，外面的世界很精彩，但外面的世界又很无奈。跳槽者大可不必再纠结于“好马不吃回头草”，完全可以回原单位工作，因为回到原单位工作，比到其他单位工作更加熟悉，更容易获得成功。说穿了，如今不愿吃回头草的人，不过是因为觉得面子上过不去。

材料分析

锁定关键词“不过是因为”，可知材料存在原因分析。可指出材料存在归因不当的逻辑谬误。

参考范文

不愿吃回头草的跳槽者，未必是因为觉得面子上过不去（得分点）。因为跳槽者的决定通常涉及职业发展规划、个人成长需求，等等。有些人可能认为原单位的职业上升空间有限、管理方式不符合自身期望，或曾经的矛盾和问题尚未解决，因此选择不回头（分析句）。

谬误 5. 强置必要条件

必要条件：是指 A 对于 B 来说是必要的，没有 A 就一定没有 B，即 $\neg A \rightarrow \neg B$。

必要条件的识别：题干中会出现“只有……才……”“没有……就不能……”等关联词。要注意，如果题干中出现“如果要有 A，那么必须 B”，那么 A 是 B 的充分条件，B 是 A 的必要条件，即没有 B 就没有 A。

强置必要条件：误把不必要的条件当作必要条件，即误认为没有 A 就一定没有 B，实际上并非如此。

这一谬误的主要分析思路是指出材料中这一条件并不是必须的，没有这一条件也可以实现目的，如下表所示：

材料认为，只有有__A__，才会有__B__，过于绝对。实际上，__A__并非__B__的必要条件。即使没有__A__，通过__C__、__D__、__E__等方式，也可以实现__B__。

例9.（2022年管理类联考真题）

一种德行必须借助大众媒体的传播，让大家受其感染，并化为自觉意识，然后才能成为社会的道德精神。

材料分析

材料中出现“必须A，才B”，即没有A就没有B，故存在强置必要条件。

参考范文

材料认为一种德行“必须”通过大众传媒传播，才能成为社会道德的精神，过于绝对（得分点）。道德精神形成的途径有很多，用其他方式也可以，比如说学校教育、家庭教育等，不一定“必须借助大众媒体的传播”（分析句）。

例10.（2011年管理类联考真题）

如果你要从股市中赚钱，就必须低价买进股票，高价卖出股票，这是人人都明白的基本道理，但是，问题的关键在于如何判断股价的高低。

材料分析

材料中出现“如果要有A，就必须有B”，可以转化为“没有B就没有A”，故存在强置必要条件。

参考范文

材料认为只有“低价买进股票，高价卖出股票”，才能“从股市中赚钱”，过于绝对（得分点）。即使不采用低买高卖的方式，股民通过其他方式也可以获利。例如股民可以通过持有上市公司的股票获取分红来获利（分析句）。

谬误6. 自相矛盾

两个相互矛盾的命题必有一真一假。不能两个都肯定，也不能两个都否定，否则就犯了“自相矛盾”的逻辑谬误。

这一谬误的主要分析思路是罗列矛盾的双方，并指出自相矛盾。如下表所示：

材料一方面肯定了__A__，一方面又否定了__A__，岂不是自相矛盾？

例11.（2015年管理类联考真题）

首先，我国部分行业出现的生产过剩并不是真正的生产过剩。道理很简单，在市场经济条件下，生产过剩实际上只是一种假象。只要生产企业开拓市场、刺激需求，就能扩大销售，生

产过剩马上就会化解。退一步说，即使出现了真正的生产过剩，市场本身也会进行自动调节。

其次，经济运行是一个动态变化的过程，产品的供求不可能达到绝对的平衡状态，因而生产过剩是市场经济的常见现象。既然如此，那么生产过剩也就是经济运行的客观规律。因此，如果让政府采取措施进行干预，那就违背了经济运行的客观规律。

材料分析

在“首先”这一段，材料指出“生产过剩实际上只是一种假象”“不是真正的生产过剩”。

在“其次”这一段，材料又指出“生产过剩是市场经济的常见现象”。两处观点不一致，存在自相矛盾的逻辑谬误。

参考范文

材料既说生产过剩“不是真正的生产过剩”，又说“出现了真正的生产过剩”；既说“生产过剩实际上是一种假象”，又说“生产过剩是市场经济的常见现象”，存在自相矛盾的逻辑谬误（罗列相互矛盾的双方）。

扫码听本节讲解

第5节 分析句无话可说怎么办

不知道你有没有这样的困惑：在写论证有效性分析时，找到了逻辑谬误，但是分析句无话可说。本节我带你解决这个问题。

方法1：找其他条件/因素

适用提示：当材料出现对结果的推断时，我们可以指出这一结果的出现还依赖其他条件或因素。

例1.（2013年管理类联考真题）

要增强软实力，只需搞好本国的文化建设并向世人展示就可以了。

材料分析

题干中结论部分为“增强软实力”，推理链条为：搞好文化建设+展示→增强软实力。

但实际上，国家软实力的提升还涉及教育质量、国家治理、外交形象、科技创新等多个条件，仅凭文化建设不足以构成充分条件。

参考范文

搞好文化建设并向外展示，未必就能增强国家的软实力（得分点）。软实力的构成不仅包括文化影响力，还取决于教育、科技、治理等多方面的综合支撑（分析句：指出存在其他因素）。若忽略这些要素，仅靠文化展示，很难真正塑造国家软实力（分析句：做假设）。

例2.（2023年管理类联考真题）

如果老年人不再继续工作而退出劳动力市场，就势必会打破劳动力市场的原有平衡，从而造成社会劳动力的短缺。

材料分析

题干中的推理链条是：老年人退出→劳动力减少→市场失衡→劳动力短缺。但这种推理忽略了青年劳动力进入市场、就业结构的调整、自动化水平的提升等其他因素。这些因素的存在可能弥补劳动力空缺，避免短缺的发生。

参考范文

即使老年人退出劳动力市场，也未必会造成社会劳动力的短缺（得分点）。现实中，新生劳动力的不断进入、职业结构的优化，以及自动化与智能化技术的广泛应用等因素，可能弥补劳动力空缺（分析句：指出反面原因）。因此，老年人退出并不必然导致市场失衡或劳动力短缺，材料的结论过于绝对（总结句）。

方法2：找其他原因

适用提示：当材料试图解释一个行为、现象或选择的原因时，我们可以指出还有其他可能的原因，从而削弱材料的原因分析。

例3.（2024年经济类联考真题）

一般人认为夫妻离异了就应该分道扬镳，但分手的他或她根本没有想到，言归于好、破镜重圆也可能是一个不错的选择，为什么一定要纠结于“好马不吃回头草”而义无反顾地背道而驰呢？

材料分析

材料认为，夫妻离异后不愿意复合是因为过于纠结于“好马不吃回头草”的观念。但现实中，离异夫妻不愿复合的原因可能非常复杂，例如：情感裂痕难以弥合、现实矛盾未解决、复合成本过高等。材料忽略了这些其他重要原因，因而推理过于片面。

参考范文

即使部分人因“好马不吃回头草”的观念而拒绝复合，也不能说明这是他们义无反顾分开的主要原因（得分点）。现实中，离异后不愿重归于好的原因可能包括情感伤害、信任崩塌、现实矛盾难以调和等多种因素（分析句：指出其他原因）。若忽略这些深层原因（分析句：做假设），仅将“不复合”归因于一句俗语，显然解释过于简单，论证缺乏说服力（总结句）。

方法3：找其他措施

适用提示：当材料试图论证“为了实现某个目标，必须采取某一措施”时，我们可以指出还有其他可行措施，从而削弱这种“唯一对策”或“必然路径”的推断。

例4.（2023年管理类联考真题）

老年人想增加收入，改善生活，就应该继续工作。

材料分析

材料中的目标是“增加收入”，唯一手段是“继续工作”。但实际上，老年人可以通过其他方式增加收入，如领取养老金、发展副业、接受政府补贴、利用理财手段等。

参考范文

老年人想增加收入、改善生活，并不一定非得通过继续工作来实现（得分点）。现实中，许多老年人可以依靠养老金、退休金、子女赡养、社会补助或适度理财等方式来改善生活状况（分析句：指出其他措施）。因此，材料将“继续工作”视为老年人改善生活的唯一手段，推理过于武断（总结句）。

方法4：做假设

适用提示：当材料中逻辑看似严密时，尤其是当材料做出对结果的推断时，我们可以通过构建一个反面假设，来测试材料推理链条是否仍成立。若在某些条件下结论无法得出，即可指出材料存在逻辑漏洞。

例5.（2022年管理类联考真题）

默默无闻的善举一旦被媒体大力宣传，当事人必然会受到社会的肯定与赞赏，而这就是社会对他的回报。既然他从社会得到了回报，怎么还可以说是无私奉献呢?

材料分析

材料的推理是：事后得到了回报→所以不是无私奉献。

但这实际上混淆了动机与结果的逻辑关系。我们可以做一个假设：如果行善时并无所求，即使后来收到赞赏，也不能否定其“无私”。这个假设直接揭穿了材料因果链条的错误。

参考范文

社会对当事人的肯定与费赏，不能用来否定当事人无私奉献的动机（得分点）。因为，如果当事人在做好事时并不存在索取回报的想法，那就说明他是没有私心的，那么即使他在事后收到了回报，也仍然是“无私”奉献（分析句：做假设）。

例6.（2025年经济类联考真题）

网络资源的运用，必然会使课堂教学生动起来。

材料分析

材料把“运用网络资源”直接推导为“课堂更生动”，这一推理过于绝对。我们可以做一个反向假设：如果教师不会合理整合这些资源，反而可能干扰课堂节奏、弱化教学重心，则结论无法成立。这种假设能暴露其推理漏洞。

参考范文

网络资源的运用，未必会使课堂教学生动起来（得分点）。因为课堂教学的效果不仅取决于教学资源的丰富性，还与教师的教学设计能力、课堂组织能力以及学生的学习兴趣密切相关（分析句：找其他条件）。如果教师无法将网络资源与教学目标有效整合，资源的使用可能流于形式，甚至干扰课堂节奏（分析句：做假设）。

例 7.（2017 年管理类联考真题）

既然依靠设置监察官的方法不合理，那么依靠什么呢？可以利用赏罚的方法来促使臣民去监督。谁揭发官员的以权谋私就奖赏谁，谁不揭发官员的以权谋私就惩罚谁，臣民出于好利恶害的本性就会揭发官员的以权谋私。

材料分析

材料的逻辑是：设计赏罚机制→臣民基于利害考量→自发监督→以权谋私被揭发。我们可以做出一个假设：如果大多数臣民根本无法接触或了解官员的真实行为（即没有“信息”），那么即使设置赏罚，他们也无法揭发。这个假设指出：前提条件缺失（知情能力不足），推理链条即崩塌。

参考范文

“利用赏罚的方法来促使臣民去监督”，未必就能使以权谋私的罪恶行为无法藏身（得分点）。因为揭发的前提是对其以权谋私事实的了解。如果臣民对官员们以权谋私的事实并不了解，那么就无法揭发官员们的以权谋私（分析句：做假设）。

方法 5：举反例

适用提示：当材料的观点是一个普遍性判断时，我们可以通过反例来指出该结论并不总是成立，从而破坏其绝对性或普适性。需要注意的是，你所举的反例必须得是在现实生活中客观存在的，而不是你主观臆断的。

例 8.（2023 年管理类联考真题）

有规律的生活方式有益于身体健康，而工作实际上是一种有规律的生活方式，所以老年人继续工作还有益于其身体健康。

材料分析

本材料将“所有工作”都视为有规律、健康有益，这是一个过度概括的普遍性判断。但实际上，部分工作并不规律，还有的工作强度高、压力大，反而有害健康。因此，我们可以通过具体的反例来破坏其结论的普遍性，指出“老年人继续工作未必有益健康”。

参考范文

工作实际上未必是有规律的生活方式，老年人继续工作也未必有益于其身体健康（得分点）。因为，存在一些工作，需要加班加点，甚至通宵工作，这样的工作缺乏规律性（分析句：举反例）。而且，即使那些有规律的工作，也可能由于工作压力太大而给老年人的身体健康造成伤害（分析句：反面原因）。

例9.（2021年管理类联考真题）

如果你看到有人对你很客气，就认为他对你好，那就错了。

材料分析

材料试图通过反驳“客气＝对你好”的观点，来强调两者之间不能简单等同。它的主张方向本身没问题，但其表达方式是一个绝对性否定断定：“就错了”。这就意味着：所有对你客气的人都不一定是对你好。此时，我们可以用反例来指出：确实有很多人“既客气，也是真心对你好”，从而反驳“只要客气就错”的结论。

参考范文

“如果你看到有人对你很客气，就认为他对你好，那就错了”，这个结论过于绝对（得分点）。现实中，确实存在一些人，他们既对你客气，也真心实意为你着想，比如尊重你的长辈或关心你的朋友（分析句：举反例）。因此，不能简单否定“客气”与“善意”之间可能存在的正向关联（总结句）。

第9章

论证有效性分析高分训练

第1节 论证有效性分析高分训练1

论证有效性分析：分析下述论证中存在的缺陷和漏洞，选择若干要点，写一篇600字左右的文章，对该论证的有效性进行分析和评论。（论证有效性分析的一般要点是：概念特别是核心概念的界定和使用是否准确并前后一致，有无各种明显的逻辑错误，论证的论据是否成立并支持结论，结论成立的条件是否充分，等等。）

人类作为社会性动物，交往是其生存和发展的必要条件。从日常的社交互动，到职场、商场中的合作交流，人际交往无处不在。但是，交往的背后往往隐藏着巨大的利益。

利益关系是有双方的，并且呈现出相互依存的特性，这就要求人们在交往中能够实现相互平等。在工作场所中，同事之间的关系建立在工作需求、技能交换和职位晋升等方面；在商业活动中，商家之间的关系则建立在商业利益、供应链、市场需求等方面。可见，人际关系都是以利益为基础的。

通常情况下，当双方在利益上达到绝对平衡的时候，交往才能够持久，不会因为某一方的利益得不到满足而破裂。一旦利益失衡，关系便会出现裂痕。就像两家竞争激烈的同行企业，若在市场份额争夺上矛盾激化，合作关系便很难维系。

其实，人性中对利益的追求是一种普遍存在的现象。因为人性生来贪婪，没有谁能够在利益面前不动摇。这正如网络上的一句流行语，没有什么问题凭一顿烧烤无法解决，如果有那就两顿。人与人之间的利益关系亦如此，如果对方不动摇那就说明利益不够丰厚。

第2节 论证有效性分析高分训练2

论证有效性分析：分析下述论证中存在的缺陷和漏洞，选择若干要点，写一篇600字左右的文章，对该论证的有效性进行分析和评论。（论证有效性分析的一般要点是：概念特别是核心概念的界定和使用是否准确并前后一致，有无各种明显的逻辑错误，论证的论据是否成立并支持结论，结论成立的条件是否充分，等等。）

随着互联网技术的飞速发展，线上教育近年来呈现出爆发式增长。有人认为，线上教育终将完全取代传统线下教育。

首先，线上教育打破了时间和空间的限制。学生无论身处何地，只要有网络和电子设备，就能随时随地学习，这极大地提高了学习的灵活性，学生的学习成绩就能提升。而传统线下教育则要求学生必须在固定的时间和地点上课，这限制了学生的自由，无法满足现代快节奏生活下人们对学习的需求。

其次，线上教育的课程资源丰富多样。各大线上教育平台拥有海量的课程，涵盖了从基础教育到职业技能培训等各个领域，学生可以根据自己的兴趣和需求自由选择课程。相比之下，传统线下教育受师资、场地等因素的限制，课程种类相对有限，难以满足学生多样化的学习需求。

再者，线上教育的成本更低。线上教育不需要租赁昂贵的教学场地，也无需大量的线下工作人员，大大降低了运营成本。因此，线上教育的课程价格通常比线下教育更便宜，这对于经济条件有限的学生来说具有很大的吸引力。

此外，线上教育还可以通过大数据分析学生的学习情况，为学生提供个性化的学习方案。而传统线下教育采用的是大班授课模式，教师无法关注到每个学生的学习状况，也就无法做到因材施教。因此，大数据能让线上教育全面超越线下教育。

然而，我们也不能忽视线上教育存在的问题，比如缺乏面对面的互动交流，可能会导致学生学习积极性不高。但随着技术的不断进步，这些问题都将得到解决，线上教育取代传统线下教育只是时间问题。

第3节 论证有效性分析高分训练3

扫码听本节讲解

论证有效性分析：分析下述论证中存在的缺陷和漏洞，选择若干要点，写一篇600字左右的文章，对该论证的有效性进行分析和评论。（论证有效性分析的一般要点是：概念特别是核心概念的界定和使用是否准确并前后一致，有无各种明显的逻辑错误，论证的论据是否成立并支持结论，结论成立的条件是否充分，等等。）

健康研究机构宣称，全面推广有机农业能够解决人类疾病。某村庄数据显示，改种有机作物后，村民癌症发病率从5%降至0.8%，而邻近使用化肥的村庄发病率仍为4.5%。这说明化学农业是癌症的根源。

食用有机食品会改善人们的健康。研究表明，有机蔬菜的维生素含量比普通蔬菜高10%。某国在立法禁用农药后，新生儿畸形率下降70%，这证明农药会直接导致遗传缺陷。若全球都效仿此法，人类基因库将在十年内完全净化，不会再出现先天性畸形的新生儿。

化学农业与人类的关系如同“凶手与受害者”：农药杀害的不仅是害虫，更是未来子孙的生命。反对有机农业者声称其产量低价格高，这一观点已被证伪。某有机农场通过“自然堆肥法”，玉米亩产反超传统农业15%。可见，化学农业本质上是资本集团为牟利编造的谎言。

虽然有机食品价格高昂，但是消费者必须为此买单，这是对健康的“必要投资”。统计显示，购买有机食品的家庭医疗支出比普通家庭低50%，说明有机饮食能替代医疗服务。

第4节 论证有效性分析高分训练4

论证有效性分析：分析下述论证中存在的缺陷和漏洞，选择若干要点，写一篇600字左右的文章，对该论证的有效性进行分析和评论。（论证有效性分析的一般要点是：概念特别是核心概念的界定和使用是否准确并前后一致，有无各种明显的逻辑错误，论证的论据是否成立并支持结论，结论成立的条件是否充分，等等。）

现代人工智能技术发展越来越快，虽然开发成本高，但是可以预见的是，人工智能医生在未来会完全取代人类医生。

首先，人工智能医生拥有强大的信息处理能力。它们可以瞬间处理海量的医学数据，包括各种疾病的症状，从而做出更准确的诊断，这是人类医生远远无法企及的。人类医生的记忆和处理信息的速度有限，在面对复杂病例时，可能会因为信息遗漏或分析不全面而导致误诊。

其次，人工智能医生不会受到情绪和疲劳的影响。人类医生在长时间工作后，往往会产生疲劳，从而影响诊断的准确性。而且，人类医生在面对患者时，会受到个人情绪、偏见等因素的干扰，导致不能客观地做出诊断。而人工智能医生始终能保持稳定的工作状态，不会出现类似问题。

再者，人工智能医生的学习能力极强。它们可以实时学习最新的医学研究成果和临床案例，不断更新自己的知识体系。相比之下，人类医生的学习速度相对较慢，更新知识的频率也较低，很难跟上医学发展的快速步伐。

此外，人工智能医生所需成本很低。一旦开发完成，大量复制和使用人工智能医生的成本远远低于培养和雇佣众多人类医生的成本。这对于医疗资源相对匮乏的地区来说，能解决绝大多数问题。

第5节 论证有效性分析高分训练5

论证有效性分析：分析下述论证中存在的缺陷和漏洞，选择若干要点，写一篇600字左右的文章，对该论证的有效性进行分析和评论。（论证有效性分析的一般要点是：概念特别是核心概念的界定和使用是否准确并前后一致，有无各种明显的逻辑错误，论证的论据是否成立并支持结论，结论成立的条件是否充分，等等。）

如今，社会上掀起了一股大学生创业热潮，很多人认为大学生创业必能成功。大学生思维活跃，对新事物的接受能力强，这些优势使他们在创业中能迅速捕捉到市场机会。以某知名电商平台的创始人为例，他在大学期间就凭借敏锐的市场洞察力，发现了网络购物的商机，先行一步创立了电商品牌。

此外，现在国家大力鼓励大学生创业，出台了一系列优惠政策，如创业补贴、税收减免等。这些政策为大学生创业提供了有力的支持，降低了创业的成本和风险。

再者，大学生在学校里积累了丰富的理论知识。他们掌握了专业的管理、营销、财务等知识，能够在创业过程中科学地规划企业发展、制定营销策略、合理管理财务，这使他们能够在创业中取得成功。而且，大学生创业团队成员大多是同龄人，他们兴趣相投、沟通顺畅。在创业过程中，团队成员之间也可以充分发挥各自的优势，共同攻克难题。

所以，综合以上各方面因素，大学生创业必能成功。

第6节 论证有效性分析高分训练6

论证有效性分析：分析下述论证中存在的缺陷和漏洞，选择若干要点，写一篇600字左右的文章，对该论证的有效性进行分析和评论。（论证有效性分析的一般要点是：概念特别是核心概念的界定和使用是否准确并前后一致，有无各种明显的逻辑错误，论证的论据是否成立并支持结论，结论成立的条件是否充分，等等。）

德国社会学家贝克曾提出“风险社会”理论，认为现代科技发展使人类面临诸多新型社会风险。实际上，科技在重构人际关系时也制造了新的沟通障碍。春秋时期墨子主张“兼爱非攻”的平等交往理念，但在数字时代，人们通过屏幕传递的情感已与面对面交流大相径庭，这表明科技发展正在加深人际理解的鸿沟。

首先，社交媒体导致人际关系疏远化。美国学者特尔研究发现，青少年日均使用社交软件超5小时后，线下社交能力普遍下降。朋友圈点赞替代了真实情感表达，表情包消解了语言沟通深度，这些现象证明数字技术正在制造新型社交隔阂。

其次，虚拟现实技术无法替代真实互动。某科技公司研发的VR会议系统号称能实现“身临其境”的远程交流，但用户调查显示，87%的参与者仍感觉缺乏真实温度。神经科学研究表明，人类大脑处理虚拟影像时杏仁核活跃度仅为现实互动的32%，说明技术手段难以传递真实情感。

再次，全球化背景下的文化误读加剧。迪士尼动画《花木兰》在欧美市场广受好评，但在中国观众中引发争议；TK短视频的算法推荐模式被不同文化背景用户解读为“信息茧房”或“文化桥梁”。这些案例表明科技媒介放大了文化差异带来的理解障碍。

虽然科技发展带来新的沟通挑战，但人类始终在探索解决方案。比如，近年来兴起的“数字斋戒”运动和元宇宙社交实验，已经在技术与人际关系间找到了新的平衡点。

第7节 论证有效性分析高分训练参考答案与范文

训练1参考答案与范文

谬误分析

①利益关系有双方且相互依存，并不意味着这要求人们在交往中能够实现互相平等。

②同事间的关系和商家间的关系无法说明“人际关系都是以利益为基础的”。

③“当双方在利益上达到绝对平衡的时候，交往才能够持久”过于绝对。

④“一旦利益失衡，关系便会出现裂痕”也难以成立。

⑤“人性生来贪婪”不能说明“没有谁能够在利益面前不动摇”。

⑥网络流行语无法推出“如果对方不动摇那就说明利益不够丰厚”。

参考范文

利益是人类交往的基础吗

花丽娜　吕建刚

上述材料认为利益是人类交往的基础，然而其论证存在多处逻辑漏洞，分析如下：

第一，利益关系有双方且相互依存，并不意味着这要求人们在交往中能够实现相互平等。因为，利益双方的资本、能力等方面可能存在不同，这就可能导致双方无法做到相互平等。存在一些利益关系，双方分成比例是按出资额决定，而不是相互平等。

第二，同事间的关系和商家间的关系不能代表“人际关系都是以利益为基础的”。同事关系、商家关系是以利益为基础建立的，但也有一些关系不是以利益为基础建立的，例如亲子之间的关系，等等。可见，材料的论证过于绝对。

第三，“当双方在利益上达到绝对平衡的时候，交往才能够持久”过于绝对。利益双方对利益的诉求可能并不是完全一致的，存在这种可能：一方比另外一方利益分配更多但双方对利益分配都是满意的。

第四，“人性生来贪婪”不能说明“没有谁能够在利益面前不动摇”。生性贪婪也许可以通过后天的教育来改变。而且现实生活可能存在那种在利益冲突面前不为所动保持初心的人，他们做事肯为对方考虑，并不计较个人得失。

第五，网络流行语无法推出“如果对方不动摇那就说明利益不够丰厚”。“烧烤”不能概括人与人之间所有的利益关系。对方不动摇的原因也可能是其品行优良、内心豁达，未必是利益不够丰厚。

综上所述，上述材料存在多处逻辑错误，其结论难以让人信服。

训练2参考答案与范文

谬误分析

①“线上教育提高了学习的灵活性”不能说明“学生的学习成绩会因此提升”。

②“线下教育要求学生必须在固定的时间和地点上课”，无法说明“它无法满足现代快节奏生活下人们对学习的需求”。

③课程资源丰富多样不代表能完全取代线下教育。

④成本低和价格便宜并非是学生选择教育方式的唯一决定因素。

⑤线下教育的教师未必无法关注到每个学生的学习状况，也可能做到因材施教。因此，“大数据能让线上教育全面超越线下教育”的结论难以成立。

⑥技术进步未必能解决线上教育存在的问题。

参考范文

线上教育会完全取代线下教育吗

花丽娜　吕建刚

上述论证试图说明线上教育终将完全取代传统线下教育，然而其论证过程存在诸多逻辑漏洞，难以令人信服。

首先，“线上教育提高了学习的灵活性”不能说明“学生的学习成绩会因此提升”。成绩是否提升不仅受到教育方式的影响，还要看学生的学习方法、努力程度、听课效率等。而且，“线下教育要求学生必须在固定的时间和地点上课”，也不能说明“它无法满足现代快节奏生活下人们对学习的需求”。

其次，课程资源丰富多样不代表能完全取代线下教育。线上课程虽涵盖领域广，但传统线下教育的课程设置经过长期实践检验，具有系统性和连贯性。而且，线下教学中师生、同学之间的即时交流互动，能激发思维碰撞，促进知识的吸收，这是线上课程难以单纯依靠丰富资源来实现的。

再者，成本低和价格便宜并非是学生选择教育方式的唯一决定因素。经济条件有限的学生可能会被线上教育价格吸引，但教育质量、学习体验等也是关键考量因素。线下教育的课堂氛围、实践操作机会等，对于很多学生的学习效果提升也是至关重要的。

另外，线下教育的教师未必无法关注到每个学生的学习状况，也可能做到因材施教。线下教师可能凭借丰富教学经验而捕捉到学生的课堂反应，调整教学节奏和方法，这同样是个性化教学的体现。因此，“大数据能让线上教育全面超越线下教育”的结论难以成立。

最后，技术进步未必能解决线上教育存在的问题。缺乏面对面互动交流带来的情感沟通缺失、实践机会不足等问题，难以仅靠技术就能彻底解决。

综上所述，上述材料存在多处逻辑错误，其结论难以让人信服。

全文共640字

训练3参考答案与范文

谬误分析

①“某村庄改种有机作物后癌症发病率下降”不能说明“化学农业是癌症的根源”。

②“有机蔬菜维生素含量高10%”不能等同于“健康必然改善”，这忽略营养均衡的整体性。

③“某国立法禁用农药后新生儿畸形率下降”无法推出“农药会直接导致遗传缺陷”。因此，也不能得出“人类基因库将在十年内完全净化”的结论。

④化学农业与“凶手”不能简单类比，也缺少论据证明化学农业是杀害未来子孙的生命。

⑤仅一个有机农场通过“自然堆肥法”使玉米亩产反超传统农业，不能说明“化学农业本质上是资本集团为牟利编造的谎言”。

⑥“产量低价格高”的观点已被证伪与“有机食品价格高昂”的说法自相矛盾。而且，有机饮食未必能替代医疗服务。

参考范文

推广有机农业能够解决人类疾病吗

吕建刚　花丽娜

上述论证围绕“推广有机农业能够解决人类疾病”展开，但该论证存在诸多缺陷，具体分析如下：

第一，某村庄改种有机作物后癌症发病率下降”不能说明“化学农业是癌症的根源”。一个村庄的情况不具有广泛代表性。癌症发病原因复杂多样，不能简单归因于化学农业。而且，即便禁止化肥农药，也无法保证彻底消除疾病，因为还有其他多种致病因素。

第二，“有机蔬菜维生素含量高10%”不能等同于“健康必然改善”，这忽略营养均衡的整体性。维生素摄入量只是影响健康的众多因素之一，其他如整体饮食习惯、生活方式、遗传因素等也起到重要作用。

第三，“某国立法禁用农药后新生儿畸形率下降”无法推出“农药会直接导致遗传缺陷”。

新生儿畸形率下降可能是多种因素共同作用的结果，比如医疗水平提升、孕妇保健意识增强等，不能简单地将其归因为农药的禁用。并且，断言全球效仿就能在十年内完全净化人类基因库，更是缺乏科学依据的臆想。

第四，仅由一个有机农场通过“自然堆肥法”玉米亩产反超传统农业，不能说明“化学农业本质上是资本集团为牟利编造的谎言”，此处存在以偏概全。一个农场的成功案例不能代表整个有机农业的产量情况，也不能就此否定化学农业的价值。

第五，“产量低价格高”的观点已被证伪与“有机食品价格高昂”的说法自相矛盾。

综上所述，该论证存在诸多逻辑漏洞，其结论难以令人信服。

训练4参考答案与范文

谬误分析

①“人工智能医生可以瞬间处理海量医学数据”不能说明“它能因此做出更准确的诊断”。

②人类医生未必会因个人情绪、偏见等因素的干扰而不能客观地做出诊断。

③“人类医生的学习能力”与“人工智能医生的学习能力”不能进行简单类比。

④人工智能医生未必能解决医疗资源匮乏地区的绝大多数问题。

⑤人工智能医生所需成本未必低廉。而且，“人工智能医生所需成本很低”与上文“人工智能技术开发成本高”自相矛盾。

参考范文

人工智能医生将完全取代人类医生吗

花丽娜　吕建刚

上述论证旨在说明人工智能医生未来会完全取代人类医生，然而，其论证过程存在诸多逻辑漏洞，分析如下：

第一，“人工智能医生可以瞬间处理海量医学数据”不能说明“它能因此做出更准确的诊断”。因为，实际诊断并非只是数据处理。真正的诊断过程可能需要结合患者的实际情况、表情动作所传达的信息，以及对病情变化的实时感知，这些是复杂的临床实践，不是单纯的数据堆砌，因此人工智能的诊断未必准确。

第二，人类医生未必会因个人情绪、偏见等因素的干扰而不能客观地做出诊断。医疗行业有着严格的职业道德规范，这些规范成为医生行为的准则，可能促使他们在工作中自觉抵制各种可能影响客观诊断的因素。

第三，“人类医生的学习能力”与“人工智能医生的学习能力”不能进行简单类比。人类的学习是基于理解、思考和实践验证的过程，能灵活运用知识解决实际问题。而人工智能医生的学习基于算法和数据输入，有可能缺乏对知识的深度理解和应用的灵活性。

第四，人工智能医生未必能解决医疗资源匮乏地区的绝大多数问题。医疗资源匮乏地区需要的是综合的医疗解决方案，包括医疗设施建设、人才培养等，不仅仅是缺少医生。因此，“人工智能医生能解决绝大多数问题”过于绝对。

第五，人工智能医生所需成本未必低廉。虽然开发完成后使用人工智能医生的成本较低，但是人工智能技术的开发成本、硬件成本、数据成本等相对高昂。而且，“人工智能医生所需成本很低”与上文“人工智能技术开发成本高”自相矛盾。

综上，上述材料存在多处逻辑错误，其结论难以让人信服。

全文共636字

训练5参考答案与范文

谬误分析

①大学生思维活跃，对新事物的接受能力强，但这不足以说明他们能迅速捕捉到市场机会。

②某知名电商平台的创始人的例子未必有代表性。

③国家的相关政策是大学生创业的利好因素，但这不足以保证大学生创业的成功。

④仅靠丰富的理论知识，大学生也未必能在创业中取得成功。

⑤同龄人未必“兴趣相投、沟通顺畅”，也未必能“充分发挥各自的优势，共同攻克难题”。

参考范文

大学生创业必能成功吗

吕建刚　花丽娜

上述论证围绕“大学生创业必能成功”展开论述，看似有理有据，实则在论证过程中存在诸多缺陷，难以让人信服。

第一，大学生思维活跃，对新事物的接受能力强，但这不足以说明他们能迅速捕捉到市场机会。对新事物的接受能力强，可能体现在吃喝玩乐等各个方面，这种接受能力与创新需要的发现市场机会的能力并不等同。可能大学生作为消费者能接受新的产品，但未必能自己去发现市场机会。

第二，某知名电商平台的创始人的例子未必有代表性。作为样本，必须具备相对较大的数量才有较好的说服力，而该创始人仅仅是一个例子，不具备普遍性。而且，该电商创始人所处的社会环境与当下也存在不同，他能成功不能代表其他大学生也可以成功。

第三，国家的相关政策是大学生创业的利好因素，但这不足以保证大学生创业的成功。政策支持只是外部因素，创业成功还取决于创业者自身的能力、项目的可行性、市场需求等关键因素。即使有政策扶持，若项目本身不符合市场需求，可能依然难以成功。

第四，仅靠丰富的理论知识，大学生也未必能在创业中取得成功。因为，在具体的创业实践中，他们可能会遇到各种各样复杂的实际问题，如人际关系处理、危机应对等，这些都不是单纯依靠理论知识就能解决的。

第五，同龄人未必“兴趣相投、沟通顺畅”，也未必能“充分发挥各自的优势，共同攻克难题”。同龄人之间兴趣、爱好、性格等方面也往往存在具大差异，这些差异可能会成为创业团队之间的沟通障碍。

综上所述，上述材料存在多处逻辑错误，其结论难以让人信服。

训练6参考答案与范文

谬误分析

①“人们通过屏幕传递的情感已与面对面交流大相径庭”不能说明“科技发展正在加深人际理解的鸿沟”。

②“朋友圈点赞和表情包的出现”无法推出“数字技术正在制造新型社交隔阂”。

③“大部分参与者感觉VR系统缺乏真实温度”不能说明“技术手段难以传递真实情感”。

④迪士尼动画《花木兰》和TK短视频的例子，不能简单归因于“科技媒介放大了文化差异带来的理解障碍”。

⑤“科技发展正在加深人际理解的鸿沟”与“数字斋戒运动和元宇宙社交实验已经在技术与人际关系间找到了新的平衡点”自相矛盾。

参考范文

科技发展影响人际沟通吗

花丽娜　吕建刚

上述论证围绕“科技发展影响人际沟通”展开论述，然而，该论证存在诸多缺陷，使其结论难以令人信服。

第一，“人们通过屏幕传递的情感已与面对面交流大相径庭”不能说明“科技发展正在加深人际理解的鸿沟”。人际沟通的方式不同，不能代表人际沟通会因此受到阻碍。可能通过科技方式进行的交流更快速及时，反而可能拉近了人际关系。

第二，“朋友圈点赞和表情包的出现”无法推出“数字技术正在制造新型社交隔阂”。朋友圈点赞和表情包使用不能完全否定真实情感表达和语言沟通深度，现实中很多人通过社交软件也能维持深厚情感和深入交流。

第三，“大部分参与者感觉VR系统缺乏真实温度”不能说明“技术手段难以传递真实情感”。这只能说明该VR会议系统存在不足，不能一概而论地说所有虚拟现实技术都难以传递真实情感。不同的虚拟现实技术产品和应用场景可能有不同效果，不能因一个例子就得出普遍结论。

第四，迪士尼动画《花木兰》和TK短视频的例子，不能简单归因于“科技媒介放大了文化差异带来的理解障碍”。文化解读的差异受多种因素影响，如文化背景、个人价值观等，不能直接将责任归咎于科技媒介。

第五，材料中“科技发展正在加深人际理解的鸿沟”与“数字斋戒运动和元宇宙社交实验已经在技术与人际关系间找到了新的平衡点”自相矛盾。

综上所述，该论证存在诸多缺陷，结论难以成立。

全文共560字